서문문고
101

# 한국의 사상
최 창 규 지음

The Thought of Korea

*by*

*Choi Chang Kyu*

# 서 문

 사상의 본질은 한마디로 얼이다. 한국사에 그 얼을 담아 온 주체는 곧 우리 한민족이다.
 그같은 한민족은 4천 년 이상을 살아왔고 또 오늘에도 살아남아 있다. 따라서 4천 년의 민족사는 그 '韓'의 얼이 쌓아 온 활력이요, 오늘의 한민족은 그 4천 년 활력 위에서 얻어진 '한'얼의 생명인 것이다.
 이 책은 그 '한'얼이라는 사상의 본질을 그 '한'얼사상을 역사 위에서 쌓아 온 주체인 한민족과 연결시켜 '韓國의 思想'으로 엮어 보았다.
 우선 한국사상의 본질과 우리의 사상 체계에서의 한국적 본원이 무엇인가를 더듬기 위하여 유래로 쌓여 온 韓民族의 상징을 간단히 '東의 主體'로서의 '한얼사상'이라는 내용으로 하여 책머리에서 살폈다.
 이같은 '한'얼이나 '東'의 상징으로서 고유한 한국사상의 본질은 물론 오늘의 한민족이라는 주체가 있기 때문에 소중한 것이다. 그래서 이 책에서는 그 '한'얼에서 얻어질 수 있는 한국사상 체계를 오늘의 한민족이란 주체를 중심으로 하여 현재부터 거슬러 올라가는 순서로 살펴보았다. 그래서 우선 오늘에 나타나고 있는 한국인의 사상형태들을 그 '한'얼사상의 본질에 비추어 그것이 있는 상황과 그것이 있어야 할 방향으로 나누어 '한국사상의 자기 조명'이란 이름 밑에 살펴보았고, 여기서 다시 1세기를 올라가 소위 한말 한국사상이 근대라는 시간적 충격과 외세라는 공간적 충격으로 이중적으로 고민해야 했던 상황에서 그 사상적 반응을 '開化사상'의 진보와 자주라는 양면으로 살펴보았다.

여기서 다시 1세기를 거슬러 올라가 서학이라는 서양의 충격이 최초로 한국사에 밀려왔을 때 우리의 전통적 儒學사상이 그것을 어떻게 이해하고 수용하였는가를 '闢衛사상'을 통하여 자존의식과 對西洋觀이라는 양면에서 살폈으며, 끝으로 한걸음 더 올라가 우리의 근세 정치사상에 가장 큰 영향을 주었던 조선조 5백 년 유학사상의 존재 형태를 '士林政治의 본질과 사상'이란 제목 밑에 포괄적으로 살펴보았다.

그리고 이 같은 내용들은 한국사의 사상적 전개라는 시간적 상황을 고려하여 다시 위로부터 내려오는 순서로 이 책에서 엮어졌다. 물론 이같은 시도는 한국사상을 풀어나가야 할 진지한 學的 과제에는 九牛一毛의 탐색도 되지 못하며, 오히려 미숙한 未學인 필자에게는 그것이 지나치게 過濫한 일임도 솔직히 시인한다. 다만 '한국사상사'도 되지 못하고 '한국의 사상'에 멈추어야 하는 이 책을 계기로 하여 앞으로 한국사상을 위한 보다 성실한 노력을 다하겠음을 거짓없이 사룀으로써, 이 책의 부족과 잘못에 대한 모든 사죄로 삼을까 한다.

은사와 선배님, 그리고 동학들, 江湖 僉彦 大方의 아낌없는 질책과 교시를 기다리며 아울러 고개 숙여 뜨거운 인사를 올린다.

1973년 12월 '中和堂' 精舍에서 筆者 謹識

# 한국의 사상

차 례

- 서문 ……………………………………………………………… 3

## 서장 한국사상―그 주체와 본질 ………………………… 7
1. '우리들'이란 주체로서의 배달정신(弘益人間) ……… 7
2. '君子 不死之國'의 상징과 白衣의 얼 ………………… 11
3. 한민족의 큰 얼('한얼'사상) …………………………… 14

## I. 근세 조선조의 사상의 특질 ………………………… 20
1. 유교 정치문화와 그 사상사적 특색 (上疏精神과 士林들의
   정치의식) ………………………………………………… 20
2. 靜菴 趙光祖의 정치철학―'至治主義'를 중심으로
   (조선조 사림정치의 도학 사상적 측면) ……………… 34
3. 栗谷 李珥의 정치사상―民本의 '國是'와 爲民의 '務實'
   論을 중심으로 (조선조 경세론의 유학 사상적 측면) …… 51

## II. 조선조 후기 유학사상과 그 대외적 전개 ………… 70
1. 서론 ……………………………………………………… 70
2. 關衛論의 전개와 그 성격 ……………………………… 89

  3. 벽위론에 대한 평가 ······················································ *112*

## Ⅲ. 개화기 한국사상의 자기 전개 ································ *131*
  1. 문제의 제기 ································································ *131*
  2. 수호조약(개항)과 개화의식 ········································ *148*
  3. 근대국가로 지향하려는 긍정적인 의식—개화론의
     전개 ············································································ *178*
  4. 結 語 ·········································································· *198*

## Ⅳ. 한국사상의 자기 조명 ··············································· *201*
  1. 한민족과 그 사상의 주체성 ········································ *201*
  2. 한국사상에서 본 大同主義 ·········································· *214*
  3. 한국사상과 조선조의 정치문화 ·································· *229*
  4. 한국사상과 한민족의 통일(其一) ······························· *250*
  5. 한국사상과 한민족의 통일(其二) ······························· *266*
  6. 한국사상에서 바라본 정치사적 좌표 ························· *282*

# 서장 한국사상 — 그 주체와 본질

— '배달'과 '한얼' 사상을 중심으로 —

## 1. '우리들'이란 주체로서의 배달정신(弘益人間)

### (1) 평화사상의 주체 한국인 — 韓은 東의 상징

평화는 원래 세계를 平章하고 인류를 中和케 하는 범인류적인 가치이다. 따라서 그 가치는 세계적 人本으로 귀결한다.

그러나 여기에서 그 같은 세계적 인본으로서의 평화사상은 그 본질에 있어서 한국사상과 밀접한 연관을 갖는다. 그렇다면 한국사상의 한 본질로서 찾아지는 평화사상의 기반은 무엇이며 또 우리 한국사상을 내세우는 한민족의 상징인 韓은 과연 평화라는 본질 앞에서 얼마만큼 연결될 수 있을까?

여기서 4천 년을 한결같이 親和 속에서만 살아온 역사주체로서의 한민족의 모습과 세계 가운데에서도 가장 독자적인 문화주체로서 그 속에는 언제나 동양을 포괄하면서 상징하고 있었던 조화 있는 문화권으로서의 韓圈(즉 韓文化圈)의 의미가 함께 제기되어 나온다.

먼저 평화사상에서 찾아지는 한민족의 모습은 자기와 인류를 지극히 인본적인 安仁의 원리로 연결시켰던 國祖 이래의 민족신화로부터 원류하고 있으며, 평화를 앞에 놓고 논의되는 한문화권의 의미는 항상 자기 속에 儒·佛·仙 등 동방사상의 제 유형 등을 조화시키면서 자기를 창조하고 발전시켜 왔던 독특한 문화 창조력에서 특징지워진다. 앞의 것이 바로 '弘益人間'으로 표시되는 한민족 개국의 이념이요, 뒤의 것이 곧 '玄妙之道' 등으로 표현되던 한문화의 풍류적 특성이었다.

즉, 神人이라는 존엄한 인간주체에서 표시된 홍익인간의 민족신화는 그 속에서 신 중심 신화가 갖는 일신교적 硬直도 아니요, 동물 중심의 신화가 지니는 다신교적 混分도 떠나 오직 신을 향하는 인간 중심의 범신적 조화를 상징함으로써 인본주체 사상과 인간조화 사상을 함께 담고 있었다. 따라서 홍익인간에서 인간은 동물을 어루만지며(撫育) 신을 지향하는(神化) 인간을 그 주체로 확인시킨 인본주체의 큰 얼이었으며, 그같은 인본 주체의 얼은 그 앞에 홍익과 조화되었을 때 다시 온 인류에 대한 安仁의 人和思想으로 발전하였던 것이다.

이같이 한민족에게서의 인간은 신과 동물의 중간에서 撫와 化로써 그것을 조절하는 더없는 종적 조절자로서의 주체요, 또 그것은 인간을 인류적(즉 弘) 화합력(즉 益)으로 조화시키는 더없는 횡적 조화자로서의 상징이었다. 여기서 한민족이란 민족으로부터 출발한 인간은 범인류로 확산되었으며, 바로 이같이 자기(민족)라는 주체가 인류라는 전체와 만나고 있는 곳에서 주체는 하나(一)이되 그것은 언제나 온(全 또는 大)을 의미한다는, 개별과 전체를 하나로 조화시키던 한민족의 독특한 '한얼'사상이 나타나고 있었던 것이다.

그러기에 그러한 한민족이 지켜 온 문화권의 모습에는 언제나 주체와 세계성이 조화되고 있었으니 여기에 韓문화는 韓의 그것에만 머무르지 않고 언제나 동양의 그것을 포괄하고 조절하던 동양문화의 상징일 수 있었던 소이가 있었다. 즉, 그것이 한문화권의 참모습을 그려 준 다음과 같은 우리의 특유한 '현묘'의 창조력이었던 것이다.

'우리 나라에는 현묘한 도가 있으니 그것이 바로 풍류이다. 設敎의 근원은 仙史에 갖추어 있는데 그 속에는 3교(儒·佛·仙)의 뜻이 고루 보여져 있으며, 그 교리는 실로 群生들을 감화할 만하다.……'(國有玄妙之道 曰風流 設敎之源 備詳仙史 實乃包含三敎接化群生……)(崔致遠의 鸞郞碑 서문에서)

여기서 한문화는 단순한 韓이 아니고 자기 속에 儒·佛·仙등 동양문화의 정수를 담고 조화시켰던 동양 문화의 상징으로 확인된다. 그것은 근세말 물리적 팽창세력으로 서구의 잘못된 역사 意志가 아시아로 밀려왔을 때 '東(즘)道西器'와 같이 자기를, 파괴되는 동양과 함께 지키려 한 한민족의 문화 의지로도 나타났던 것이다.

즉, 당시 서양 앞에 무너져 가는 중국문화는 자기를 단순한 '中'으로(中體西用), 또 서양 앞에 영합하면서도 일본문화는 자기를 작은 '和'로(和魂洋才) 각각 표현하였지만 그 앞에서 의연히 자기를 지키던 한민족은, '즘'라는 자기를 크게 '東'으로 상징함으로써 당시 아시아에서 끝까지 자기를 지키던 문화의 저력을 온 동양으로 연결시켜 문화적 홍익의 調和大局을 보였던 것이다.

### (2) 평화를 위한 한민족—'한'은 평화의 실천 주체

한민족은 4천 년 이상을 살아온 민족이다. 그러나 이 민족이 걸어온 역사의 길은 어느 민족보다도 어려웠다. 그 앞에 가해진 대소 이민족의 침략만도 천여 회에 달하고, 온 민족이 함께 전면전쟁 형식으로 막아야 했던 커다란 민족적 모순만도 근 백 회에 다다르고 있다.

그런데도 한민족은 살아남았다. 17세기 침략을 일삼았던 만주족(女眞의 후예)은 사라졌고 13세기 우리를 괴롭혔던 몽고족은 절반도 살아남아 있지 못하다는 현실 앞에서 한민족의 그것은 특별한 의미를 갖는다. 그렇다면 이같이 4천 년 이상을 살아남게 한 그 본질과 저력은 무엇이었을까?

여기서 본질적으로 한민족에게서 추구되고 형성되어 온 평화의 저력과 개념이 발견되는 것이다. 한마디로 그것은 무수한 전쟁 속에서도 평화 때문에 살아온 한민족으로 요약된다.

영양왕 23년(612) 隋의 30만 대군과 싸우면서 우리의 을지문덕 장군은 다음과 같은 화평의 시를 적장 宇仲文에게 보냈다.

'신기한 策略는 하늘의 이치를 다했고 오묘한 계획은 땅의 이치를 다했소. 이제 전쟁에서 그대 공이 높으니 足함을 알고 그만두기 바란다.……'(《三國史記》本傳 중에서)

이같이 침략해 온 적장에게까지 '知足願云止'를 종용했을 때 그것은, 곧 전쟁을 끝내기를 바라는(願止) 평화의 염원에서 출발하여 그같은 평화를 상대방에도 만족을 주는(知足) 화평의 상호관계에서 이루려는 평화사상이었던 것이다. 그러나 이같은 평화사상은 상대가 지족을 몰라 평화 의지를 끝까지 따르지 않을 때 이를 공격하여 좌절시키는(隋軍 생존 겨우 2천여 명) 적극적 평화 실천력으로 나왔던 것이다.

이같은 평화사상과 평화에 대한 의지는 한민족의 역사적 속성이었으니, 즉 쫓기던 고구려군을 공격하던 백제의 장군 莫古解는 계속 쫓기를 멈추면서, '知足不辱 知止不殆'라고 하여 스스로 유리한 전쟁 앞에서 知止를 알아 지족불욕의 평화사상을 실천하였던 것이다. (《三國史記》百濟本記 第2, 近仇首王 卽位年條)

이와 같은 한민족이란 평화 주체 앞에서 동양의 문화권은 일찍부터 다음과 같이 찬양을 보냈던 것이다.

> '동방에 군자의 나라가 있으니 거기에는 不死의 백성이 살고 있다.……'(《山海經》前言)

여기서 君子之國은 문화국가의 상징이요, 그렇기에 거기에 사는 사람은 그 평화 때문에 영원히 사라지지 않는 不死之民이었던 것이다. 그것은 더욱 구체적인 사실들을 통하여 다음과 같은 史書로 확인되었다.

> '그 백성이 어질고 生을 귀히 여겨 천성이 柔順하다. 도로써 순탄하게 그 運을 지켜나가니 거기에 君子不死의 나라가 이루어져 있다.……'(仁而好生 天性柔順 易以道御 有君子 不死之國焉)
> (《後漢書》〈東夷傳〉)

## 2. '君子 不死之國'의 상징과 白衣의 얼

― 東夷에 붙여진 '君子國'의 상징 ―

우리 '한'은 東夷의 후예라는 문화사적 기원을 가지고 있다. 殷墟 卜辭의 발굴이나 夷夏 東西說의 정리 등으로 그것은 우리에게 華夏中原文化에 대립하는 독자적 동이문화의 기원을 확인시켜 준다.

즉, 彩陶文化를 특징으로 하는 화하문화에 대하여 黑陶文化를 특징으로 하는 동이문화가 한반도를 중심으로 하여 만주와 遼東 山東半

島의 일원에 형성되어 왔으며, 그 淵源은 중국의 三代 이전으로 소급하고 또 그 문화적 우월은 빛나는 것이어서 화하에 영향을 주었고, 그래서 화하는 밀려오는 동이문화 앞에 自衛의 고민을 끊임없이 안고 왔었다는 것이다.(중국의 先秦 子學 이전의 문화에서 이같은 비교는 傅斯年의 夷夏東西說 참조)

우리가 그 동이문화의 정체를 여기서 밝히려는 의도에는 물론 다음과 같은 두 가지 이유에서이다.

그 하나는 上古에 우월했던 이 동이문화권 가운데서 오늘날 그것을 이어와 확인받을 수 있는 유일한 문화주체는 오직 우리 韓族뿐이라는 사실이며, 그 둘째는 그같이 한족이 주체가 되어 쌓고 이어온 동이문화의 유구한 성격이 '君子 不死之國' 등의 영원성, 평화성으로 설명되고 있다는 동이문화 그 자체의 본질 때문인 것이다.

여기서 4천 년 이상을 살아온 한민족의 역사주체로서의 생명력은 '군자 불사지국'으로 표현된 동이문화의 문화적 영원성과 만나고 있다. 그렇다면 이때의 '군자'나 '불사'의 상징과 내용은 무엇일까?

앞에서도 말하였듯이 '거기에는 (東夷) 군자의 고장(國)이 있고, 불사의 백성(民)이 있다.'는 중국《山海經》前言 속에 요약되고 있다. 여기서 군자의 나라는 물론 '東'의 상징이며 불사의 백성은 말할 것도 없이 '韓'이라는 주체이다.[1]

그렇다면 왜 東은 군자의 고장이며, 한은 불사의 백성들인 것일

---

1) 그것은 19세기 밀려오는 이질 문명 앞에서 자기(韓)를 '東道西器'와 같이 '東'으로 상징시켰던 우리 문화의식의 기반이 된다. 그것은 '韓'이 곧 '동'이라는 의미인 동시에, '한'이 '동'의 중심이라는 의미이기도 하였다. 이것은 근대 문명 앞에서 서양이 다시 자기들을 서구(occidental)와 東歐(oriental)로 나눈 다음 그 중심을 서구에 두었던 것과 비교되는 것이니, 여기서 서양 중의 서구와 동양 중의 '東韓'의 문제가 제기되는 것이다.

까? 여기에 '東韓' 속에 담겨져 온 평화의 본질이 있는 것이다. 이것을 《後漢書》〈東夷傳〉에서는 다음과 같이 전하고 있다.

'어질어서 生을 좋아하고(仁而好生), 그 타고난 성품이 유순하니(天性柔順) 순리로 도에 따라 이루어 나갈 수 있다(易以道御).……'

여기서 好生과 柔順은 평화의 본질이요 '易以道御'의 도는 평화에의 도인 것이다. 즉 '호생'에서 생은 타인과 함께 살려는 적극적 생이기에 '平章'이라는 평의 본질이 나오며, 또 '유순'은 모든 사람 사이의 부드러움을 이루기 위하여는 자기의 생을 바칠 수도 있는 의로운 順이기에 그것은 곧 中和에 있어서 和의 본질인 것이다.[1]

그래서 東夷의 夷에 대한 說文條도 '惟東夷从大人也 夷俗仁 仁者 壽有君子不死之國'이라 하여 '어질다'는 평화의 내용에서 그 풍속을 설명하였고, 어질기 때문에 오래 살 수 있다는 영원성에서 불사 생명의 본질을 밝혔다. 여기서 大人은 물론 다른 사람을 함께 살리려는 호생·안인과 그러나 전체의 和를 위하여는 자기의 생을 바칠 수 있는 유순을 겸비한 '큰 생명'의 주체로서의 '큰 사람'인 것이다.

그렇기에 대인은 바로 평화의 주체로서의 한민족을 상징하고 있는 것이다.

---

1) 여기서 '好生'의 仁과 '捨身取義'와 같은 柔順 속의 의가 우리의 윤리 속에서는 언제나 합일되어 왔던 것이다. 이같은 우리의 '仁·義' 체계 위에서 강조된 圓光의 世俗五戒가 마지막 '殺生有擇'으로 강조되었던 것은 바로 '好生'과 '安仁'이란 우리의 평화정신의 당연한 발로이었다. 따라서 '살생유택'이 유교적 가치 체계냐, 또는 불교적 계율이냐 하는 논의는 무의미한 것이다.

여기서 우리는 '홍익인간'이라는 우리 開國의 이념과 '크다'(大)라는 가치에서부터 출발하는 우리 고유의 '한'사상(또는 '한얼'사상)을 내세우게 된다.

즉, '홍익인간'은 '크다'는 개념을, 단순한 대인이라는 자기 주체로부터 인간들 사이라는 대중으로 더욱 확대시킨 개념이며, 또 '크다'라는 가치를 단순한 호생이라는 자기 중심으로부터 대중을 복되게 한다는 적극적 실천 가치로 더욱 심화시킨 내용인 것이다. 그러나 이같은 '홍익인간'도 결국은 '크다'라는 개념에서 출발하였고, 또 그것은 '크다'라는 바로 그 가치를 기반으로 삼았던 한민족 고유의 '한얼'사상의 산물이었다는 점에서 東夷와 韓과 大人의 본질을 풀려는 우리의 논리는 바로 여기서 저 '한얼'사상으로 직결되어지는 것이다.

## 3. 한민족의 큰 얼('한얼'사상)

### (1) '한얼'사상의 本質—'玄妙之道', '風流仙', '붉은애'

동이는 우리(韓)에 대한 華夏(중국)의 표현이지만 '한'은 우리에 대한 우리의 표현이다. 따라서 그것은 한에 대한 音譯이 아니고 오히려 한을 탄생시킨 본초적 가치요 상징이었다.

그같은 '한얼'은 개국이념에서 '홍익인간'으로 집약되었고, 신라말의 신라 사상에서는 '현묘지도'라는 일종의 風流道·仙道로 표현되었으며, 조선조말 자기를 찾으려는 國學에서는 '太陽'(明·白)과 '하늘'에서 상징되는 '붉은애' 등으로 설명되어 왔다.

그것은 또한 '古神道'[1]로서 설명되기도 하지만 여하튼 그것들을

---

1) 그것은 단군을 神人으로(有神人降于太白山), 그의 政局을 神市로, 또 그의 政治를 '祭天·齊人'이란 제·정일치의 神·人 합일정치 등으로 표현한 것과 같은 문화의식에서 나온 것이다.

집약시킬 수 있는 '한얼'사상은 우리의 고유사상이었다. 또한 그것은 유·불·도와 같은 외래사상이 유입되기 전에 이미 성립되어 그것을 받아들여 개화시키는 기반이 되었다는 점에서 한국사상을 푸는 열쇠가 되며, 또한 화하문화가 동이를 상징하여 '大人', '호생', '군자불사지국'으로 설명하였던 것은 바로 우리의 고유한 그 '한얼'의 기반을 보고 그러하였다는 점에서, 그것은 또한 동양 문화권에서 '한'(東夷)을 밝히는 요체가 되는 것이다.

가령 '현묘지도'를 설명하여 최치원이 그 說敎의 근원은 仙史에 갖추어져 있으니……'로 출발하여 그 교리는 유·불·도(老) 삼교의 뜻을 고루 갖추고 있다고 주장하였을 때(鸞郎碑 서문), 여기서 주목해야 할 것은 우리의 '현묘지도'가 교를 포괄할 수 있다는 넓은 창조력인 동시에 그보다 더 중요한 것은 그 설교의 근원으로서의 '仙'이 중국 재래의 仙思想이나 그것이 의식화되고 종교화된 도교의 그것이 아니고 어디까지나 우리의 고유한 문화 체계, 신념 체계로서의 '선'이었다는 점이다.

중국의 후한 이래 민간신앙의 형식으로 존재하여 오던 중국식 도교가 唐에 이르러 다시 노자를 교조로 삼고 이론적으로 심화되고 의례적으로 체계화되어 도교로 강화되었듯이, 우리도 우리에게 고유하였던 한족 문화 체계의 본원이 통일신라에 이르러 더욱 체계화되었던 한 형식이 곧 '현묘지도'로서 표현되었던 것이다. 그것은 중국에서 민간신앙이었던 도교가 隋唐 이래 성행하였던 외래종교인 불교 앞에서 자기를 강조하고 체계화하기 위하여 종교적·이론적 도교로 발전하였던 것이나 마찬가지로 우리에게도 삼국 이래 유·불·도 등 외래 대륙문화의 영향 위에서 그것을 포괄 수용하는 자기 문화 체계로서 '현묘지도'가 강조되었던 것이다.

그렇다면 그 '현묘지도'의 구체적 형식은 무엇이었으며 그것은 우리의 평화사상에 어떻게 연결되는 것일까?

여기서 前揭 鸞郞碑 서문은 다음과 같이 밝히고 있다.

孝忠 出入의 倫理 : 유교적 요소

無爲 不言의 處行 : 도교적 요소

善惡 奉行不作의 感化 : 불교적 요소

이것을 보다 부연할 때 그것은 寂然不動(守經), 感而遂通(行權)이란 유교적 요소와 涅槃寂靜(守經), 無碍自在(行權)란 불교적 요소와 虛而不屈(守經), 動而愈出(行權)이란 도교의 요소를 함께 그 안에 포괄하고 있는 것이다.[1] 그것이 곧 모든 생명을 접화시킨다는 '接化群生'이란 '현묘지도'의 본질이며, 그같은 본질이 곧 모든 생명체 앞에 적극적 평화를 낳을 수 있는 평화의 근본적 大原으로 연결되는 것이다.

이같은 우리의 고유의 정신에서만 풍류도이었던 화랑정신과 圓光五戒律의 본래의 의미가 밝혀질 수 있는 것이다. 즉 '孝悌忠信'을 理國之大要로 본 화랑도의 정신은 단순한 유교의 충효윤리만이 아니고 우리의 고유하였던 풍류도의 산물이며, 따라서 국경분쟁과 外患의 어려움 속에서 그 衛國之道로서 가르쳐 준 원광의 세속오계가 그 말미에 殺生有擇을 반드시 첨가시켜야 했던 것도 바로 好生에 기반을 둔 한민족 고유의 도의 평화사상 때문이었던 것이다.

---

1) 우리의 고유의 도는 단군신화의 표현을 통하여 다음과 같이 儒・佛・道의 근본정신 등과 연결, 설명될 수 있다.

固有―天符―金尺
儒敎―天性―經(中)
佛敎―佛性―法(空)
道敎―自然―常(無)

여기서 우리는 당시 원광의 사상에서는 佛家나 유가의 그것을 적출해 내기보다는 오히려 거기에 담겨진 포괄적 사상체계로서 우리의 고유한 도를 확인해 내는 것이 무엇보다도 중요한 것이다. 그리고 그것은 원광이 주장하였던 '求自存而滅他 非沙門之行也…… 敢不惟命是從'과 같은 不忍人之心으로서의 평화사상과 연결되는 것이다.

즉, 여기서 자존 滅他를 반대한 것은 弘益과 安仁에 연결되는 평화에의 원리요, 惟命是從을 주장한 것은 적극적으로는 홍익을 실천하고 소극적으로는 滅人에서 벗어나기 위한 평화에의 방법이었던 것이다.

### (2) 한민족의 '하느님' 의식과 '큰 한국' 사람

단군신화의 특징은 天人合一의 敬天思想에서 출발한다. 그것은 桓雄이 桓因으로부터 받은 天符印(거울 : 내성적 崇文의 상징, 칼 : 외향적 尙武의 상징, 방울 : 崇文尙武가 겸비된 상징)의 상징에서도 그러하며, 단군 자신을 천인합일의 경지인 신인으로 추대한 문화의식에서도 그러하다.

여하튼 이같은 경천사상은 한민족 上古에서 한결같이 제천의식으로 나타났으니 여기서 三韓의 蘇塗, 부여의 迎鼓, 濊의 舞天, 고구려의 東盟, 신라의 仲秋之祭, 백제의 四仲之祭 등을 나열할 수 있는 것이다.

이같은 제천의식은 항상 높은 데를 숭상하여 '天 嶺也 至高無上'을 바라보는 공간적 종교 형식과 함께 그것은 구체적으로 태양숭배사상을 수반하고 있는 것이다.(玄相允의《朝鮮思想史》)

여기서 천(하늘)과 태양은 '광명', 즉 밝음으로 상징되고 다시 이 밝음은 '부루'라는 풍월의 語音을 통하여 우리의 風月道(현묘지도)

와 연결된다. 이것이 '볽은애'의 상징인 것이다.(六堂의 不咸文化論에서)

이 '볽은애'의 상징은 다시 白字를 태양신 숭배의, 일종의 제천의식의 상징으로 보아(白頭山·太白山·長白山……) 태백산의 단군신화와 거기서 나온 백의민족의 문화로 연결되고 있다.(육당은 이것을 '白자에 함축되어 있는 것은 그 종교사상 내지 전문화 과정의 핵심을 이루었던 것이다'라고 하여 白을 온 민족문화의 상징으로 강조하고 있다)

여기서 하나의 문화 주체로서의 한민족은 그 신앙의 대상으로서 하늘(天)을 내세우고 그것은 다시 볽은의 상징이 白(백의민족)과 '부루'라는 어음을 통하여 그 고유문화인 풍류도와 만나고 있는 것이다.

이같이 문화의 주체인 韓이 그 숭앙의 대상인 하늘(한울)의 한(天)을 위하여 그 하늘의 밝음(光明)의 상징인 '하얀'의 한(白)을 통하여 나타난 밝은(부루 또는 풍류) 문화가 곧 우리의 '한얼'의 本質인 것이다.(따라서 古神道, 風流道, 玄妙之道, 볽은애 등은 모두 '한얼' 앞에서 합일된다.)

'한얼'의 '한'에 남아 있는 어음적 고찰만으로도 '한'은 크다(大)에서 출발하여 하나(一)라는 개념으로 종결된다. 이때 '하나'는 다시 '큰 하나'(全)를 수반하기에 그것은 곧 자기 하나가 곧 온(전)이며, 온(전)을 전제로 하지 않는 자기 하나(一)는 있을 수 없다는 '홍익인간'의 '한얼'사상인 것이다.

이같이 자기 하나는 민족이라는 온(전) 그것이며 다시 민족이라는 하나는 인류라는 온(전) 그것이다라는 홍익인간의 평화사상 내지 四海同胞主義 때문에 쳐들어온 적장 우중문에게 우리의 을지문덕은 '족함을 알고 그칠 것'을 당부하였고(知足願云止), 국경 문제에 고민하는 청년 앞에 衛國之道를 강론하던 원광도 마지막 살생유택의 호생지덕을 빼놓지 않았으며, 제국주의 침략에서 마지막 저항하던 한말의 의병에서도 일단은 守信明義에 의한 외교적 화평과 사해동포주의에 의한 '힘의 경제'(economy of power)를 먼저 호소하였던 것이다.

이것이 바로 우리를 가리켜 중국이 '동이는 대인이다'라고 표현할 수밖에 없게 하였던 큰(大, 한) 사람 '한인'의 모습이었던 것이다.

여기서 그러한 '한인'(大人)이 그렇게나 숭앙하였던 '하늘'(천)은 완성 至高를 의미하는 '한'의 의미 속에 그대로 포함되며(한낮=大畫, 한가운데=極中), 다시 天은 '一'과 '大'의 합일이며, 다시 여기서 大는 그대로 사람을 그려 준 人의 상형이라는 점에서 그대로 우리 '홍익인간'의 '한얼'을 상징하고 있는 것이다.

# Ⅰ. 근세 조선조의 사상의 특질

―士林政治의 본질과 그 思想―

## 1. 유교 정치문화와 그 사상사적 특색(上疏精神과 士林들의 정치의식)

### (1) 上疏制度―그 정치 문화적 배경

'말길〔言路〕이 열리느냐, 닫히느냐? 그것이 국가에는 가장 긴절합니다. 그것이 열린즉 治安이 있지만 그것이 닫힌즉 亂亡하고 맙니다. 그런즉 人君은 널리 言路를 열어 주도록 힘써 주소서. 그래서 위로는 公卿과 百執事들로부터 아래로는 저 閭巷 市井의 백성들에 이르기까지 그들 모두로 하여금 그 말길을 얻도록 해주소서. ……臺諫(言官)에 몸담은 사람들은 모름지기 그 말길(언로)을 열어놓은 뒤라야 능히 그 직분을 다한 것이라 할 수 있습니다.……'

이것은 조선 中宗朝 至治主義를 내걸고 사림정치에 샛별처럼 왔다 간 靜菴 趙光祖(1482~1519)가 국왕께 언로를 열어 달라고 호소한 상소 〈司諫院 請罷兩司啓 (1)〉 중의 한 내용이다(중종 10년 乙亥, 음 11월).

이것은 조선조 상소제도를 이해하는데 요체가 되겠기에 그 형식을 위하여 다시 본문을 소개한다.

> '言路之通塞 最關於國家 通則治安塞 則亂亡 人君務廣言路 上自 公卿百執事 下至閭巷 市井之民 俾皆得言……爲臺諫者 能開言 路然後 可謂能盡其職也…….'

그런데 이같이 애절하게 언로를 주장하였던 조광조는 권력투쟁의 희생물로 40미만의 단명으로 요절하였다. 여기에 언로와 공론이 그렇게나 요구되지 않으면 안 되었던 조선조 정치의 어려운 본질이 있었다.

그러나 언로를 주장하다 그같이 권력 앞에 희생되어 간 조광조로 인하여 조선조에는 진정한 사림정치가 이루어져 나왔던 것이다. 여기서 士禍는 일단 언로를 열기 위하여 그같이 조선조의 사림이 권력 앞에 흘려야 했던 정치적·문화적 희생의 피로 요약되며(따라서 사화를 勳舊官人과 新進士林의 투쟁으로 보는 것은 너무나 그 시간적인 皮相에만 집착된 견해인 것이다), 그 결과 이같이 사화를 거치고 난 후 언로가 다시 생기를 얻고 공론이 중시되어지던 조선조 사림정치문화가 바로 우리가 여기서 논하려는 상소제도의 역사적 배경인 것이다.

따라서 그것은 정치에서 언제나 賢人政治를 이상으로 하여 '결정에서는 언제나 널리 물어서 하고'(博詢採納) '토의에서는 언제나 널리 의견을 들어서 거두어들이라'(廣聞收議)는 사림정치 이상의 본질과 직결되고 있었다. 물론 이같은 사림정치의 언로나 공론에 대한 이상은 원래 공동체적 친화와 합의에 그 기반을 두어 왔던 韓人 고유의 정치문화와, 여기에 다시 爲民的 민본사상과 왕도적 현인정치(또는 지식인 정치)를 강조하던 유교적 정치윤리가 복합되어 형성되었던 것이다.

거기에는, 즉 민족문화의 측면에서는 檀君 國祖 자체를 國人의 합의에 의한 추대 형식으로 세웠던 단군신화 정신으로부터(有神人 降于太白山檀木下 國人 立以爲君)(《東國史略》卷1) 나라의 시조를 촌장회의에서 뽑던 3국의 開國說話 사상이나 1인의 반대만 있어도 통과되지 않는 난숙한 토의를 전제로 하였던 화백제도의 전통 등이 있으며, 또 유교적 정치윤리의 측면에서는 '民爲貴 社稷次之 君爲輕'이라는 민본정치사상(孟子 盡心 下)이나 '匹夫匹婦 不獲自盡 民主罔與成厥功'이라는, 즉 모든 백성에게 그들의 뜻과 소망을 다 펴도록 하는 것이 정치의 목적임을 강조한(즉, 민주의 功) 爲民政治 윤리(書經, 商書, 咸有一德) 등이 여기에 연결될 수 있다.

그러나 여기서 논하려는 상소제도는 어디까지나 조선조 사림정치의 본질에서 찾아질 수 있는 그것을 대상으로 한다. 언로를 그 중심으로 하는 사림정치문화가 조선조에서 이루어졌고, 따라서 언로와 공론에 기반을 둔 사림정치가 조선조 정치의 특색이었을 뿐만 아니라 그 실질적 추진력이었다는 점에서인 것이다.

여기에 14세기말 조선조 성립 초를 계기로 하여 정치사적으로 새로이 형성되어 나온 사림(士大夫)이란 신흥계층의 출현과, 그것이 중심이 되어 언로를 위하여 피흘려 가며 이룬 사림정치문화의 형성과 그 추진을 볼 수 있었던 것이다.(여기에 사림이 수차에 걸쳐 입어야 했던 사화가 있었고, 또 그 사림이 주체가 되어 수차에 걸쳐 수행한 反正과 세도에 대한 대결이 있었다.)

이같이 언로를 강조한 조선조 사림정치문화를 앞에서 든 조광조의 상소에서 보면,

첫째, 언로를 국가를 이끌어 나가는 기본적 원리 내지 활력으로 주장하고 있으며,

둘째, 그래서 그 범위가 위로는 공경대부로부터 아래로는 시정의 백성에 이르기까지 모든 사람에게 언로가 열려야 한다는 말길의 공개가 강조되고 있으며,

셋째, 그래서 言官과 같이 언로를 담당하는 기능이 있다 하여도 그것이 자기의 주장이나 요구만 직접 결정과정에 투입하는 소극적 기능보다도 만인의 의사가 오히려 결정과정에 투입될 수 있도록 대변하고 그 길을 열어 주는 적극적 기능으로 연결되어야 한다는 언관기능의 확대가 요구되고 있었다.(조선조에서 언관기능을 담당하던 三司가 그 품계보다도 더 높게 존중되는 華職으로 평가된 이유가 바로 여기에 있었다)

이같은 사림 정치의 언로에 대한 강조는 栗谷 李珥에 이르러 다음과 같이 더욱 깊은 논리의 의식으로서 정리되어 나왔다.

'언로가 열리고 닫히는 데 국가의 흥망이 달려 있다.'(言路開塞 興亡所係)〈陳弭災五策箚〉

'公論이란 有國의 元氣이다. 공론이 조정에 있으면 나라가 治하나니……만약 위아래 모두 이 공론이 없다면 그런 나라는 망하고 만다.'〈代白粲贊疎〉

공론이란 온 나라 사람들로부터 나오는 것이니 결코 막을 수 없는 것이다. 이같은 온 나라 사람들의 뜻(輿情)에 따를 때 國是가 정하여진다.'〈玉堂論之已僞勳箚〉

따라서 조선의 사림정치문화는 언로를 기반으로 하여 공론(또는

輿情)과 국시 등으로 연결되고 있었던 것이다.
 여기서 중요한 것은,
 ① 언로와 공론을 국가의 기본적 元氣로 본 여론정치의 이상과,
 ② 공론은 반드시 온 나라 사람들(즉 國人)이 스스로 동의하는 일반의사로 이루어지는 것이라는 輿論의 성격과 그 본질에 대한 평가와,
 ③ 나라의 國是는 바로 이같은 국민적 동의인 여론에 따를 때 이루어진다는 국책의 여론 정치적 기반 등이다.
 이같이 여론을 중시하던 사림정치의 문화가 바로 조선조의 가장 강력한 투입기능의 하나로서 상향적 소통수단의 하나인 상소제도를 키우고 발전시켰던 것이다. 이것이 바로 조선왕조를 서구의 절대군주체제와 다르게 만들었던 역사적 기반이었으며, 여기서 정치 과정(投入 機能)과 통치과정(산출 기능)에 함께 참가할 수 있었던 조선조의 官人(더 넓게 士林)이 단순히 절대군주의 통치 과정만을 분담 봉사하던 서구의 관료(Bureaucracy)와 엄격히 구분되어야 할 이유가 있는 것이다.

## (2) 상소제도의 본질과 그 특색—世道와의 관계에서

상소는 민중의 의사를 서면을 통하여 간접으로 정치 과정에 투입시키는 소통(통신) 방법이다. 따라서 그것은 卽面이나 對面接觸(face to face contact)을 통하여 직접 전달하는 직접소통이 되지 못하고 문서를 통한 간접소통의 방식이며, 또 그것은 의사의 횡적 授受가 임의로운 수평적 소통이나 의사의 일방적 통행인 하향적 전달소통이 아니고 어디까지나 의사의 상향적 소통이라는 특색을 지닌다. 이같이 상향적 소통이기 때문에 상소에는 언제나 자기의 입장을 호소하고 자기의 주장을 懇望하는 '至謹昧死以聞', '不勝瞻天戀闕激切屛

營之至'와 같은 간절한 문구들이 그 말미에 수반되고 있다. 따라서 그것은 일방적 호소요, 하늘을 바라보고 읊조리는 듯한 상향적 호소라는 점에서 그 제약이 있는 듯하다. 그러나,

첫째, 정책 결정과정에서 직접 구두나 토의로써 다하지 못한 의사소통을 언제나 서면을 통하여 간접적으로 열어놓음으로써 언로의 소통수단을 그만큼 넓힌 것이며, 둘째 정책 결정과정에 직접 참가할 수 없는 사람(즉, 政府 堂上이나 次對·輪對에 참가할 수 없는 사람)들에게까지 소통의 기회(즉 투입기능)를 허락해 줌으로써 언로의 범위를 그만큼 확대시켰다는 의의를 지니는 것이다.

이같은 상소제도를 분석하여 보면,

① 상소자의 범위

원칙적으로 모든 민중이다. 그러나 신문고와 같은 直訴制가 아니고 문자를 통한 간접적 방법이었기 때문에 대략 관인과 사림들로 그 범위가 제한되어 있었다. 그러나 그같은 범위에도 때로는 변경이 있었으니 언로를 깊이 이해하던 세종이나 숙종조에는 더욱 넓어지고, 폭정이 심하던 광해 때에는 언로가 거의 막히는 비색에 빠지기도 하였다. 또 상황적으로 병자수호조약(1876년)을 앞두고 국론과 상소가 빗발치던 때에 고종은 상소를 현직 관인들에게만 허락하였던 것과 같은 언로의 제약 등도 간혹 있었다.

② 상소의 전달방법

승정원에 직접 제출하는 直呈制와 지방관을 통하여 올라오는 從縣道上疏.

③ 상소의 처리 결과

승정원은 제출된 상소를 반드시 받아들여야 하는 접수의 의무(呈納)와, 국왕은 접수된 상소의 결과에 대하여 반드시 회시하여야 할

批答의 倫理.

④ 상소의 형식(廣義)

上疏(狹義), 箚子, 封事, 議, 啓, 狀啓 등.

上疏 : 상소에서 요구되는 首末의 敬具를 갖춘 가장 일반적인 소통.

箚子 : 상소에서 요구되는 수말의 경구를 생략한 간단한 소통.

封事 : 중간에 개봉될 수 없는 國王 親展의 상소.(대략 비밀이 요구될 때이며, 이때 封事는 萬言封事와 같이 장문인 경우가 보통이다.)

議 : 국왕이 政策決定에 필요한 의견을 물은 데(收議) 대하여 올리는 소통.

啓 : 주로 알리거나 요구하기 위하여 보고형식으로 이루어지는 소통. 대략 상소에서 요구되는 수말의 형식적 경구가 생략되며, 여기에는 구두로 이루는 啓辭와 서면으로 이루는 書啓가 있다.

狀啓 : 지방관이 올리는 서면 보고. (이상과 같은 것을 보통 疏箚制度라고 통칭한다.)

이같은 疏箚制度를 더 넓은 언로의 형식에서 정리하여 보면,

㉠ 通信方法에 따라,

(가) 문서에 의한 것 : 上疏, 箚子, 封事, 議, 書啓, 狀啓, 奏本.

(나) 구두에 의한 것 : 啓言, 奏言.

(다) 直訴(行動)에 의한 것 : 신문고, 伏閣, 叫閽, 捲堂.

㉡ 疏通의 형식에 따라,

(가) 대면 형식(토의 형식) : 次對, 輪對, 常參, 召對, 召見, 忍見.

(나) 建議(建白) 형식 : 상소, 차자, 장계 등 문서적 방법과 계

언, 주언 등의 구두적 형식.
　(다) 示威 형식 : 복합, 규혼, 권당.
　ⓒ 소통의 성격에 따라,
　(가) 하향적(權威的) 소통 : 인견, 소견, 소대.
　(나) 상향적(民主的) 소통 : 상소, 차자, 장계, 請對.
　(다) 정기적(儀禮的) 소통 : 상참, 차대, 윤대, 進講.
　이상의 분류에서 볼 수 있듯이 상소와 차자를 중심으로 하는 소차제도는 우선 그 소통의 방법이 문서에 의한 것이기 때문에 조선조 언로 가운데 가장 대표적 格例的인 것이었으며, 다음으로 그 소통의 형식이 민의가 직접 투입되는 건의의 형식이었기 때문에 정치 과정에서 가장 중요한 기능을 담당하였으며, 끝으로 그 소통의 성격이 민의가 정책 결정과정에 上達되는 민주적인 것이었기에 그것은 조선조 정치문화에서 언제나 민주적 성격을 불어넣고 있었다.
　물론 이같은 소차제도나 언로는 민주적 제도에 의하여 항구적으로 보장받지 못하고 정치문화의 성격이나 지배자의 善에 따라 변동될 수밖에 없었다는 제약이 있었다. 또 정치과정에 투입되는 상향적 요구와 이것이 정치과정을 통하여 다시 산출되는 하향적 반응, 즉 정책 사이에는 언제나 큰 요구에 대한 작은 반응이라는 불균형이 있기도 하였다.
　그러나 조선조 정치문화의 기본적 성격은 소차제도를 중심으로 언로나 공론을 떠나 결코 설명될 수 없다. 즉, 조선조 官人 질서에서 王權과 臣權(관인의 권력)이란 2원적 權力源 위에서 성립되어 오던 저 묘한 권력구조마저도 바로 이 疏箚를 중심으로 하는 언로라는 변수와 밀접한 함수관계를 이루고 있었다.
　즉, '왕권이 강화될 때에는 대략 언로가 좁아지고(태조, 세조, 연산, 광해, 대원군 등), 신권이 강화될 때에는 반대로 언로가 열렸었다 (세종, 문종, 숙종 등)'라는 명료한 귀결이 그것을 증명하고 있는 것이다.

여기서 상소제도와 언로는 바로 저 조선조 정치문화에서 긍정, 부정 양면에서 가장 문제시되었던 世道(勢道) 문제와 직결되고 있었던 것이다.

즉, 원래 世道는 언로와 공론에 의하여 건전하게 유지되어야 할 정치의 규범이요, 유교적 정치문화의 본질이었다.

따라서 국왕이나 어떠한 집권자도 세도를 떠나 그 권력의 정당성을 확인받을 수 없었기 때문에 세도는 조선조 정치권력에 정당성(legitimacy)을 부여할 수 있는 가장 건전한 權威源이었던 것이다.

그 결과 조선조의 정치권력들은 그 세도의 기반을 확보받기 위하여 노력하였고, 그같은 노력은 그 권력이 강력하면 강력할수록 정비례하여 더욱 강조되었던 것이다. 여기서 바로 잘못된 세도(즉 勢道)가 나올 수 있었던 것이다.

즉, 자기의 권력이 필요 이상으로 비대되었거나 또는 세도에 의하여 확인될 수 있는 기반 이상으로 확보하려 하였을 때, 그같이 필요 이상으로 팽배한 권력일수록 그것이 세도에 기반을 둔 것임을 강조할 수밖에 없었고, 그 결과 세도가 이같이 그 정당성을 부여받을 수 없는 擴大權力에 의하여 독점되고 조작당할 때 여기서 世道에 의하여 유지되어 온 건전한 정치문화는 勢道政治라는 타락된 정치문화로 변질되었던 것이다. 이것을 李能和는 그의 《기독교 及 外交史》에서 다음과 같이 간명하게 설명해 놓고 있다.

'조선의 言官은 世道를 主持하는 기능이었다. 그러나 한번 당파가 4분되어 각자가 偏私를 일삼고부터는 다시 그 古風이 보이지 아니했다.……특히 洪國榮이 집정한 이래로 소위 언관은 한결같이 勢道(속칭 執政者曰 勢道)의 말만 듣고 그 감정에만 일임되어 다시 공론이란 나타나지 못하였다.……'(이능화 《기독교 及 外交史》上篇 p. 136)

여기서 世道는 공론에 기반을 둔 정치문화로, 그리고 勢道는 공론이 사라져 버린 타락된 정치문화로 각각 요약되어진다.

### (3) 상소 정신과 사림들의 意氣—거기에 비친 한국인의 얼

상소제도는 사림정치의 가장 상징적 특색이었고, 거기에서 배양되어 온 공론과 언로는 조선조 수백 년을 이끌어 온 기본적 활력이었다.

언로제도를 통하여 배양되어 온 이같은 역사 활력을 그 상소들에 비추어 정리해 보면,

첫째, 그것은 언제나 현실을 한걸음 앞서게 하려는 '進一步', 즉 진보를 위한 한 창조력이었다. 따라서 상소에서는 언제나 현실 개선의 염원이 따랐다. 그러나 그 개선은 '한걸음 한걸음' 나아가는 착실한 진일보의 창조를 그 특색으로 하였다.

여기서 조선조 상소에는 한번에 열 걸음 뛰려는 허망한 趣進도, 자기가 국왕 대신 정치의 주인 노릇을 하려는 과분한 혁명이론도 없었다. 목숨을 바치면서 올린 激切한 상소라도 그것은 언제나 국왕 앞의 忠에 머물렀고 동포를 위한 애민의 정에 엉키고 있었다.

이같은 창조력은 물론 현실 개선의 염원이기에 언제나 역사나 현실에 쌓여진 모순을 지적하는 저항의 논리가 따랐다. 그같은 모순은 물론 대외적으로도 오고 또 대내적으로도 오기 때문에 상소에서 비판의

논리는 언제나 이 양면을 향하고 있었다.

우선 그 대외적 모순 앞에서 보면,

'이제 (왜적들과) 한번 결전하려 합니다. 승패와 생사도 문제가 아닙니다. 그래서 4천 년 우리 강토를 망하기 전에 붙잡고 2천만 우리 생령을 어육의 慘에서 구하려 합니다.……'(을사조약 뒤 1906년, 호남 순창 의병의 倡義疏)

다시 그 대내적 측면에서 보면,

'신 나이 이제 38, 이 세상 선비로 태어나 믿었던 것은 오직 人君의 마음이었습니다. 망령되이 국가의 병을 생각하고 그 병이 利源에 있음을 알아 그것을 고쳐 그저 國脈을 무궁한 데 維新하려 하였을 뿐입니다.……'(조광조 옥중 供辭)
'대저 革舊更新이란 다만 그 是非 利害가 民에게 편리하냐에만 달려 있습니다. 그래서 만약 탐관오리나 幸民(영화를 누리는 사람)들 모두가 다 좋아하는 것을 기다려 개혁하려 한다면 쌓여 온 宿弊는 결코 그 고칠 날이 없을 것입니다.(이율곡의 更張論〈答成浩原書〉에서)'

둘째로 이같은 비판이나 저항에서 오는 창조력은 그것을 국왕이나 사회에 요구하기 이전에 언제나 자기 완성, 자기 潔身이라는 자기 창조력을 먼저 수반하고 있었다. 그것은 '차라리'로 요약되는 결심의 지조도 있고, 끝까지 '제격으로' 자기를 지키려는 결행의 지조도 있어야 했다.

'……남의 나라 노예가 되어 머리를 숙이고 살기보다는 차라리 한번 싸워 자주의 民으로 죽겠다.……'(1906년 의병장 최면암의 〈擧義疏〉)

'……내 나이 70에 (붙잡혀 온 몸으로) 적의 쌀과 물을 먹고 입과 배로써 더럽히기보다는 차라리 굶어죽음으로써 의로운 혼이 되겠습니다.……'(최면암의 대마도 囚館에서의 遺疏. 1906년 7월)

이같이 대원군의 勢道 앞에서는 그 세도를 꺾기 위하여 목숨을 바쳐 상소하였고, 1876년 병자조약 이후에는 밀려오는 외세 앞에 도끼를 메고 상소하면서 忠君愛民을 부르짖었던 바로 그 상소정신 뒤에는 이같이 우선 자기의 결신과 자기를 지키려는, 한마디로 저같이 '차라리'로 다짐하는 주체의 지조가 일관되고 있었던 것이다.

이것은 그래서 다음과 같이 끝까지 자기를 불변시키려는 '제격'으로 요약되는 결행의 지조와 그대로 직결되고 있었다.

즉, 1860년대 서양의 세력이 병인양요와 같은 군사적인 충격과 장안에 범람하는 洋物을 타고 다시 경제적으로 밀려오고 있을 때 당시의 사람 華西 李恒老는 다음과 같은 양물배격 상소를 올렸다.

'저들의 산물은 손에서 나와(수공업) 日計로도 남음이 있고, 우리의 산물은 흙에서 나와(농산품) 歲計로도 부족합니다. 그러니 일계로 세계를 접할 수 있다면 저들이 어찌 더 넉넉해지지 않겠으며, 부족한 것(우리)을 가지고 저들 넉넉한 것과 교역한다면 우리가 어찌 곤궁해지지 않겠습니까?……통상을 한번 여는 날 우리 2천 만은 망하고 맙니다. 그러니 이후로는 밀려오는 양물을 금하고 장안에 넘치고 있는 양물은 우선 궁중에서부터 거두셔서 종로 가로상에 모두 불태워 버리십시오……'(丙寅 10월, 辭同義禁疏)

그러나 이런 주장 이전에 이미 상소자 李華西에게는 楊根 厚谷에서 일생을 직접 토산품인 무명과 삼베로만 감고 살아가는 지조가 있었으며, 이같이 일생을 '제격'으로 지키는 상소자의 결행 때문에 60년대 그의 양물배격 상소는 온 백성에게 울리는 설득력을 지닐 수 있었던 것이다.

또한 이같은 상소에는 언제나 역사를 살아오는 한민족에게 현실을 명징하게 비춰 줄 수 있는 역사 조명의 얼이 담겨져 있었다. 그것은 어려운 현실 앞에서 우리 조상들은 언제나 상소를 통하여 재빠르게 그 현실 개전을 위하여 역사 속으로 참여하였기 때문이다.

1876년 강화 앞에서 黑田에게 강요당하는 수호조약 소식이 나돌았을 때 아직도 罪案에 담겨져 있던 포천의 崔勉菴은 궐문 앞까지 단숨에 달려와, 그것은 한민족의 자주를 꺾는 불평등조약이니 끝까지 물리쳐야 한다는 五不可斥和 상소를 올렸고, 또 1894년 갑오경장이 일제의 간섭으로 시드는 것을 보고, 당시 고관이었던 東陽 申箕善은 서슴없이 국왕께 '開化도 자주와 自强 이후에야 있는 것'임을 역설하는 自主開化 상소를 올렸다.

이같이 우리의 상소제도에는 현실을 한걸음 개선시키려는 '진일보'의 창조력이 있었고, 자기를 '차라리'로 깨끗하게 하고 그같은 자기를 끝까지 '제격'으로 지켜 나가려는 潔身의 지조가 있었으며, 또 현실을 언제나 밝고 빠르게 비춰 줄 수 있는 '反映의 얼'이 들어 있었던 것이다. 따라서 그 논리는 '한걸음 한걸음'(進一步)과 '차라리'

(潔身)와 '제격'(志操)과 '내 모습'(소박한 자기 조명) 등으로 요약된다.

즉, '한걸음 한걸음'은 칼날 같은 상소의 논리 속에도 담겨질 수 있었던 우리 조상들의 '겸허의 윤리'였고, '차라리'는 어려운 현실, 불리한 역사 속에서도 자기를 지킬 수 있게 한 '회복의 의지'였으며, '제격'이나 '내 모습'은 어떠한 충격이나 불평등한 상황 속에서도 의연히 자기를 잃지 않게 한 '자존과 자긍의 저력'이었던 것이다.

이같이 상소에 담긴 비판이나 저항은 내 역사를 붙잡기 위한 창조력이었으니, '차라리'로 붙잡고 '제격'으로 이어온 지조나 결신은 결국 자기라는 주체를 세우고 지키기 위한 '爲己의 윤리'였으며, 또 그같은 상소가 반응하여 비춰 준 현실은 그 어떠한 비판이나 호소 뒤의 것이라도 그것은 언제나 내 현실이라는 自己 身元(identification)의 얼이 뚜렷하였던 것이다. 이런 점에서 바로 상소의 본질은 언제나 한결같이 '나'(我)라는 주체에서 출발하고 귀결하는 진정한 주체적 정치문화의 한 상징이었다.

따라서 상소의 정신은 언제나 '나'를 주체로 하는 '얼'이었고, 그러기에 상소의 제도도 또한 정치과정에 그 '나'라는 주체를 투입시키는 주체적 제도화였다. 그러나 이같은 상소제도에 반영된 나(自我)라는 주체 정신은 자기라는 '나' 속에 언제나 민족이라는 '온'(全)을 포괄시키고 있는 '큰 나'(大我)와 연결되고 있었으니, 그것은 곧 '하나'(一)와 '온'의 의미를 언제나 '큰 나'라는 가치 속에 합일시키고 있던 우리 고유의 '한얼'사상(한~하나〔一〕, 한~온〔全〕, 한~큰〔大〕의 응결이며 화신이었던 것이다.

## 2. 靜菴 趙光祖의 정치철학—'至治主義'를 중심으로
(조선조 사림정치의 도학 사상적 측면)

### (1) 靜菴과 조선조 사림과 사림정치

정암 조광조는 38세의 젊은 나이에 사화의 소용돌이 속에서 목숨을 잃었다. 여기서 흔히 조정암은 조선조 사화의 희생물로 해석되고, 그래서 그가 부르짖었던 至治主義(일종의 혁신주의)도 조선조 정치에 잠시 반짝 빛났다가 저 사화 때문에 결국은 일찍 시들어 버리고 만 사림정치의 한때 이상으로서 흔히 평가된다.

'신의 나이 이제 38, 선비가 이 세상에 나서 믿은 것은 오직 仁君의 마음뿐이었습니다. 망령되이 나라의 병을 헤아리고 또 그 병이 利源에 있는 것을 알았기 때문에 한번 國脈을 새롭게 하여 무궁케 하려 하였을 뿐입니다.……'(《정암집》 권2, 〈獄中供辭〉)

여기서 '국맥을 무궁하게 새롭게 하려 하였다'는 주장은 바로 그의 혁신정치론을 말하는 것이니, 바로 그 혁신정치론의 이상이 정암으로 대표되는 조선조의 지치주의였던 것이다. 그리고 이같이 지치주의의 이상 때문에 젊은 38세로 죽어야 하는 자신은 세상에 태어났다 나라의 병을 걱정하고, 그래서 그 나라의 병을 바로잡기 위하여 노력하다 뜻을 이루지 못한 채 죽어가는 떳떳한 선비(士林)임을 강조하고 있었다.

여기서 정암과 사림(정치 주체로서의 정암)과 사림정치(그 이상으로서의 정암의 지치주의)와 그리고 사화(사림정치를 실천하다 쓰러진 정암의 殉義)의 문제가 연결되고 있는 것이다.

여기에 대한 정치사적 평가는, 우선 사화로 정암이 쓰러졌을 때 조선조의 사림의 의기는 무너졌고 사림이 무너졌을 때 사림정치의 이상과 의기도 함께 무너져 그 활력을 잃었다는 것이다. 그것은 뒷날 율곡의 평가에서 잘 말하여지고 있다. 즉,

'사림의 화가 어느 때인들 없으리오마는 己卯, 乙巳처럼 참혹한 때는 일찍이 없었다. 이제 이와 같은 群姦들이 이미 타진되었고, 공론이 조금씩 행하여지면서도 사기가 아직도 꺾여서 스스로 떨치지 못하는 것은 진실로 앞서 실패했던 경험으로 보아 그 여독이 아직도 두렵기 때문인 것이다.……'(《율곡전서》권3 〈玉堂陳時弊疏〉)

이같은 평가는 사화의 독을 씻고 공론에 의하여 사림의 元氣(사기)를 회복시키려는 사림정치에 대한 이상과 의지가 그 전제를 이루고 있는 것이 사실이다. 그러나 사화에 대하여는 이같은 평가를 한걸음 더 지나가, 사화로 해서 사림의 활력은 완전히 꺾이고 그래서 사림정치를 특색으로 하는 조선조의 정치는 쇠퇴기로 들어갔다는 주장이 더 일반적이기도 하였다.

그러나 여기서 보다 중요한 것은 사화 그 자체에 대한 정치사적 서술이 아니라 그 사화를 계기로 하여 이루어지는 사림정치의 새로운 전개에 대한 정치사상사적 정립 바로 그것인 것이다. 따라서 조선조의 사화를 그 정치사상적 측면에서 접근하여 볼 때, 우선 정암이 새로운 이상정치를 실현키 위하여 내세웠던 지치주의를 통하여 조선조 사

림정치론은 보다 도학적으로 심화되면서 더 깊은 터전을 얻었고, 또 그 사림정치를 위하여 몸소 정암이 희생물이 되었을 때 거기에서 이루어진 殉義精神의 실천을 통하여 사림정치는 소위 의리사상(義理之學)이라는 새로운 활력을 얻게 되었던 것이다.

여기서 사화는 사림정치의 쇠퇴를 의미하는 것이 아니고 오히려 진정한 새로운 사림정치의 출발과 연결되어지게 되는 것이다. 즉, 정암과 사화와의 진정한 관계는 '정암이 사화로 꺾이면서 조선조의 사림정치가 끝난 관계'가 결코 아니고, 오히려 '정암이 사화 속에 목숨을 바침으로써 진정한 사림정치를 이룩한 관계', 바로 그것이었던 것이다.

그래서 정암의 정치사상은 이같이 조선조 사림정치의 진정한 출발이었다는 그 기반을 두고, 그것이 그후 5백 년 사림정치사상의 이상과 본질을 이루어 왔던 그 도학적 측면과 의리학의 기반에서 살펴져야 하는 것이다.

이같은 정암이 보여 준 도학과 의리학의 사상적 활력은 그가 쓰러지던 사화 당시에도 조선조 정치사에 다음과 같은 깊은 영향력과 사상사적 의의를 던져 주고 있었다.

그것은 곧 그가 제시한 도학적 정신으로 종래의 조선조 유학이 보다 사회적 실천력과 연결되고 더 높은 종교적 차원으로 심화됨으로써, 조선조 통치이념으로서의 유학이 조선조 사회의 사회적 기반 속으로 보다 정착, 심화될 수 있었기 때문이다. 이 도학적 기반이 바로 다음과 같은 그의 주장으로 나타나고 있다.

'선비가 이 세상에 태어나서 학문을 업으로 삼는 것은 바로 生民에게 도움이 되기 위함이니(그래서 선비는) 오직 그것을 위하

여 그 道를 행할 뿐이다.'(《정암집》권2 兩司請改正靖國功臣
啓, 3)

다음으로 그가 그같은 도학적 실천을 위하여 몸소 38세의 젊은 생
명을 바치면서 보여 준 순의정신(의리지학)은, 조선조 유학에게 정
치에서 일어날 수 있는 모든 모순 앞에서 항거하고 극복할 수 있는 사
림들의 활력을 불어넣어 줄 수 있었기 때문이었다.
 그 실천적 의리지학의 활력은 바로 앞에서 본 그의 〈獄中供辭〉에
그대로 나타나고 있었던 것이다.

'臣年三十八 士生斯世……故欲新國脈於無窮而已……'

즉, 오직 국맥을 무궁하게, 새롭게 하려는 公分 앞에서 38세의 젊
은 생명을 바치는 것이 바로 士가 斯世(자기 국가 또는 자기 기층사
회)에 대하여 실천하여야 할 의리적 활력 내지 규범이었던 것이다.

(2) **至治主義의 주체성과 도학적 '爲一'사상**
 그의 지치주의의 근본은 도를 내세워 天과 人을 하나로 합일시키고
君과 民을 하나로 다스리는 '以道爲一'(즉 도를 통하여 하나로 이루
는)의 '道治'에서 출발하고 있었다.
 '天과 人은 본래 하나(一)이기에 천은 인에게 그 理가 없을 수 없
고, 君과 民도 본래 하나(一)이기에 군은 민에게 그 도가 없을 수 없
다.'(天與人 本乎一 而天未嘗無其理於人 君與民 本乎一 而君未嘗無
其道於民)
 앞의 天과 人이 하나라는 理에서는 경천 앞에서의 인간의 무한한

존엄성이 확인되는 것이고, 뒤의 君과 民이 하나라는 道에서는 爲民(愛民)을 통한 인간의 실질적 평등이 나타나고 있는 것이다. 이같이 결국은 인간의 존엄과 평등으로 귀결되는 그의 '爲一'의 理와 道는 그래서 다음과 같이 요약되고 있었다.

> '聖人은 天地의 큼과 兆民의 무리를 가지고 자기와 하나의 몸을 이룬다. 그래서 그 理(천리)를 보면서 그 道(爲民道)에 처하는 것이 치도를 이루는 근본인 것이다.……'

이같이 치도를 이루기 위해서는 큰 천지도 자기 속에 하나로 포용할 수 있는 理와 많은 兆民을 자기와 하나같이 할 수 있는 道를 갖추어야 한다는 큰 한 자기(즉 爲一己라는 주체)를 강조하고 있는 것이다.
그래서 그같이 무한한 도도 결국은 인간의 마음(心)을 통해서만 이룰 수 있다고 강조함으로써 그의 도치의 근본을 인간의 심이라는 주체로 연결시키고 있었다.

> '道非心 無所依而立 心非誠 亦無所賴而行……'

즉, 道에서 출발되는 지치주의가 그 궁극적 목표가 行에 이르기 위하여 그 사이에 心이라는 인간의 주체와 그 주체가 자기를 실천할 수 있게 하는 誠이라는 덕목이 반드시 전제되고 있는 것이다.
그래서 그는 많은 사람의 주인이 된 '人主라는 주체는 理를 살펴서 그 도에 처해야 하며 정성을 통하여 그 事를 행하여야 할 것'을 강조하고 있었다(爲人主觀其理而處其道 由其誠而行其事).
여기서 그의 지치주의나 도학정신의 주체성은 天·人이 하나가 되어야 한다는 인간의 존엄적 주체나 君·民이 하나가 되어야 한다는 포괄적(따라서 평등적) 주체뿐만이 아니라, 정치와 실천의 주체는 바로 인간(의 마음)이라는 인본 중심적 주체성도 포함하고 있었던 것이다. 지치주의의 이같은 주체성이 바로 다음과 같은 주장으로 요약되어 나오고 있었다.

'以共天下之道 導與我爲一之人, 以共天下之心 感與我爲一之心.'

즉, '천하를 함께 가는 길로 나와 하나가 된 인간을 이끌고 천하를 함께 느끼는 마음으로 나와 하나가 된 마음을 펴나간다'는 이것은, 곧 천하를 다같이 나와 함께 가야 할 하나의 주체로 만들어 천하의 마음을 다 같은 나의 하나의 마음으로 이루어 나가야 한다는 주체적 總和性을 그대로 압축한 것이었다.

그것은 물론 '天下爲供 大道之行'(禮記, 禮運)과 같은 유교적 大同思想과도 연결되는 것이지만, 그러나 그것은 '大同'보다도 하나(一)를 내세워 보다 구체적으로 '爲一'로 집약시켰다는 점에서, 본래 '한'의 뜻이 하나(一)에서 출발하여 다시 큰 하나(大)에서 귀결되고 있던 한민족 고유의 '한얼'사상과 연결되는 의미가 대단히 짙은 것이다.

이같은 그의 '爲一'의 정치사상은 그 실천면에서 民志와 民氣를 내세우면서 보다 爲民的 정치사상으로 구체화되어 나오고 있었다.

'周나라 말에 이르러 기강과 법도가 비록 이미 허물어졌지만 …… 이에 夫子의 道가 나와 世邦에 행하여지게 됨에 예로써 백성의 뜻(民志)을 이끌고 樂으로써 백성의 기(民氣)를 조화시켜 정치가 一로써 행하여져 政化가 크게 일어나게 되었었다. ……'(《정암집》권2, 啓)

즉, 여기서 도는 곧 民志를 하나로 이끌고 민지를 하나로 조화시키는 '爲一'의 총화성이었던 것이다. 따라서 그는 이같이 도에서 이루어지는 '爲一'의 총화성이 있을 때 법도와 기강은 자연히 이루어진다고 하여, 다음과 같이 정치에서의 '위일'의 도를 다시 한 번 강조하고 있었다.

'도란…… 치국의 方을 이루는 것이다. 따라서 나라를 이루면서 그 도를 얻으면 기강은 힘써 세우지 아니 해도 사람들이 보지 못하는 사이에 이미 세워지게 되며, 법도는 힘써 정립하지 아니 해도 사람들이 듣지 못하는 사이에 스스로 정립되어지게 된다. ……'(《정암집》권2, 啓)

따라서 道는 出治의 말미암은 길(由)이며 心은 그 출치의 근본(本)이고 誠은 그 도를 행하는 要로 되고 있었다(道乃出治之由 心爲出治之本 誠亦行道之要).

### (3) 至治主義의 총화성—'언로'와 '사기'

'爲一'을 중심으로 한 그의 도학사상은 정치라는 보다 현실적인 상황과 연결을 맺으면서 다음과 같이 더욱 구체적인 '道治'의 논리로 발전되고 있었다. 즉,

'道는 오직 하나여서 (그 앞에서) 德은 밝지 않을 수가 없으며, 治는 오직 純하여서 (그것이 있을 때) 政은 理하지 않을 수 없다.'(道唯一而德無不明, 政唯純而國無不理) (戊寅七月 副提學時, 弘文館請罷昭格署疏)

여기서 道治는 爲民政治 앞에서 '純一'이라는 價値로 요약되며, 그같은 '순일'은 민중과 정책 사이에 간격 없고 굴곡 없이 하나로 될 수 있는 언로와 공론이라는 위민적 여론정치로 연결되고 있었다.

그래서 그는,

'제왕이 美俗을 篤化시키고 민중을 거느리고 착한 일을 할 수 있었던 것은 바로 공론에 따름으로써 그 情을 빼앗지 않았기 때문이라.'

고 강조하고 나왔던 것이다. 여기서 순일이 강조된 그의 정치사상은 결국 '循其公論' '不奪其情'이라는 공론과 民情(또는 輿情)으로 직결되고 있는 것이다. 그래서 여기서의 순일은 바로 그같은 공론과 민정을 기반으로 하는 위민의 총화성으로 요약될 수 있는 것이다.

그것은 한걸음 더 나아가 '便民·利民'이란 위민적 윤리를 강조하는 王道政治 사상으로 다음과 같이 발전하고 있었다.

'主道 不可不一而一而正 民志定 道積于一, 主政 亦當唯純 純而簡 民易從 立政于純……'

즉, 이같이 도에서 一을 강조한 것은 바로 民志를 정하기 위한 것이라는 민본적 사상으로 귀일하고, 政에서 純을 강조한 것은 바로 民從을 편케 하기 위한 것이라는, '便民'이란 위민적 사상으로 요약되고 있었다.

이같은 '민지'라는 민본적 사상과 '편민'이라는 위민적 사상은 직접 다음과 같은 언로에 대한 주장으로 강조되어 나왔다. 그것을 분석해 보면,

첫째, 언로의 가치 : '언로의 通塞이 국가에 가장 긴요하다. 그것이 통하면 治安하지만 그것이 막히면 亂亡하고 만다.'

둘째, '언로'의 폭 : '인군은 모름지기 언로를 넓히는 데 힘써야 한다. 그래서 公卿 百執事들로부터 閭巷市井의 민에 이르기까지 모두 그들로 하여금 자기의 말을 할 수 있도록 하라……'

셋째, 언로의 정책(言官) : '그러나 言責을 맡을 기관이 없으면 백성들이 스스로 다할 수 없기 때문에 諫官의 職을 두어 그 언로의 임무를 주장하도록 하라. 그러나 臺諫이 된 사람들도 언로가 열려 있어야만 비로소 그 직분을 다할 수 있다……'(司諫院 請罷兩司 啓, 1)

그래서 그는 실제 언관 운영의 예를 들면서 언로에 대한 자신의 주장을 다음과 같이 펴나가고 있었다.

즉, 그의 '兩司 請改正靖國功臣啓, 1'에서,

'靖國功臣의 일은 이미 오래되었다. 그 처음에 만약 대신들에게 遠慮가 있었고 臺諫들이 공론을 지켰더라면 어찌 아직 개정되지 않았겠는가?……'

또, 그의 '檢討官時啓, 3'에서는,

'비록 대간이라 하여 어찌 실수가 없겠는가? 다만 그 말하는 바가 모두 公論들인데도 어찌 몇 달을 주장하여 겨우 조정에서 받아들여진 뒤에서야 행하여질 수 있단 말인가? 또 만약 그렇다면 모든 美事는 대간에서 나오는 것이지 上(국왕)에서 나오는 것이 결코 아닌 것이다.……'

그러나 그의 언로의 주장에서 가장 강조한 것은 역시 그 언로의 주체로서의 사림이었고, 따라서 그 사림이라는 주체가 갖는 활력을 언로와 공론의 근본적 元氣로 보려는 소위 '士氣論'의 주장이 그의 지치주의의 義理學的 특성이었던 것이다.

그의 '兩司請罷改正靖國功臣啓, 3'은 그것을 다음과 같이 주장하고 있다.

'利源이 열려 국가의 膏肓의 병이 되고 있으며 人心은 한결같이 우울하다.……士氣가 배양되지도 않은 채 이원이 이같이 열렸으니 조정의 사대부들은 그것을 따라 이리 뛰고 저리 달리고 있으니 이 어찌 理이겠는가?……'

여기서 곧 사림이라는 주체와 그것이 갖는 元氣(士氣)는 국가를 지키는 기본적 활력이며, 따라서 그것은 치국의 근본적 理로 확인되고 있는 것이다.

그것은 보다 구체적으로 또한 다음과 같이 연결되고 있었다.

'조정의 처사가 正에서 나오려면 사기가 있어야 한다. (사림이) 비록 進講하지 않는다 해도 때때로 數三 儒臣을 불러 더불어 상대하면서 민간의 苦疾과 시정의 득실과 인물의 선악 등 강론하지 못할 것이 없다. 이때 義는 비록 군신이지만 情은 바로 부자이다. 그러니 祿仕하고 있는 사람에게는 泛泛하게 대하여도 가하지마는 다행히 있는 한둘 君子들은 그들이 녹사하고 있지 않다고 하여 결코 몰라 주어서는 안 된다.……'(侍讀官時啓, 2)

여기서 사림이나 군자는 바로 민중과 군주 사이에서 爲民의 편에서 언로를 키우고 그래서 그 요구를 전달하는 중간적인 지식인 총화 주체로서의 그 성격이 뚜렷이 나타나고 있다. 그리고 이같은 지치주의 총화성이 보다 실천적인 정치사상으로 구체화되는 데서 바로 그의 '保民'을 중심으로 하는 '개혁론'과 '維新論'이 이루어져 나왔던 것이다.

### (4) 義理之學과 '保民'의 윤리—改革·維新論

정암의 지치주의는 사림이 주체가 되어 왕도를 실천하려 한 조선조 사림정치사상의 중요한 내용이었다. 이같이 정치적 실천을 전제로 하고 또 논리적으로 더욱 심오하게 종교적 측면으로까지 심화된 정암의 지치주의에서 바로 조선조 유학의 도학적 성격이 나타나고 있었다.

그러나 이같이 도학적 측면으로 심화되고 강화된 정암의 지치주의는 일단 사림으로서의 그 정암이 바로 자기의 그 지치주의를 실천키 위하여 목숨까지 바치는 殉義로 나타났을 때, 그것은 다시 정치 앞에 사림의 굳은 의지와 강한 실천력을 요구하는 義理之學으로 또한 발전하게 되었던 것이다. 이것이 바로 정암의 지치주의를 다시 의리지학이라는 측면에서 바라보아야 할 이유의 하나인 것이다.

정암의 의리지학은 한마디로 그가 몸소 실천하였듯이 捨身取意(즉 殉義)라는 궁극적 실천윤리에서 이루어져 나왔다. 이같은 궁극적 실천윤리를 전제로 하기 때문에 의리지학의 측면에서 본 정암의 지치주의는 군주와 사림이라는 주체에게 민중에 대한 강한 정치적 윤리를 강조하고 있었던 것이다.

그것이 바로 정암이 지치주의에서 강조한 '保民'의 윤리이다.

한마디로 '백성을 보장해야 한다'는 보민의 윤리는 애민이나 애민이라는 유교적 왕도정치 윤리가 더욱 적극적으로 심화된 정암 애민사상의 핵이었던 것이다.

그는 侍讀官으로서 올린 계에서 다음과 같이 보민을 설명하고 있었다.

'민생들의 의식이 이미 두터웁고 범사가 제대로 잘 이루어진 뒤에 古禮를 행하려 하면 아주 쉽습니다. 대저 古道를 힘써 행하려면 보민으로써 그 근본을 삼아야만 그것이 가능합니다.······'
(侍讀官時啓, 11)

물론 여기서의 古禮나 古道는 堯舜의 道治를 가리키는 그의 지치주의의 근본 배경인 것이다. 그러나 고도와 같은 지치주의의 근본 정신도 정암의 정치사상에서는 이같이 보민이란 위민의 윤리 다음으로 미뤄지고 있었던 것이다.

이같은 보민의 윤리를 위하여 물론 정암은 그 앞에서 다음과 같이 애민 · 위민의 사상을 또한 강조하고 있었다.

'節用과 愛人은 실로 만세의 법입니다. 오늘날 국가의 경비가 심히 많사오니 모름지기 대신들과 상의하여 경비를 감축시킨 뒤라야 가히 애민의 도를 실시할 수 있을 것입니다.……'(侍讀官時啓, 9)

또한,

'재상의 직은 마땅히 民으로써 그 마음을 삼아야 합니다.……무릇 군신이란 것은 위민 때문에 있는 것입니다.……상하가 모름지기 이 뜻을 알아차려 주야로 以民爲心한즉 그때 治道가 이루어질 것입니다.……'(侍讀官時啓, 1)

이같은 보민의 윤리 앞에서 정암의 정치사상은 다음과 같은 두 가지 특징을 띠고 나왔던 것이다.

그 하나는 모든 정치권력은 그 보민의 윤리로 얻을 수 있는 민중의 동의(즉 人望)가 그 기반을 이룬다는 소위 권력관계설(relation theory of power)의 입장이며, 그 둘째는 보민을 위하여 정치는 그것이 할 수 있는 모든 가능한 기능과 효율을 다하여야 한다는 정치의 효율론이었던 것이다.

앞의 주장에서 바로 왕권이나 정치의 專制를 막을 수 있는 '人望專權'의 주장과 신권은 기능적이며 자율적으로 용인되어야 한다는 '敬大臣 任政事' 등의 주장이 나왔고, 뒤의 주장에서 바로 보민을 위하여 정치는 항상 개선되고 日新되어야 한다는 저 유명한 개혁·유신론이 나오고 있었던 것이다. 즉,

'중신들이 나라를 위하여 제 몸을 잊고 대사를 담당할 때 반드시 인망이 따르게 된다. 인망이 모이는 곳에 바로 專權과 같은 힘이 생긴다. 따라서 인군이 그 학식이 부족하면 猜疑에서 벗어나기 곤란하다. 예로부터 군신간이 시의로 막혀 국사를 그르쳤던 것은 바로 이 때문이었다.……'(侍讀官時啓, 1)

여기서 '人望所歸 有似專權'은 바로 모든 권력은 인망을 그 근본으로 하여야 한다는 정치권력에 대한 민주적 동의의 기반을 말한 것인 동시에, 또한 인군은 인망에 의하여 이루어지는 신권과 그 신권의 기능을 승인해야 한다는 권력 분립 내지 機能 分立的 주장을 내세운 것이기도 하였다.

'인군은 일찍이 혼자서 다스리지 말고 반드시 대신에게 맡긴 뒤라야 그 치도는 이루어질 수 있다. 인군이 하늘과 같다면 신하는 바로 四時인 것이다. 그 하늘이 스스로 갈 뿐 만약 사시의 運行이 없다면 만물이 이루어져 나가지 못하는 듯이 인군이 스스로 맡아서(自任) 대신의 輔함이 없다면 萬化(政治)는 이룩될 수 없는 것이다. 그것은 다만 이루어지지 못하고 이룩되지 못하는 不興 不遂일 뿐만 아니라 하늘이 되어 스스로 가고(自行) 인군이 되어 스스로 맡는다면 그것은 크게 하늘이 되게 하고(爲天) 인군이 되게 하는(爲君) 道를 잃고 말게 된다.……'

여기서 君의 '자임'과 '獨治'는 어디까지나 배격되고 대신들에게 그 독자적인 정사 집행의 기능이 맡겨져야 한다는 權力 分立的인 '任政事'가 강조되고 있는 것이다.

다음으로 그의 보민사상은 다음과 같은 진보적인 정치유신론을 수반하고 나왔던 것이다.

이같은 유신의 사상은 이미 그가 38세의 젊은 나이로 죽어 가면서 자기가 실천하려 한 사림정치의 이상이 바로,

'나라의 병이 利源 때문에 생겨 그것을 고쳐 國脈을 무궁하게, 새롭게 하려는 데 있었다'고 설파한 그의 〈獄中供辭〉에서 선명히 나타나고 있었다.

그의 유신론은 본래부터 다음과 같이 보다 그 이론적 체계를 갖추며 제시되고 있었다.

'만약 小成에 안일하여 구차하게 因循한다면 제왕의 治를 어떻게 이룰 수 있겠는가? 그러니 士習과 民風을 淳正하게 돌려 復古의 治를 이루어야 한다면 반드시 奮發有爲하여 모두 함께 유신한 연후라야 고무 진작해서 훤히 빛나게 될 수 있는 것이다. ……'(參贊官時啓, 5)

여기서 사습과 민풍은 곧 사기와 국민적 윤리요, 복고의 치는 堯, 舜 3代의 치를 다시 이루려는 정암 지치주의의 근본 배경인 것이다.

따라서 이같은 지치주의를 실천하고 국민적 윤리를 순정, 진작시키기 위하여는 '苟且因循'을 물리치고 '분발유위'하는 모두의 유신이 있어야 한다는 것이다. 이것이 곧 정암이 주장한 咸與維新의 뜻이었던 것이다.

그는 한편으로 이같은 咸與維新을 보다 근본적인 지치주의 사상과 연결시켜 다음과 같이 절박한 뜻으로도 설명하고 있었다.

'邦國이 無道하여 危亡이 장차 닥쳐오는데도 어두워서 깨닫지 못한다면 하늘이 災異를 내려 꾸짖게 된다. 그런데 만약 時事가

점차 좋아져 치치를 이룰 수 있는 기미가 보이는데도 上下가 머뭇거리고 의심하여 나아가지 않는다 해도(遲疑不進) 하늘은 또한 재이를 보내어 警省토록 시킨다. 이때를 당하여 상하가 만약 서로서로 힘쓰지 않는다면 종래에는 결국 패망하고 말 것이니……이 어찌 두렵지 않겠는가?'(檢討官時啓, 1)

즉, 치치를 이루기 위하여는 遲疑不進하지 말고 상하 모두가 서로 '交修加勉'해서 유신과 진보를 이루어야 하며, 한편 이같은 유신과 진보는 그것을 이루지 못할 때 하늘은 災異를 내리고 나라는 패망하게 된다고 주장함으로써, 그것이 치치주의에서 대단히 긴절한 것임을 강조하고 있었다.

이같은 정암의 유신론은 구체적으로 다음과 같은 과감한 개혁론과 또 그 개혁을 위하여 함께 있어야 할 정치의 總和論을 수반하고 있었다.

'流俗은 실로 일조에 猝變시킬 수는 없다. 그러나 다만 유유범범하게 그 점차적인 변혁을 기다린다면 습속과 취향이 옛것을 뒤따르는 데만(踵舊) 안이해진다.……그러니 마땅히 俗尙으로써 商量해서 고칠 것은 즉시 고쳐야 한다.……우리의 백성들은 또한 옳은 길을 따라 나가는 백성들이다. 어찌 구습에만 물들어 끝내 개혁하지 못할 리가 있겠는가?……'(侍讀官時啓, 12)

이같은 개혁에 대한 주장은 다음과 같이 본격적인 '變通改革論'으로 발전하고 있었다.

'祖宗의 舊章은 비록 갑자기 바꿀 수는 없다 하지만 그러나 만약 오늘에 맞지 않는 것이 있다면 그것은 또한 변해서 통하게 해야 한다.……그러니 常例에 구애되지 말고 대신이나 시종들이라도 召對하여 그 가부를 논의한 다음 할 수 있는 개혁은 즉시 단행하는 것이 옳다.……'(侍讀官時啓, 4)

그리고 이같은 변통개혁론은 조선조 사림정치에서 대표적 정치변화의 한 형식이었던 반정(撥亂反正)과 연결시켜 다음과 같이 설명되고 있었다.

'반정이 있었던 뒤에 또한 다시 머뭇거리는 因循의 버릇이 생기고 있다. 이제 만약 士風을 바로잡지 않고 구습을 개혁하지 않는다면 인심이 어느 때 가서 변할 수 있겠으며 至治를 어느 때 가서 이루어 볼 수 있겠는가? 천하의 勢는 나가지 않고 있으면 반드시 후퇴하게 된다. 이제 만약 떨치고 일어나지 않는다면 天變人心이 가히 헤아릴 수 없게 될까 두려워진다.……'(侍讀官時啓, 3)

그러나 그의 이같이 강경한 진보론이나 개혁론은 언제나 한편으로는 정치적 토론이나 합의를 존중하는 정치적 총화론을 병행시키고 있었다.

'天下之事는 나아가지 않으면 반드시 물러서게 된다. 그러니 크게 급할 때 서서히 늦추어서는 결코 아니 된다. 국사를 위하여 정성을 다해야 하며 인군은 해야 할 일이 있을 때 마땅히 剛健을 가지고 그것을 실행해야 한다. 그러나 만약 너무 강건만 내세운

다면 오히려 過嚴의 폐단이 있을 수 있기 때문에 도리어 군신들
은 감히 강건을 가지고 啓言할 수 없게 된다. 그것이 곧 臣이 말하
는 소위 강건과 嚴厲가 다른 점인 것이다.……'(侍讀官時啓, 5)

즉, 개혁이나 변통은 강건으로써 과감히 실천해야 하지만 그러나
그것을 실천하는 정치 과정(즉, 인군과 군신 사이)에 있어서는 너무
강건하지 말고, 인군의 강건한 실행에 군신의 강건한 계언이 따를 수
있는 화합이 있어야 한다는 것이다.

이것은 다음과 같은 본격적인 정치총화론으로 발전하고 있었다.

'재상이 是라 할 때 대간은 非라 할 수 있고 재상이 할 수 있다 할
때(可行) 대간은 할 수 없다 할 수 있어서(不可行) 가부가 서로
相濟할 수 있을 때 모든 일은 正에 돌아갈 수 있다. 그래서 조정이
和한 뒤라야 지치가 이루어질 수 있다.……'(侍讀官時啓, 13)

이것은 곧 是非에 대한 주장과 가부에 대한 토의가 있을 때 지치가
이루어질 수 있다는 언로와 공론에 기반을 둔 지치주의 사림정치의
본질을 말해 주는 것인바, 여기서 정암 지치주의의 본질과 요체는 正
과 和에 귀일하는 총화성으로 요약되고 있는 것이다.

## 3. 栗谷 李珥의 정치사상 — 民本의 '國是'와 爲民의 '務實'論을 중심으로(조선조 經世論의 유학 사상적 측면)

조선조 정치사상의 근본적 배경도 어디까지나 우리 한민족이 그 역

사 위에서 이룩하여 온 한국적 정치문화의 그것일 수밖에 없다. 한국적 정치문화 그것은 바로 한민족의 역사 위에서 쌓여져 온 문화적 에너지의 한 표현이요, 濊貊의 東夷文化가 우리 '한얼'사상을 중심으로 펼쳐 온 중요한 활력의 한 모습이다.

여기서 율곡의 정치사상이나 經世論도 그 주류와 근본 얼은 어디까지나 이 '한얼'사상에 기반한 거국적 정치문화의 한 맥락 위에 두고 여기에 다시 그 논리의 전개와 사상적 조화에서 얻어지고 합쳐진 유교문화의 정신과 연결시켜야만 되는 것이다. 그것을 위하여 우리는 먼저 한민족이 근세를 실천하기 위하여 쌓아 왔던 구체적인 조선조 역사가 가지는 율곡사상과의 관계가 무엇인가를 살펴야 한다.

그것은 곧 율곡 정치사상의 조선조 정치사적 배경으로 연결된다.

### (1) 栗谷 정치사상의 조선조 정치사적 배경

조선조의 역사적 성격을 정치적으로는 '官人國家'(mandarin state)[1]라고도 하고 또 그 경제사적 측면에서는 '家産制國家'(patrimonial state)라고도 하며, 또 우리와 같은 동양적 사회윤리의 기반에서는 국가를 가족이라는 一次社會와 근본적으로 같은 것으로 보았다는 점에서 '化家爲國 國家觀'으로도 설명하고 있다.

그러나 우리가 여기서 율곡의 사상을 위하여 살펴보아야 할 조선조의 국가적 측면은, 그같은 관인국가나 가산제 국가관보다도 士林政

---

1) mandarin state(官人國家)의 'mandar(명령한다)'는 네덜란드어에서 기원하는 것으로, 이것을 일인들이 관료(bureaucracy)와 구분하기 위하여 관인으로 설명하였다. 여기서 이미 단순히 통치 과정에만 봉사하는 서구의 관료들과는 달리 직접 정책결정 과정(즉 傳旨, 敎旨와 같은 국왕의 명령)인 정치 과정에도 참여하는 조선조 관인들의 특색이 보이고 있는 것이다.

治라는 조선조의 구체적인 정치사적 한 측면인 것이다. 그 사림정치는 특히 거기에는 사림이라는 여론의 주체가 있어 자기의 의사와 민중의 요구를 정치 과정에 반영하고 투입하는 언로가 있었으며, 그래서 거기에는 그같은 언로와 여론을 위하여 언제나 輿論政治文化와 世道의 윤리가 강조되고 있었다는 이른바 저 여론정치나 언로정치라는 특색을 가지고 있었다.

그런데 그같은 사림정치적 특색이나 그 사림정치의 특색으로서의 여론정치적 정치문화가 조선조 정치하에서 부각되기 시작하는 시기는, 대략 초기의 제도적 안정이 사림들의 정치문화를 통하여 그 활력을 얻게 되는 16세기 초중반에 해당된다.

조선조 5백 년을 정치사적으로 3분시킬 때, 그 제1기는 정치적 제도화를 통한 안착기로서 왕조 건립으로부터 壬亂 직전까지이며, 제2기는 대외적 모순과 대내적 혼란(사회・경제적)으로 왕조 질서가 흔들리는 동요기로서 임란・호란을 포함하여 18세기 초반까지이며, 제3기는 18세기 이후로서 實學 내지 문예부흥 등을 통하여 왕조 질서에 대한 진취적 내지 복고적인 개편기인 것이다.

여기서 율곡 정치사상의 형성기는 바로 조선조의 정치적 특색이 제도적・문화적으로 안착되어지는 제1기의 완성적 시기에 해당하니, 그것이 곧 율곡의 정치사상을 조선조 사림정치문화의 대표적 한 조류로서 포착하지 않으면 안되게 하는 상황적 이유 중의 하나인 것이다.

우리는 이같은 상황적 요인을 또한 그 정치사적 측면에서 士禍라는 일종의 정치 과정 내지 정치문화의 변동을 통하여서도 아울러 고찰해 볼 수 있는 것이다. 그것은 곧 사화야말로 바로 조선조 사림정치의 기본적 성격이 형성되는 발전적 정치투쟁의 한 형식이었기 때문인 것이다.

즉, 사화는 이미 조선조의 정치권력을 독점하고 있던 勳舊政治勢力에 대하여 새로이 형성된 新進士林이란 또 하나의 엘리트 집단이 도전, 합류함으로써 이루어졌던 정치투쟁으로 설명되는 바 여기에서 우리는 다음과 같은 두 가지 정치사적 의의를 발견할 수 있는 것이다.

그 첫째는 사림이란 새로운 지식인 엘리트 집단이 정치의 場에 들어감으로써 나타날 수 있었던 조선조의 정치문화 내지 정치 과정에 있어서의 획기적인 변화이며, 그 둘째는 그같은 사림정치문화가 형성됨으로써 14세기말 신흥지식계층으로서 출발된 소위 儒者勢力들이 신흥 왕조인 조선조의 건립을 앞에 놓고 갈라졌던 參與積極派와 逃避節義派의 분류가 1세기여 만에 다시 합류함으로써 조선조 정치문화의 모습이 그 본래의 모습 위에서 회복, 발전할 수 있었다는 역사적 의미인 것이다.

따라서 사화는 조선조의 정치세력이 분열, 투쟁하는 단순한 동요적 제2기가 아니고, 오히려 조선조 사림정치의 기틀과 규모가 잡히는 완성적 제1기에 해당하는 것이다.[1]

즉, 사화를 통하여 종전까지 정치권력을 독점하고 있던 관인세력으로서의 훈구파 외에 在野의 지식 엘리트들인 사림들이 정치과정에 소통됨으로써 조선조의 정치적 엘리트 充員의 폭[2]은 그만큼 넓어지고 또 정치문화는 그만큼 언로와 이해의 폭이 넓어짐으로써 여론정치·문화정치로 특색지어지는 조선조 사림정치는 그 본궤도에 오를 수

---

[1] 李丙燾 박사의 주장에 의하면 왕조의 발전을 제1기(創業期), 제2기(動搖期), 제3기(中興期), 제4기(衰退期)로 잡는 바 여기서 사화는 바로 동요적 제2기의 대표적 사례로 설명되고 있다.

[2] 여기서 조선조의 정치 단위는 관인과 사림이란 2원적 요소로 구성되는 바, 관인은 보다 권력(power)이란 통치과정의 가치에 연결되고 사림은 보다 권위(authority)라는 정치 과정 내지 정치문화의 가치에 연결되고 있었다.

있었던 것이다.

따라서 사화가 지나간 직후 그 사화에 대한 정치적 평가를 내리면서 조선왕조가 실천해야 할 정치적 진로와 가치를 警示的으로 주장하였던 율곡의 사상은, 그대로 조선조의 신흥 엘리트인 사림들이 그리려 한 사림정치의 본질에 대한 종합적이고도 대표적인 발양 그것에 해당한다.

이같은 율곡의 사상은 우선 그의 萬言封事에서 사화에 대한 다음과 같은 진취적 주장으로 나타나고 있었다.

'國朝 초년에 當國한 사람들이 다만 무식한 功臣들뿐이어서 己卯에 諸賢들이 다소 나라 위해 有爲코자 하였으나 讒鋒을 맞아 쓰러지고(己卯士禍) 乙巳의 禍는 기묘의 그것보다 더 참혹하였으니(乙巳士禍), 이때부터 사림들은 숨을 죽이고 苟活하는 것으로 다행인 줄 알아 감히 국사를 가지고 말하지 못하였다. 여기서 오직 權姦의 무리들이 放心肆意하여 자기에게 이로운 것은 모두 舊法이라 하여 墨守하고 私利에 방해되는 것은 또한 新法이라 하여 革罷하였으니, 요컨대 그 결과는 백성들을 깎아서 자기(권간)들을 살찌게 하는 것뿐이었다.……'

여기서 사화를 경험한 율곡의 정치사상은 다음과 같은 세 가지 측면에서 당시 정치의 정곡을 찌르고 있다.

즉, 첫째는 정치문화의 현명과 공론을 대변할 사림이라는 정치단위가 국사를 논할 수 없었다는 言路의 閉塞이요, 둘째는 정치권력이 오직 권간이란 일종의 무식한 집권층에 독점됨으로써 이루어지는 公益의 파괴요, 셋째는 그같은 권간들이 공익을 희생시키며 사리를 추구하기 위하여 점차 고착시켜 가던 因循姑息, 舊法墨守의 비진취적인 정치풍토였다.

즉, 첫째는 民意와 在野의 현명이 반영되지 못하는 제약을 당시 정치 과정의 측면에서 지적한 것이며(…當國者 只是功臣之無識者而已 …自是士林狼顧脅息… …不敢以國事爲言…), 둘째는 공익을 대표할 정치적 가치가 일부 권간들에게 독점됨으로써 나타나는 폐단을 당시 통치 과정이란 측면에서 지적한 것이며(…惟是權姦之輩 放心肆意… 要其所歸者 不過剝民 自肥而已…), 셋째는 공익을 위하여 變法이나 신법을 추구하지 않고 오직 사리를 위하여 구법만을 묵수하는 정치풍토의 硬塞을 그 정치문화적 측면에서 지적한 것이다(…利於己者 以爲舊法而尊守 放於私者 以爲新法而革罷…).

이것을 율곡의 정치사상 체계에서 다시 정리하면, 첫째는 언로와 공론을 강조한 여론정치 사상이요, 둘째는 공익과 民本을 강조한 평등사상이요, 셋째는 바로 務實的 革新과 변법을 주장한 저 유명한 更張論인 것이다.

(2) 민본정치 사상으로서의 '國是'論

여론정치는 율곡정치사상의 가장 기본적인 핵이었으니, 즉 율곡에게서 '言路의 開塞'은 곧 정치적 '흥망의 所係'로 직결되고 있었다(言路 開塞 興亡所係).

그러나 이같은 여론은 그것이 단순한 浮議나 衆愚가 아니고 반드시 공론이어야 할 것이 강조됨으로써 율곡이 주장하는 여론정치는 공익을 가장 합리적으로 대변할 수 있는 일반 의사로서의 공론과, 그러한 공론이 정치권력의 정당성의 기반을 이루어야 한다는 가장 爲民的인 정치 정통성으로서의 國是의 개념으로 발전하고 있었다. 즉,

'인심이 모두 그러하다고 동의하는 내용이 곧 공론이니 바로 이러한 공론이 所在하는 곳에서 곧 국시는 이루어진다. 그러니 국시는 곧 나라 안 온 사람들이 꾀함이 없이도 다같이 옳다고 동의하는 내용인 것이다.'(《栗谷全書》권7,〈辭大司諫 兼陳洗滌東西疏〉)

이같은 내용은 다시 그의 乙巳僞勳箚에서 다음과 같이 요약되고 있다.

'공론의 發은 國人(온 국민)에게서 나타나는 것이니 그것은 막을 수가 없으며 그같은 輿情(여론보다도 더 강한)에 따를 때 바로 국시가 정하여진다.……'(公論之發 出於國人 不可沮遏 則順輿情 定國是……)

여기서 輿情(또는 民情)과 公論과 國是는 다음과 같이 연결되고 있다.

즉, '輿情'은 진정한 민중의 요망이요 요구(민정 또는 民志)라는 위민적 기반, 여기서 여정은 단순한 민중의 요망이 아니고 온 나라의 요구라는 거부할 수 없는 신성성을 띠고 있다. 그 결과 그 여정의 주체인 국인(온 나라 사람)은 단순한 여정의 주체일 뿐만 아니라 정치의 주체요 조선조 국가의 주체로 확인되고 있었던 것이다.

그것이 곧,

'……出於國人 不可沮遏 則順輿情……'

이라는 주장으로 압축되었던 것이다.

다음으로 '公論'은 바로 여정에 기반을 둔 구체적 활력으로서 언로라는 정치과정에 구체적 투입기능을 발휘할 수 있다는 지극히 民本的인 기반, 여기서 공론은 우선 여정과 밀접한 연결을 가지며 모든 사람의 의사, 즉 만인의 의사라는 넓은 국민적 기반에서 출발하고 있는 것이다. 그래서 그것은 일단 국민의 의사는 만인의 의사(volonte des tous)라는 일반 의사의 전제에서 출발하고 있는 것이다.

그것이 곧,

'공론은 온 국인에게서 나오는 것이니 그것은 결코 막을 수 없다.'

는 앞에서 살펴본 내용이었던 것이다.

그러나 율곡에게서 공론은 그것이 만인의 의사라는 그 공론의 기반이나 폭에서만 주장되고 있지 않고 한걸음 더 나아가, 만인이 모두 옳다고 동의하고 스스로 원하는 것이어야 한다는 동의의 기반을 강조함으로써 공론의 본질과 그 형성의 방법에서까지도 그것이 갖는 민본적 성격을 확대시키고 있었다.

여기서의 초점은 '스스로'라는 공론 형성방법의 자발성이요, '옳다'로 강조되는 공론 성격에 포함되어야 할 민주적 동의성으로 요약되고 있다.

'사람의 마음이 함께 그러하다고 동의하는 것이 곧 공론이다.'
(人心之所同然者 謂之公論)

여기서의 '同然'은 동의보다도 더 자발적이며 본질적인 동의의 기반을 의미하는 것이다. 여기서 공론은 만인의 의사인 동시에 '옳은 의사', '선한 의사'일 것을 강조하고 있는 '일반 의사'의 완결적 의미로 한걸음 더 나아가고 있는 것이다.

그 결과 공론은 어디까지나 공론으로 이루어져야만 하지, 그것이 백성들의 뜻을 집약시키지 못하고 떠돌아다니는 浮議와 혼돈될 수 없음을 엄격히 구분시키고 있었다.

'소위 浮議라는 것은 그것이 어디서부터 온 것인가를 모르는 것이다. 처음에는 작지만 점차 더 성하여져 온 조정이 흔들리어 서로 버티어 나갈 수 없게 된다. 浮議의 권세는 태산보다도 무겁고 칼날보다도 날카로워 한번 그것에 부딪치게 되면 賢俊도 그 이름을 잃게 된다. 그런데도 종래 그 所以然은 결코 알 수가 없는 것이다.……'(《栗谷全書》권7,〈陳時弊疏〉)

끝으로 輿情에 나타난 위민적 사상이나 공론으로 강조된 민본적 주장이 합일하여 하나의 민주적 국가 기본질서 사상으로 심화된 것이 바로 율곡의 '國是' 개념이었다.

따라서 국시는 자발적인 요구로서 출발되는 여정을 그 근거로 하여 그것이 모두가 동의하고 모두가 합일하는 기능적 활력으로 형성되는 공론을 거쳐, 그것이 다시 기반이 되어 올바른 통치의 기본정신, 기본윤리를 이룩할 때 나타나게 되는 사림정치의 궁극적 가치였던 것이다.

그래서 그것은 앞에서도 보았듯이 輿情(동의의 원천)→公論(동의의 형성)→國是(동의의 완결)—정치의 기반으로서의 국민적 동의)의 관계로 연결되고 있었던 것이다.

그것은 국가의 기본질서(즉, 國是 : raison d'Etat)를 최종적으로 그 국민적 동의에서 확인한, 지극히 민본적이고도 위민적인 사상인 것이며, 그래서 율곡의 국시론에서는 다음과 같이 그 자발적 동의의 절차가 강조되고 있었던 것이다.

'利로써 꾀이지도 않고 威로써 누르지 않는데도 삼척동자들까지 그것이 옳음을 알게 될 때 그것이 곧 國是인 것이다. 오늘의 국시란 것은 그것과 다르다. 다만 그것을 주장하는 사람만이 스스로 옳다고 하나 그것을 듣는 사람은 혹은 따르기도 하며 혹은 어기려 하기도 하며 심지어 愚夫愚婦들까지도 半是半非하여 끝내 귀일할 수 있는 가망이 보이지 않고 있다. 그러니 어찌 그것이 집집마다 다니며 家喩戶說하여 강제로 정할 수 있는 것이겠는가?……'(《栗谷全書》권7,〈辭大司諫 兼陳洗滌東西疏〉)

이와 같은 뜻은 다음과 같이 더욱 신랄한 이유로서 주장되기도 하였다. 즉, 강제적 동의에 의한 國言의 결정, 즉 國是의 私定에 대하여 율곡은 다음과 같이 설파하고 있었다.

'혹 소인들이 인군을 얻어 상하가 서로 결탁하게 될 때 다른 의견(異言)들은 모두 물리쳐 버리고 비방하는 소리는 죄를 씌워서 오직 백성의 입을 막기만을 힘쓴다면 議論이 감히 달라질 수가 없어 國言도 정하여질 것이다. 그러나 그것은 어디까지나 잘못 결정된 그것인 것이다.……'(《栗谷全書》권7,〈代白參贊疏〉)

이같이 율곡의 民本政治思想은 그것이 단순한 위민정치의 윤리이어야 한다는 정치윤리적 명분론에서 주장된 것이 아니고, 그것이 있어야만 정치에는 진취적 에너지가 있을 수 있다는 보다 務實的인 정치과정론에서 주장되고 있었다는 점에서 율곡의 輿論政治思想은 보다 그 빛을 더 하고 있는 것이다. 즉,

'공론은 有國의 원기이다. 그 공론이 조정에 존재하면 나라가 治하고 공론이 여항에만 머무르면 나라가 어지러우며, 만약 공론이 상하에 모두 없다면 나라는 망하고 만다. 그런즉 어떻게 在上者(집권층)로서 공론을 주도하지 못하면서 그 공론이 아래에서 이루어지는 것을 혐오할 수 있겠는가.…… 백성들의 입을 막고 그 죄를 다스리기만 할 때 그러한 나라는 일찍이 망하지 않았던 예가 없는 것이다.……'(《栗谷全書》권7,〈代白參贊疏〉)

여기서 그의 여론정치사상은 공론을 국가의 근본적 활력으로 주장함으로써 보다 적극적인 민본정치사상으로 심화되고 있는 것이다. 그것은, 즉 이같이 공론이 국가의 元氣가 되기 위해서는 그 공론의 주체로서의 국민이라는 기반과 아울러 그같은 국민이라는 주체의 공론형성에 대한 능동적 참여기능 등이 전제되기 때문인 것이다.

그래서 율곡의 앞글의 주장에서는 국민이라는 주체가 발휘하여야 할 공론이라는 활력과 그 공론의 활력이 투입되어야 할 정치 과정과의 상호관계가 다음과 같이 기능적으로 연결되고 있었다. 즉,

가장 바람직한 관계 : '공론이 조정에 있을 때'→즉 공론이 잘 소통되어 정책결정 과정에 투입되었을 때='나라는 치하고'→즉 정치의 활력은 활발하고,

덜 바람직한 관계 : '공론이 여항에 있을 때'→즉 공론은 있으나 잘 소통되지 못하여 정책결정 과정에 투입되지 못하였을 때 = '나라는 亂하고'→즉 정치의 활력은 쇠약해지고,

가장 바람직하지 못한 관계 : '공론이 상하에 다 없을 때'→즉 소통뿐만 아니라 공론 그 자체가 존재하지 않을 때 = '나라는 망한다' →즉 정치의 활력은 사라지고 만다.

### (3) 爲民政治思想으로서의 '務實·更張論'

이같은 여론정치사상은 그것의 보다 적극적인 실천적 爲民政治論으로서 人本的 평등론과 혁신적 更張論으로 연결되고 있었다. 그것은 곧 〈萬言封事〉 冒頭에서 율곡이 강조한 '정치에서 귀한 것은 時事를 알고 무실을 중요시하는 것'이라는 소위 '知時事要務實論'으로 압축되고 있다.

여기서 時宜를 알아야 한다고 주장한 그의 '知時事'는 곧 시간적으로 항상 현재가 중요하다는 그의 현재 중심적 價値定向을 의미하며 實德에 힘써야 할 것을 주장한 그의 '要務實'은 바로 정치에서는 실천이 가장 중요한 것임을 강조한 그의 실천 중심적 정치 경향을 의미하는 것이다. 이같이 시간적인 '현재중심적 정향'과 정치적인 '실천 중심적 정향'이 만나는 곳에서 바로 율곡 정치사상의 현실성이 나타나고 있었던 것이다.

그러나 율곡 정치사상의 현실성은 단순한 현실성에만 머무른 것이 아니라 지치주의 (정암 이후 사림정치의 理想)가 준 높은 정치 이상과 유교적 기반에서 심오하게 체계화된 왕도정치사상 등을 통하여 항상 개선과 향상이라는 미래적 진보성을 강하게 수반하고 있었다. 그것이 바로 그의 '時事務實'이라는 현실중심적 정치사상으로부터 과

감한 혁신적 更張이라는 뚜렷한 진보성이 나올 수 있었던 이유였던 것이다.

그래서 그는 實을 강조하되 그것을 天道와 연결된 높은 이상과 깊은 원리에서부터 주장하였던 것이다.

'자연에서 그러하게 되는 것은 천도요, 有爲로서 그러하게 되는 것은 人道이다. 진실하여 虛妄이 없는 것은 천도요, 진실하여 허망이 없고자 하는 것은 인도다. 그래서 천도는 곧 실한 理요, 인도는 곧 실한 마음이다.……'(拾遺, 권6,〈四子言誠疑〉

이같은 實은 그 도의 입장으로부터 한걸음 더 나아가 그 구체적 실천덕목으로서 誠과 연결되고 있는 것이다. 즉,

'天은 이 實理로 해서 化育의 功을 가지고, 人은 實心으로 해서 感通의 효를 이룬다. 소위 實理實心이라 하는 것은 말하되 바로 誠에 불과할 뿐이다.……'(天以實理 而有化育之功 人以實心而 致感通之效 所謂 實理實心者 不過曰 誠而己…….(拾遺, 권6, 〈誠策〉)'

그래서 그는 이같이 實의 뜻을 그 공효라는 실천적 효율면에서 논한 다음 그것을 더욱 구체적으로 정치와 연결시켜 다음과 같이 말하고 있었다.

'務實로서 정치를 해야 하나니 무실의 功이 없으면 危懼가 아무리 절박해도 그 治效는 아득하다. 民生을 어찌 保하고 어찌 弭하

게 하겠는가? 그 폐단은 오직 虛文으로 실이 없는 데 있는 것이다. 소위 實功이라 하는 것은 일을 이룸에 誠이 있어서 空言이 없는 것을 말하는 것이다.……'(《栗谷全書》 권5, 〈萬言封事〉)

또,

'主人曰 立志한 뒤에는 務實이 가장 중요하다. 客曰 무슨 뜻인가?…… 오늘날 經筵席上이나 章奏들 사이에 嘉謨와 讜論이 없는 것이 아니어서 족히 治國할 만하건마는 아직 하나의 폐를 개혁하였거나 하나의 策을 실시한 것을 보지 못한 것은 오직 務實하지 않는 때문인 것이다.……'(《栗谷全書》 권15, 〈東湖問答〉)

여기서 그의 정치적 務實論은 策의 실시와 폐의 개혁이라는 양면으로 강조되고 있었다. 그래서 이같이 嘉謀나 讜論이라는 좋은 정책론이나 정치이론으로서가 아니고 정치에서 직접 좋은 위민의 공효를 가져올 수 있는 실천을 강조한 그의 무실론이 施策(책의 실시)과 革弊(弊의 革除) 양면에서 더욱 구체화된 것이 바로 그의 적극적 위민정치사상의 하나로서의 '經世澤民'論과 '革舊更張'論이었던 것이다.

우선 그의 적극적 위민정치사상으로서의 澤民論・養民論은 한편으로는 군주는 민중에 대하여 궁극적으로 택민・양민의 책임을 져야 한다는 위민적 정치윤리를 강조하면서, 다른 한편으로는 이같은 적극적 위민사상인 양민・택민 앞에서 民은 결국 나와 남이 있을 수 없고 또 위와 아래 상하구분이 있을 수 없다는 養民平等論을 수반하고 있었다.

즉, 양민평등론으로서는 '民은 食에 의존하고 國은 민에 의존하는 것이니 無食이면 無民하며 무민이면 無國한 것이다'(卷4 〈擬陳時弊疏〉)라는 양민의 기반에서의 민본주의를 정치적 평등의 전제로 내세운 다음, 우선 그 경제적 평등으로서 貢法에 있어서의 '損上益下' 정신을 강조하였고, 또한 그 사회적 평등으로서는 '重門閥薄賢材'라는 당시의 풍토를 개탄하여 '文藝를 앞세우고 德行을 뒤로 하기 때문에 행위가 높은 사람도 小官에게 굴하게 되며, 문벌을 중하고 賢材를 박하게 하기 때문에 族閥이 寒微한 사람은 그 器能을 펴지 못한다'고 비판을 가하고 있었다.

따라서 이같은 정치적 불평등과 비리를 제거키 위하여 율곡의 정치사상은 다음과 같이 과감한 실천적 경장론을 전개시키고 있었다. 그것은 곧 '時宜라는 것은 隨時變通하여 設法救民하는 것'이라는 그의 시의론에서부터 출발하는 바, 이같은 경장론은 法制(정치제도)는 근본적으로 隨時可變이라는 이론적 전제와, 그같은 革舊更張은 어디까지나 救民을 위하여서만 필요하다는 민본적 정치윤리를 그 기반으로 하고 있었다.

즉, '수시가변할 수 있는 것은 법제이며 고금을 통하여 가변할 수 없는 것은 왕도이니 그것이 곧 仁政이며 五常이다. 그런데도 후세에 道術이 불명하여 가변할 수 없는 것은 시시로 遷改하면서도 변화시켜야 할 것(법제 등)은 항시 膠守하고 있다'라는 주장은 곧 경장의 이론적 기반이며, '수시로 변통하여 설법하는 것은 救民을 위한 것이다. 비록 聖王이 입법하였다 해도 賢孫이 있어 변통하지 않는다 하면 종래에는 반드시 폐가 있게 마련이다.……我國 祖宗의 입법은 이제 2백여 년이 지나 時變事易하여 그 폐단이 없지 않을 뿐 아니라 후일에 잘못된 謬規들이 있어 그 개혁이 급급함이 마치 救焚拯溺해야 할 것과 같다'고 주장한 것은 바로 경장에서 확인해야 할 윤리적 기반이었던 것이다.

이 두 측면을 종합하여 다시 다음과 같이 경장의 실천적 의미를 요약하고 있었으니, 즉 '革舊更張이란 것은 다만 그 시비 이해만을 따지면 되는 것이니 그 요체는 곧 민에게 便이 있어야 한다는 것이다'라는 경장의 목적을 구체적으로 밝힌 다음에, 따라서 이같은 경장에는 '만약 탐관오리나 幸民들 모두가 樂從할 때를 기다려 실천하려 한다면 결코 宿弊를 개혁할 날이 없을 것이다'라고 주장함으로써 경장의 실천은 탐관이나 행민(사회가치를 독점한 상위층)들의 의사를 기다릴 것 없이 民便을 위하여 과감히 수행할 것을 시사하고 있었다. (卷 2,〈答成浩原書〉)

이같이 진취적이며 과감한 경장론은 정치의 발전(維新)이나 정치의 안정(世道)를 위하여 지식인들인 사림들의 책임이 요구될 때(斯文己任) 목숨을 바쳐서 그것을 실천하려는 순국 순도하는 강한 가치지향적 정치문화를 형성시켰으며(忠義 또는 節義가 중심을 이루는 사림정치문화), 한편으로는 그같은 정치문화에 어긋날 때에는 專制王權의 정치정통성도 부인해 버리는 과감한 정치변화도 가능케 하였다.[1]

이같이 백성의 행복에 대하여 책임져야 할 지배자의 강한 민본적 정치윤리와 항시 위민의 입장에서 민의를 대변하고 공론을 유지시킬 지식인 엘리트 사림들에 의하여 이루어질 여론정치문화와, 그리고 조종의 成法도 民便이 있을 때는 개혁할 수 있고 국왕의 정치적 정통

---

1) 조선조 건립 당시 儒者가 중심이 되었던 易性革命이나 그후 사림이 중심이 되었던 반정 등.

성도 그같은 사림정치문화에서 어긋날 때는 부정, 변화시킬 수 있다는 개혁 경장적인 정치과정 등으로 하여, 조선조의 사림정치는 중세적 봉건제나 근세적 절대군주제가 아니고 왕권과 臣權의 조화 위에서 이루어지는 특유의 관인정치를 이루었던 것이다.

그러나 이러한 관인정치(mandarin state)는 서구인들이 근세초 저들의 관료제(bureaucracy)와 비견하여, 이미 설명하였듯이 정책결정 과정에 다수인이 참여한다는 단순한 귀족적 집단지도제 그것이 아니고(mandarin은 원래 'mandar'=명령한다, 즉 정책결정에 참여하는 사람들의 뜻), 원칙적으로 국민 누구에게나 공개되어 있는 여론정치문화 위에서 관인 외에도 사림이라는 또 하나의 지식인 정치단위가 기능적으로 참여, 대변함으로써 위민의 여론적 기반을 더욱 넓히고 정치적 가치를 권력과 권위 사이로 양분시켜 조정시킴으로써 정치권력의 독점을 막아 통치 엘리트들을 정치문화적으로 상호 견제, 조정시킬 수 있었던 한국사 특유의 기능적이며 민본적인 정치체제였던 것이다.

율곡의 〈萬言封事〉 후반에서 강조되고 있는 務實은 곧 이같은 사림정치의 완성을 위하여 주장되었던 것이니, 즉 그같은 무실은,

첫째 지배자와 백성을 연결하는 정치 과정의 측면에서—위와 아래 사이에 서로 믿는 실질이 없다(上下無交孚之實), 둘째 관인이 담당해야 할 통치기능의 측면에서—신하들은 일을 맡을 만한 실질이 없다(身鄰無任事之實), 셋째 정치이론과 정치윤리를 생산해야 할 정치문화의 측면 등에서—經筵에는 성취의 실질이 없고, 어진 이를 부름에는 거두어 쓰는 실질이 없고, 재앙을 만남에 하늘에 報應하는 실질이 없고, 여러 계책은 백성을 구하는 실질이 없으며, 人心은 善을 향하는 실질이 없다(經筵無成就之實 招賢無收用之實 遇災無應天

之實 群策無救民之實 人心無向善之實) 각각 7조로 열거되고 있었다.

이같은 정치적 萎微를 振起시키기 위하여 〈만언봉사〉는 그 말미에서 修己와 安民을 요체로 하는 다음과 같은 구체적 정책을 또한 열거하고 있다. 즉, 수기의 강령으로서는 ① 奮聖志하여 三代之盛을 期回하는 것, ② 勉聖學하여 誠正之功을 극진히 하는 것, ③ 偏私를 물리쳐 至公之量을 회복하는 것, ④ 親賢士하여 啓沃之益을 資受하는 것 등이며, 다음 안민의 강령으로서는 ① 開誠心하여 群下之情을 얻는 것, ② 改貢案하여 暴斂之害를 없애는 것, ③ 崇節儉하여 奢侈之風을 혁파하는 것, ④ 變選上하여 公賤之苦를 구해 주는 것, ⑤ 改軍政하여 內外之防을 공고히 하는 것 등이 그것이다.

여기에는 誠을 중심으로 하는 율곡 성리학의 기본적 가치로부터 (聖志, 聖學, 誠正의 修己와 誠心의 安民 등) 공론·여론 등의 언로정책(恢至公之量, 資啓沃之益 등 修己)과 위민적 개혁정치론 등 (改貢案, 崇節儉, 變選上, 改軍政 등 安民)이 포괄적으로 집약되고 있는 것이다.

이같이 사림정치의 본질은 국가적 위기나 중요한 정치적 결정 앞에서 언로를 넓혀 공익을 투입시키는 여론정치에 있는 바, 바로 16세기 후반 점차 짙어가는 外患의 국란 앞에서 올린 율곡의 정치사상이 바로 저 유명한 癸未六條啓였다. 그 투입의 형식이 啓였듯이 이는 율곡이 時任兵判으로서 올린 보다 구체적이며 정책적인 정치사상으로서 그 내용은 다음과 같이 6조로 요약되고 있다.

즉 ① 任賢能 ② 養軍民 ③ 足財用 ④ 固藩屛 ⑤ 備戰馬 ⑥ 明敎化 등인 바, 첫째 임현능은 문벌을 버리고 오직 賢과 才에 의하여 그 직을 맡겨야 한다는 인사정책의 쇄신이다. 둘째 양군민은 養軍을 養

民의 기반 위에서 실시하여야 한다는 민본적 군사정책으로서 이는 후일 民兵制(또는 農兵制)說의 기본이 되었다. 셋째 족재용은 조선조 재정정책의 기본 사항을 이루는 것으로서 여기서는 저 유명한 '나라의 재정에 1년 備蓄이 없으면 그것은 국가가 아니다'라는 주장과 함께 당시 財用不足의 원인이 入寡出多(赤字財政), 貉道收說(조세의 불통일), 祭祀煩黷(煩文褥禮) 등으로 지적되고 있다. 넷째 고번병은 지방 행정과 방어를 강화하여 정치의 전국적 통일성과 국력의 均分化를 꾀하려는 정치적 통합의 의의가 있었으며, 다섯째 비전마는 군사력의 강화를 위하여 보병뿐만이 아니고 군마를 보완함으로써 갖추려는 전력 기동화의 구체적 전술이었는 바, 이의 실효성은 후일 임란을 통하여 너무나 절감된 바 있었다. 여섯번째 명교화는 군사력이나 국력의 요소에 의리나 敎化와 같은 사기 내지 의식적 요인을 다시 포함시킨 炯眼으로서 이것은 후일 수차의 국란 앞에서 그 국가적 극복력이 되었던 것이다.

이같은 6조계는 특히 율곡이 시임병판으로서 임란을 예상하며 올린 정책으로서 너무나 유명할 뿐 아니라, 그것은 후일 많은 사람들의 時務疏나 政策啓에서 수없이 援用되었다는 점에서 그것이 조선조 사림정치에 끼쳤던 정치문화적 영향은 실로 지대한 것이었다.

# II. 조선조 후기 유학사상과 그 대외적 전개

— 闢衛論과 對西洋觀을 中心으로 —

## 1. 서 론

### (1) 문제의 제기—상황(서구의 충격)과 의식(한국인의 자존)

정치의식은 정치적 상황의 산물이다.[1] 闢衛論[2]이 조선조 후기의 정치의식의 한 형식이었다면, 그것은 당연히 그것을 규정지워 준 조선조 후기의 정치상황과의 상관관계가 문제된다.

벽위론과 연관되는 정치환경으로서 여기서 18세기 후반이란 상황이 제의될 수 있는 구체적 근거는 한마디로 天主敎라는 서구적 문화내용의 일방적인 전래였다. 18세기 조선조의 상황에서 천주교라는 서구적 변수(variables of western)는 역사적으로 볼 때, 특히 그 정치문화적(political culture) 측면에서 다음과 같은 의미를 지니고 있었다.

첫째, 그것은 이제까지 한번도 접하여 본 적이 없는 이질문화의 직

---

[1] 《근대 한국정치사상사》(1972년) p. 7
[2] 闢衛는 '闢異衛正'의 약자로서, 그것은 근본적으로 유교적 가치이분법과 연결된다. 따라서 그 어의는 '衛正斥邪', '闢異端崇正學', '扶持吾道斥攘邪術' 등 여러 용어로 표현되기도 한다.

접적인 충격(drastic impact)이었다는 문제를 내포하고 있었다. 여기서 18세기 조선조 천주교는 그 이전에 중국을 통하여 간접으로 체험했던 산발적인 對西歐 知識과는 근본적으로 다른 성격을 지니고 있었다.[1]

둘째, 그와 같은 이질성의 충격은 천주교가 바로 종교적 신념 체계(belief system)에서 오는 문화적인 충격만이 아니고 당시 자기의 우월을 강요하던 서구문명의 강력한 팽창과 연결되고 있었다는 점에서, 그것은 근본적으로 한민족의 문화적인 위기만이 아니고 한국 사회(community) 전반에 걸친 주체성의 위기(identity crisis)와 연결되고 있었다는 점이다.[2]

즉, 전자는 새로운 역사적 변화인자의 등장에서 오는 한국 역사상황에 도전하는 이질성의 확대를 의미하며, 후자는 그러한 이질성의 충격으로 인하여 한국 사회가 경험하게 되었던 주체성 위기의 심화를 의미하는 것이었다.

따라서 당시 서구라는 변수(천주교) 속에는 종교를 통한 동서의 문화접촉이라는 그 표면적인 歷史象을 훨씬 넘어서, 첫째 서구문명의 일방적 확대에서 오는 주체 문화(전통 한국문화)[3]의 변질이라는

---

1) 여기서 단순한 文化傳播理論을 지나 이질 문명에 의한 文化圈 衝擊理論이 문제되고 있었다.
2) 主體性(identity)과 正統性(legitimacy)에 대해서는 Hong Koo Lee 《Social conservation and Political Development》 (未刊本) 중 제3장 'Identity crisis and Legitimacy crisis' 참조.
3) 여기서 주체 문화는 토인비가 지적한 四大 文化圈 중의 하나인 단순한 儒敎 文化圈이 아니고, 오히려 그 속에서 독자적으로 승인되어야 할 東夷文化 이후의 고유한 한민족 문화를 가리킨다.(柳承國〈한국 유학사상사 서설〉, 아시아학술연구회 편 《한국민족사상사 대계 1》 1971년 제5장)

文化圈理論 내지 문화 전파론 등에서 제기되는 문제성과, 둘째 그같은 문화적 자기 변질로 인한 당시 조선조라는 기층사회가 지녔던 자기 추진력의 상실[1]이라는 한민족 주체성(national identity) 이론상의 문제성 등이 함께 제기되고 있었다.

이런 점에서 당시의 천주교는,

> '지금 異端(천주교)이 吾道를 해하는 양상은 宗社(정치적 自己 正統性)를 위하여 深長한 우려가 되는 바로서, 그것은 일시 이교가 正學을 侵越하는 폐해보다 훨씬 심하다……'(洪樂安〈對親策文〉)[2]

에서와 같이, 그것은 단순한 종교적 전래 그 이상의 훨씬 심각한 위기를 불러일으키고 있었던 것이다.

따라서 18세기 중엽 국사에 나타나는 천주교 전래의 문제는, 그것이 결코 천주교 그 자체의 성격을 중심으로 하여 민족 개념과 국경 개념에 관계없이 범인류적으로 확산되어 간다는 그 종교 본래적인 의미로서만 해석될 수는 결코 없는 것이다. 그것은 이미 당시의 천주교에는 중세 기독교적 보편성(universalism)[3]이 그대로 유지되고 있지

---

1) 自己 變質에는 그것이 자기 창조로 연결되는 긍정적인 기능과 자기 파괴로 연결되는 부정적인 기능이 있을 수 있다. 여기에 대하여는, La Pierre, Richard T., Social Change, New york, MCGraw-Hill Book Co., (1965년) Chap. 1. 〈Theories of Change〉참조.
2) 李晩采 編《闢衛編》京城, 闢衛社(1931년) 권2, pp. 9~19, 戊申(정조 12년) 陰 正月에 製進한 洪樂安의〈對親策文〉.
3) 이때의 보편성(universalism)은 일반성(generalization)보다는 世界性(globalism)을 의미하며, 그것은 엄밀히 말하여 자기 확산을 통하여 강요되는 무리한 세계성인 것이다.

않았다는 천주교 그 자체의 성격 변화말고도 당시 西勢東漸이란 18세기적 역사 상황 그 자체는 이미 비서구에 대한 西歐 優越의 강요가 전제되고 있었다는 역사적 요인이 보다 거기에 작용하고 있었기 때문인 것이다.

이런 점에서 그러한 천주교 전래 문제에 저항했던 벽위론이란 일종의 한국사상도 그후 19세기 서구의 충격이 通商 要求와 같은 경제적인 도전으로 변하여 왔을 때 거기에 저항하기 위하여 나타났던 禦洋的 斥和論[1]이나 또는 그보다 더 뒤에 그러한 서구의 충격을 대행한 일제의 세력이 경제·정치적인 침략으로 밀려왔을 때, 그것을 물리치기 위하여 다시 나타났던 倭·洋一體的 斥邪論[2] 등이나 똑같은 민족사적 문맥에서 해석되어져야 하는 것이다. 이러한 민족사적 문맥에서 볼 때 조선조의 벽위론은 바로 서구라는 이질 문명권의 충격이 그 종교라는 문화적인 형식을 통하여 최초로 밀려왔을 때 그것에 대응하기 위하여 한민족이 반응을 보였던 일종의 전통적인 저항 민족사상으로 연결되어지고 있다. 여기서 벽위론은 바로 18세기 조선조 정치문화 설명에 가장 중요한 내용의 하나로 제기되어지는 것이다.

그것은 한편으로는 18세기 조선인들이 최초로 밀려온 이질 문명권인 서구에 대하여 어떻게 생각하고 있었느냐 하는 당시 조선인의 對西洋觀과 연결되는 동시에, 다른 한편으로는 당시의 한민족이 그같이 밖으로부터 주어지는 이질적 충격에 대항하여 자기(조선조라

---

1) 1860년대의 척화론으로서 ①李恒老〈辭同義禁䟽〉(《日省錄》高宗 3年 10月 3일조)와 ②金平默〈禦洋論〉(《重菴先生文集》권38, 雜著)

2) 개항에 반대한 崔勉菴의 五不可斥和議䟽(《日省錄》高宗 13년 1월 23일조)
'……今之倭 寇賊也 隣國可和 寇賊不可和也 倭之爲寇賊 果何以眞知也 以其爲洋賊之前驅議矣 其必爲洋賊之前尊 亦何以的見也 倭洋二醜 腸肚相連……年前北來 總理司文字 有法美二國與倭並出之說……此皆倭洋一體之明證……'

는 기층사회)를 얼마만큼 보존시키려 하였느냐 하는 한민족의 自存意識(따라서 주체의식과 연결)과 직결되고 있었다.

여기서 18세기 조선조 벽위론의 문제는 첫째 서양의 천주교라는 이질 문명의 충격을 그 역사적 상황으로 하고, 둘째 그러한 이질적 충격에 대한 조선인의 일차적 반응을 그 대서양관이란 문화수용 태도에서 살핀 다음, 셋째 그같은 조선인의 대서양관이 당시 한민족의 자기문제 해결이라는 의식적 노력 속으로 어떻게 심화되어 갔느냐 하는 한민족 정치의식 성장과정에 대한 해명 등으로 요약되어진다.

즉, 첫째의 내용은 당시 벽위론이란 일종의 조선인 意識 形成에 작용한 상황적 요건의 문제이고, 둘째의 내용은 그같은 상황적 요건에 대한 조선인의 일차적 반응으로서 주로 價値定向(value orientation)과 연결된 태도의 문제이며, 셋째의 내용에서는 그같이 일차적 반응으로서 표명된 조선인의 태도가 보다 구체적인 자기 문제 해결을 위하여 더욱 심화되는 과정으로서, 여기서는 주로 한민족의 動機定向(motive orientation)과 연결되는 의식[1]이 문제되고 있는 것이다.

### (2) 방법론상의 문제—對西洋觀과 排外意識 사이의 양면성

당시 천주교를 통하여 들어온 서구라는 변화인자는 이제까지 조선조가 그 이전의 전통 질서에서 한번도 체험하지 못한 이질 질서였다

---

1) 여기에는 유교적 문화 질서와 조선조의 자기 질서에 대한 보존의식이 복합되어 있었기에 언제나 그 표현은 吾道(문화적 자기)와 宗社(정치적 자기)로 나타나고 있었다.
   '……不足責之以異端之害吾道則 其爲宗社之深憂長慮 又有甚於一時異敎之侵越正學而已…….'(前揭 洪樂安〈對親策文〉)

는 점에서[1] 그것이 줄 수 있는 조선조 사회에 대한 상황 변화의 충격은 확실히 큰 것이었다. 따라서 그것은 조선조 전통사회에 커다란 사회변화를 일으킬 수 있는 변화인자로서의 역사 가능성을 충분히 지니고 있었던 것이다.

그러나 그같이 서구의 충격이란 동일한 변화인자를 그 상황적 요건으로 하면서도 거기에 대하여 한민족이 보였던 그 文化 受容態로서의 대서양관과 다른 한편으로는 자기 보존의식으로서의 배외적인 의식구조 사이에는 다음과 같이 그 역사적 평가가 다를 수밖에 없었다.

즉, 전자의 대서양관은 이질 문명에 대한 조선조의 문화 수용능력과 결부되는 것으로서, 이때 전통 질서에 대한 지나친 가치정향은 외래문화 수용의 폭을 그만큼 줄였다는 부정적인 평가를 낳게 마련인 것이다. 그러나 여기에 대하여 후자의 대서양 배외적인 의식구조에서는 밖에서부터 주어지는 外生的인 불평등을 제거함으로써 안으로부터 자기(主體)를 보존키 위한 것이었다는 한민족의 자생적인 동기정향이 그 위에 추가됨으로써, 거기에는 민족사적인 긍정이 또한 따르게 마련인 것이다.

이런 점에서 종전까지 조선조 벽위사상에 대한 평가는 다음과 같이 극히 대립적인 두 측면에서 주어지고 있었다.

즉, 부정적인 입장은,

'明宣(明宗・宣祖) 이래로 연경으로부터 서적을 사들여 서구

---

1) 그것은 근본적으로 동양적 華夷 秩序의 五等服을 벗어난 이질 문화권(泰西)이었다.
  '終古異端之賊 害斯道者 何限而未有甚於西洋所謂耶蘇之說也……'《闢衛編》권 3, 進士崔熙等〈知舊通文〉)

사상이 점차로 스며들어 왔다. 정종 때에 이르러서는 儒士계층에서도 자못 그 신자들이 있었다.……그때 온 반도가 급속히 서양화되어 가기로 이때 정부(廟堂)가 깜짝 놀라 오래 神聖의 戰을 행하여 왔다.……이조의 廟謨(정책)가 이미 崇正學闢異端과 尊中華攘夷狄으로 그 국시로 삼아왔기로 그 때문에 西敎를 배척하고 外人을 거절하여 왔다.……그 결과는 조선민족으로 하여금 세계에서 낙오자로 만들었고 시대에 遲後者로 만들었다.……'[1] (李能和의 《朝鮮基督敎及外交史》〈기독교적 입장에서 본 벽위사상에 대한 평가〉)

이같이 서교배척과 외인 거절로 집약된 벽위정책의 결과가 바로 조선민족으로 하여금 세계적인 낙오자 및 시대적인 낙후자로 만들게 한 주된 부정적인 역사 원인이었다고 평가한 이러한 입장은, 다시 그러한 부정적 평가를 그 이후의 西歐 通商拒絶 문제에까지 더욱 확대시켰으니, 즉 그 주장 등은 다음과 같다.

'朝家(조정)가 만약 하루 일찍이 서양과 통상하였더라면 國民商業에는 또한 하루 일찍이 발달하는 길이 있었을 것이다. 어쩌다 국가가 西敎를 금함으로 해서 洋物까지 함께 물리쳤고, 그래서 우리 인민으로 하여금 蒙利할 수 없게 하였으니 그 허물은 바로 대신들이 시세에 暗昧하고 腐儒들이 頑固不通하였던 데 까닭하였던 것이다.……'[2] (이능화의 《朝鮮基督敎及外交史》제13장〈禁斷洋物〉)

---

1) 李能和《朝鮮基督敎及外交史》(1968) 複刊本 pp. 3~4
2) 李能和《朝鮮基督敎及外交史》p. 65

즉, 여기서 벽위정책의 부정적인 결과는 그 사상이나 문화적인 측면만이 아니고 뒷날 19세기 중엽에 있었던 서구 통상 반대라는[1] 경제적인 측면에까지 연결되고 있는 것이다.

여기에 대하여 긍정적인 입장은,

'吾道는 하늘이니 道 밖에 하늘이 있을 수 없고, 하늘 밖에 도가 있을 수 없다.……이제 우리의 하늘이 사라지고 우리의 도가 夷狄으로 바뀌었으니 저 辛酉의 邪賊(천주교도)들이 그렇게 한 것이 아닌가?……이 벽위편은 世敎를 붙잡아 우리의 뜻을 밝히려 함이니……우리의 도는 바로 저 벽위하는 데 있는 것인데……'[2] (《闢衛編》李熙弼의 序文)

즉, 여기서 조선조 자기 질서(吾道)는 완전한 것(天也)으로 승인되고 있으며, 따라서 그같은 자기 질서가 사라질 때 조선조는 그 사회 자체가 무너진다는 절박한 위기의식으로 연결된 다음, 그렇기 때문에 벽위의식은 바로 자기 질서를 유지시켜 준 유일한 역사 에너지로서 긍정되고 있다.

이럴 경우 벽위는 유교적 自己 體系(吾道)에 대한 보존의식인 동시에 한걸음 더 나아가 조선조 자기 기층사회(吾天)에 대한 보존 에너지로 승인되는 것이다.

---

1) 丙寅斥和論들로서 즉,
　① 李恒老의 洋物排擊論(《日省錄》, 고종 3년 10월 3일조등)
　② 奇正鎭의 洋物禁斷論(《日省錄》, 고종 3년 8월 16일조등)
　③ 金炳學의 洋物禁斷啓言(《日省錄》, 고종 3년 7월 30일조등)
2) 前揭《闢衛編》序

이같은 자기 사회 보존 에너지로서의 벽위사상에 대한 긍정은 다음과 같은 병인양요 당시의 통상 거절 척화론에서 더욱 실천적으로 나타나고 있었다.

'슬프다, 온 천하가 薙髮左袵으로 夷狄이 되었는데 서양은 그 이적 가운데에서도 가장 심한 것들이다. 이에 쇠해 가는 이곳을 강하게 하고 밀려오는 저곳을 꺾으려 한다면 모든 尊攘關係를 밝히는 義理와 시설을 모름지기 다해야만 한다.……'[1] (華西 李恒老의 斥和疏)

즉, 여기서 벽위론은 밀려오는 서양을 꺾고(艱彼之進) 자기를 지키기 위한 국력배양론(强此之衰 - 朝鮮朝)으로 더욱 활발히 의식화되고 있는 것이다. 이같은 입장은 논리적으로도 벽위론의 대서양관을 거의 수정없이 긍정하여 그대로 계승하고 있었다.

'예로부터 이단이 인심을 혹하게 하기 한이 없건마는 오늘의 洋敎(천주교)만한 것이 없고, 이적들이 人國에 화를 주기 또한 한이 없건마는 오늘의 洋賊(서양인)만한 것이 없다. 저들 洋夷들이 우리나라에 들어오는 것이 어찌 다른 것 때문이겠는가? 그들의 黨을 심고 그들과 表裏相應하여 우리의 허실을 偵探한 뒤 군대를 끌고 쳐들어와 우리의 의상을 더럽히고 우리의 貨色을 약탈하여 그들의 무한한 욕심을 채우려 함이다.……'[2] (李恒老의 앞글 斥和疏)

---

1) 李恒老 辭職告歸乘陳所懷疏(丙寅 10월 9일),《華西先生文集》권3, 疏剳
2)《日省錄》고종 3년 9월 13일조

여기서도 대서양관은 조선조에 대하여 문화적 내지 물리적으로 불평등을 강요하려는 내침세력으로 나타나고 있으며, 이같이 서양이 주는 상황이 조선조의 안위에 직결되는 불합리한 위기로 판단되었기에 그것을 물리치려 했던 벽위의식은 가장 소중한 조선조 자기 보존의식의 저력으로 평가 계승되고 있었다.

이같이 벽위사상 認識態度에 있어서의 서로 다른 양면성 가운데에서도 18세기 조선조 정치문화에 접근하려는 이 글에서 보다 중요한 것은, 그것의 자기 보존 에너지로서의 機能性을 찾아보려는 후자적 입장인 것이다.

그것은 18세기 정치문화 연구에 있어서 서구라는 상황에 대한 일차적 반응으로서의 그 對西洋觀도 중요하지만, 그보다 더 중요한 것은 바로 그러한 대서양관과 같은 일차적 반응이 보다 적극적인 자기 추진력으로 심화되는 의식 체계화 과정이었다는 학문적인 요구 때문이기도 하다. 그리고 거기에는 西勢東漸 이후의 한국사상에서 우리가 중요시해야 할 것은 서구라는 충격에 따라가는 의식의 종속적인 변화가 아니라 오히려 거기서 형성된 의식이 그같이 불합리하게 주어지는 상황 해결을 위하여 어떻게 적극적으로 작용하였느냐 하는 그 독립 변수적 기능이었다는 점에서 긍정적인 민족사의 재창조라는 규범적 요구가 또한 나타나고 있는 것이다.

그러나 18세기 벽위사상에서 그 저항 의식적 측면을 보다 강조해야 하는 이유에는, 이상과 같은 민족사적 규범 이외에도 다음과 같은 보다 순수한 학문적 이유가 따르고 있는 것이다.

그 첫째는 서구 변수라는 상황적 요건 그 자체에 따르는 문제로서, 즉 18세기 당시의 서구는 이미 세계사에 합리적으로 통용될 수 있는 보편적 변수는 이미 아니었다는 사실인 것이다. 이미 서구가 개별사적 자기의 우월을 전제로 하고 그러한 우월(따라서 불평등)을 전세계사적 범위로 확대 강요하려는 불합리한 개별 의지와 결합되고 있었다는 점에서, 그러한 현상은 결코 범인류적인 순수한 문화 접근 현상으로 해석될 수는 없었던 것이다.

여기에서 18세기의 벽위사상을 그것이 조선조를 지키려 한 向自的(für sich)인 개별 의식에서 보다 강조하지 않을 수 없는 것은, 바로 그같은 벽위사상을 불러일으킨 상황적인 요인(서구)이 이미 자기들만을 강요하려는 향자적인 개별의지를 앞세우고 도전해 왔기 때문이다.

둘째는 벽위론 그 자체의 사상적 성격과 연관되는 문제로서, 즉 벽위론 그 자체의 사상적 본질은 결코 사회 변화(social change)라는 진보적인 역사 목적에 기여할 수 있기 위한 것이기보다는 오히려 어디까지나 사회 보존(social conservation)이라는 역사적 유지 기능에 기여하기 위한 것이었다는 사실인 것이다. 여기서 사회 변화와 사회 유지라는 두 역사 기능 중 어느 것이 우선해야 한다는 평가적 기준을 지적하려 함이 없이 오직 사회 유지 기능을 위하여 형성, 발전된 사상체계가 바로 벽위론이었다면, 그러한 벽위론은 그것이 담당한 사회 유지기능이라는 역사적 측면에 따라 설명될 때 논리적으로 가장 합리적이라는 학문적 이유가 또한 발견될 수 있는 것이다.

물론 거기에는 어느 기층사회가 他律에 의한 자기 변화를 치러야 하는 일종의 주체성의 위기에 접어들었을 때는 그것을 지키기 위한 사회 보존의 에너지가[1] 상대적으로 더욱 중요시되지 않을 수 없다는

---

1) 서양이 주는 타율적 변화에 대한 위기의식은 1860년대까지 여전히 계속되고 있다.

역사 상황적인 이유도 함께 추가되고 있는 것이다.

### (3) 시대 구분론상의 문제—그 역사 상황(조선조—근세)과 이데올로기性(성리학적 기반)

벽위론이 하나의 한국사상으로 파악되어야 한다면 그것이 구체적으로 한국사의 어떠한 역사 단계를 해결하기 위한 사상이었나 하는 문제가 여기서 제기된다. 그것은 벽위론이 하나의 사상 체계 내지 의식구조인 이상, 그것이 구체적으로 형성되고 발전된 역사 상황으로서의 조선조의 역사 발전단계 문제가 여기서 논의되지 않을 수 없다는 이유 때문이다.

여기서 조선조의 역사 발전단계가 한국사적 근세로 연결될 수 있다면 벽위론은 바로 근세 한국사상 발전체계로서의 의미를 지니게 된다.[1] 그리고 벽위론이 이같이 근세적 사상체계로 규명될 경우 그것은 적어도 근대 한민족의 중요한 민족 주체사상의 한 내용으로 직결되어질 수 있는 것이다. 그것은 근세국가의 발전단계가 바로 그 민족 국가적 성격으로 하여 민족의 대외적인 독립성과 개별성이 무엇보다도 강조되고 있었다는 근세의 그 역사성에 기인하는 것이다.

그런데 조선조는 다음과 같은 두 가지 중요한 정치사적 측면에서

---

'西洋亂道 最可憂 天地間 一脈陽氣在吾東(朝鮮) 若並此破壞 天心豈忍如此…….'(李恒老《華西雅言》권10, 尊攘)

'神州陸沈(明威亡) 四海腥羶(淸支配) 今二百年矣 一脈陽氣 寄在吾東者(朝鮮) 如兩儀昏濛一星孤明(자기 보존)…….'(金平默《重菴先生文集》巷3, 疏, 丙子絶和疏)

1) 여기서 근세는 한국사란 개별사적 입장에서 설명되는 것으로서, 이는 서구사의 시대 삼분법에서는 민족통일국가와 배타적 주권 개념을 전제로 하는 근대의 전기 단계에 해당된다.

한국사적 근세단계로 논의되어지고 있다.

그 하나는 조선조의 성립과정에서 확인된다. 즉, 그것은 조선조의 성립이 한국사 중세 모순(高麗)을 극복하기 위한 새로운 역사 발전 단계의 에너지였다는 그 혁명적인 전진성과 연결된다.[1]

그 둘째는 그같이 새로운 역사단계로서의 조선조를 전진시키기 위하여 확립된 유교적 통치 이데올로기(성리학)에서[2] 발견되는 독특한 우리의 근세 민족국가적 성격인 것이다.

전자의 혁명적 계기에서는 고려조의 중세 귀족국가 단계의 모순을 극복하려는 새로운 역사 발전단계의 추진력이 발견되는 바, 이때의 새로운 역사 추진력은 元과의 복속관계라는 국가적 자주권의 제약을 주로 극복하려 하였다는 점에서 그것은 민족 국가적 자주 단계를 부여하고 있는 것이다. 여기에 대하여 후자인 유교적 정치 이데올로기는 바로 그같은 국가적 자주를 전제로 하는 신흥 조선조의 민족 국가적 발전을 기약하여 주기 위한 지배 엘리트의 적극적인 가치 체계로 정립되었던 것이다.

여기서 새로운 통치 이데올로기로서 수용된 조선조 성리학에서는 첫째 이민족(북방민족)이 주는 침략 앞에서 자기 민족의 정통성을 강화하기 위하여 그것이 형성되었다는 南宋 漢民族의 역사 환경에서 올 수 있는 강한 투쟁적 이데올로기性이 우리 한민족에게서 똑같이

---

1) 日帝史學에서는 麗鮮交替를 단순한 역성혁명에 의한 왕조의 교체로만 설명. 그래서 李太祖의 敎文 중의 '麗制 仍舊襲用'(王朝實錄 太祖 元年 7월 丁未)을 그 유일한 근거로 내세웠다.
2) idea와 ideology에 대하여는 Bernard Crick의 주장에 따랐다.
(Bernard Crick, Defence of politic, London, 1962년)

확인되고 있으며[1], 둘째 혁명의 계기인 麗末鮮初에 나타났던 성리학적 斥佛論은 그것이 단순한 이단배척이란 종교적 갈등에서 일보 더 전진하여 元의 비호와 麗制墨守에 빠진 당시 비자주적인 고려귀족을 물리치기 위한 것이었다는 정치 혁명적 성격이 더욱 뚜렷해지고 있다.[2] 즉, 조선조의 새로운 통치 이데올로기(더 넓게는 국시)로[3] 정립된 성리학이란 가치 체계 속에는 이민족에 대한 투쟁력이라는 횡적인 민족주의 성격과 국가적 주권의 제약이라는 중세적 모순을 극복하고 나올 수 있는 민족 국가 단계로의 역사발전이란 혁명적 역사 추진력이 들어 있었던 것이다.

여기서 조선조의 그같은 근세적 통치 이데올로기였던 성리학적 가치체계와 근본적으로 연결되고 있는 벽위사상의 그 한국사상사적 성격이 보다 더 뚜렷해지게 된다.

그것은 조선조 성리학 그 자체가 이미 민족 국가적 근세 이데올로기로 발전하고 있었다면 논리적으로 일단 그 성리학에서 출발하는 18세기 벽위론도 근본적으로 그같은 민족적 저항 내지 자주라는 한국사상적 문맥에서 파악되어져야 하기 때문인 것이다.

이런 점에서 벽위론에서 주장하는 吾道는 이단에 대한 유교적 자기질서라는 단순한 종교적 신념체계만임을 벗어나 조선조 자기라는

---

1) 벽위론과 연결되는 한말 척사론에서는 다음과 같이 성리학의 민족주의 성격을 강조하는 논리가 보이고 있다.
　'宋室南渡而　中國爲虜之藪　失子爲其君懇懇以修政事攘夷狄　復士彊爲第一義…….'(金平默《重菴集》권37, 雜著, 三江問答)
2) 尹熔均의《尹學士遺稿》中 중편〈朱子學の傳播と斥佛論〉p. 38 참조.
3) 李能和《朝鮮基督敎及外交史》p. 3
　'……蓋李朝麌旣以崇正學闢異端 尊中華攘夷狄 爲其國是焉…….'

민족적 주체와도 연결되고 있는 것이다.[1] 즉,

'……本意 只在於扶植倫常 劈破邪說 上以爲宗國深長之慮 以同 討此賊 拯救吾黨……'[2] (洪樂安 與蔡弘遠書)

이란 벽위의 주장에서는 倫常의 扶持와 邪說의 劈破라는 벽위 본래의 논리를 전개하고 있지만, 그것이 지켜야 할 주체로서 강조하고 있는 吾黨은 단순한 유교도가 아니고 宗國(宗社와 국가)이라는 조선조 자기와 연결된 조선인의 개념이었던 것이다.[3] 이같은 문제는 보다 논리적으로는 유교적 통치 이데올로기 그 자체와 연결되고 있는 것이다.

그 첫째는 정치에서 이데올로기 그 자체가 이미 근대적 역사 단계의 산물이라는 점이며, 둘째는 이때 유교는 이미 범인류적인 종교 질서 그것이기보다 조선조 그 자체를 해결하기 위한 하나의 정치적 이념이었다는 점이다. 그 결과 첫째의 근대적 상황에서는 국가적 단위에서 자민족을 타민족으로부터 분리시키고 있는 민족 국가적 성격이 부각되고, 둘째의 정치적 이념이라는 문제에서는 벽위론이 해결하려는 역사적 상황은 그 논리 체계가 아무리 성리학적 그것이었다 해도

---

1) 이런 점에서 벽위를 단순한 종교적 측면에서만 본 것은 일면의 관찰에 불과한 것이다.

'……明宣以來……西敎思想 逐漸浸染…… 駸駸然率牛島而西洋之 於是廟堂瞠然驚懼乃行神聖之戰(西洋人謂以宗敎問題爲鬪爭者 曰神聖戰)……'(李能和 《朝鮮基督敎及外交史》p. 3)

2) 前揭《闢衛編》권2 p. 18

3) 이것이 후일 척화론에서는 衛道之功과 衛國之忠으로 함께 강조. (李恒老《華西雅言》권12, 異端條)

어디까지나 조선조 그 자체의 정치 현실이었음이 확인되는 것이다. 즉, 유교적 통치 이데올로기는 근세국가에 필요한 조선조의 정치 정통성(political legitimacy)과 민족 주체성(national identity)을 그 중요 내용의 하나로 담고 있었던 것이다.

그리고 그같은 통치이념은 조선조 5백 년의 왕조사에서 그것이 처한 역사적인 상황에 따라 다음과 같이 각각 그 논리의 폭과 의식의 범위를 확대하여 가면서 근세사 단계에 적용하여 나왔던 것이다.

즉 조선조 건국초에는,

'……辨老佛邪遁之害 以開百世聾瞽之學……論吾道異端之偏正……夫闢異端 然後 可以明吾道……'[1] (權近, 《三峯集》〈心氣理篇〉序)

라는 주장에서와 같이 그것은 주로 麗朝의 불교를 이단으로 제거하려는 '闢異端 明吾道'의 논리로 전개되고 있었다. 그것은 주로 前朝의 정치세력을 꺾고 새로운 정치질서를 구축하려는 혁명초 대내적인 정치 정통성 형성을 위하여 유교적 이념이 작용하였던 단계를 의미한다. 물론 이같은 '闢異端'的 유교이념은 李珥(栗谷), 金昌協(農岩) 과 같은 유학자들을 통하여 중기 이후에도 계속되고 있었다.[2]

그러나 그같은 정치이념은 임진·병자 양란을 거치는 중기에 이르러서는 주로 그 배척의 대상을 異族의 침략이라는 대외적 모순에서 찾는 민족적 저항의식으로 적극화되어 나오기 시작한다. 임란시의 의병운동 사상이나 호란시의 북벌사상 등으로 대표되는 일련의 사상

---

1) 鄭道傳《三峯集》, 권10,〈心氣理篇〉
2) 李相佰〈韓國文化史論巧〉,《韓國文化叢書》제2집(1954년), p. 65

체계가 바로 그것이었다. 이러한 사상체계는 민족 밖에서부터 오는 주체성의 위기를 해결하기 위하여 발동하고 있었으며, 그것은 곧 그 통치이념에서 물리쳐야 할 배척의 대상이 침략이라는 구체적인 역사 현실에서 찾아지고 있었음을 의미한다.

'하물며 근세 이래로 儒道가 크게 일어나 백성들이 모두 뜻을 알고 學을 이루었으니 事君의 대의를 누군들 構磨하지 않았겠는가? 이 도를 따르는 우리 사람들은 父는 子에 이르고 兄은 弟를 북돋우어 義族를 규합하여 함께 뭉치니 그것은 모두들 달려 나아가 從善하기 위함인 것이다.······'[1] (임진 의병장 高敬命의 倡義通文)

여기서 유교(통치 이데올로기)는 한민족의 근세 민족 저항운동인 義旅(의병)를 동원시키는 규범적인 에너지로 직결되고 있는 것이다.

한편 이같은 민족 저항의식은 조선조의 국가적 주권의 침해였던 호란 이후의 대청 관계에서는 다음과 같이 더욱 적극화되고 있었다.

'오늘날 議者 모두들 병력이 약하기 때문에 될 수 없다 한다. 그러나 고구려 때는 우리의 3분의 1을 가지고도 수당 백만의 무리를 물리쳤다. 그리고 당태종의 英武로도 安市에서는 困을 당하였다. ······ 하물며 지금 우리의 砲手는 천하의 정병이니 그때가

---

1) 《宣祖修正實錄》 선조 25년 6월 24일조

따라오지 못할 점이 많다.……'[1](북벌사상을 대표하는 宋尤庵의 己丑封事)

'春秋로부터 綱目에 이르기까지 하나로 大一統을 주창하고 있다. 그 大統이 불명하면 人道가 乖亂하며, 人道가 괴란하면 국가가 따라서 망한다. 我國은 병정(丙丁·丁卯胡亂) 이래로 인심이 점차 흐려져 만약 이대로 십수 년이 간다면 正統에 대한 주장은 搢紳간에서 듣지 못하게 될 것이다.……'[2](宋尤庵의 丁酉封事)

즉, 전자에서는 국가적 측면에서의 적극적인 對異民族 투쟁의식이 보이고 있으며, 후자에서는 국가 존망과 직결되는 한민족의 역사 정통성에[3] 대한 의식이 성숙되어 나타나고 있다. 여기서 국가의식은 대외적인 민족의 투쟁의식과 일관된 역사 정통성을 통하여 민족의 주체성에 불가결한 횡적(공간적)인 독립성(개별성)과 종적(시간적)인 영속성(역사성)을 함께 확보하고 나왔던 것이다.

이같은 민족국가적 상황과 연결되며 발전하여 온 조선조 유교적 정치문화가 서구라는 이질 문명의 충격 앞에서 다시 강화되어 반응하고 나왔던 민족적 저항의식의 한 형태가 바로 여기서 논의하려는 벽위사상이었던 것이다.

여기서 벽위사상의 성격과 범위는 첫째 그것을 불러일으킨 이질성

---

1) 宋時烈《宋子大全》卷5, 己丑封事
2) 宋時烈《宋子大全》卷5, 丁酉封事
3) 논리적으로는 春秋의 大一統이지만 그것은 이미 저항 주체로서의 한민족을 의식한 역사의식이기에 한민족의 역사 정통성과 연결되며, 그것은 실학과 정다산에게서도 다른 모습으로 연결되고 있다.(《茶山全書》上,〈跋拔魏論〉〈東胡論〉등 참조)

의 충격이 당시까지의 기존 세계관이었던 동양질서를 벗어난 일단 서구(泰西)였다는 문화권적 갈등과, 둘째 그렇게 밀려온 서구의 내용은 그것이 비록 천주교와 같은 문화적 형식을 취하고 있었지만, 궁극적으로 서구의 팽창이란 불평등의 강요였다는 문화적인 주체성의 위기[1] 등, 그 역사 상황적인 요인들과 구체적으로 연결되고 있었다.

이같이 벽위사상에 작용했던 상황적인 요인은 구체적으로 1860년대 서구가 강요하는 경제적인 주체성 위기 앞에서 전통적 유교정치문화가 衛正斥邪라는 그 저항의식 형태로 반응하고 나왔을 때, 바로 그 斥邪思想과 그 이전의 의병(임란)·척화(호란)사상과를 종적으로 연결시킬 수 있는 중요한 논리기반을 이루고 있었다.

즉, 19세기 후반 조선조의 척화사상은 논리적으로는 18세기 서양을 거부하던 벽위사상과 연결되고 있던 한편, 의식적으로는 對淸 국가적 불평등을 극복하려던 17세기 북벌사상과 직결되고 있었던 것이다. 그것은 곧 19세기 척화사상을 불러일으킨 대외적인 충격이 우선 기존 동양문화권을 벗어나 서구로부터의 그것이었다는 점에서 똑같이 서구라는 이질성에 대항하여 '闢異端衛吾道'를 주장했던 이전의 벽위론이 논리적으로 그대로 연결될 수 있었기 때문이며, 다음으로 그같은 서구라는 충격은 일단 17세기 벽위론에 대한 그것과 같이 문화적인 주체성의 위기만이 아니고 구체적인 국가적 존망의 위기

---

1) 민족사의 추진력을 주로 문화에서 확인하여 오고 있던 당시 조선조 정치문화사에서는 문화적인 위기는 바로 민족적인 위기로 직결되고 있었다.
'箕子君臨我國 以洪範爲治計 彛倫之叙 無愧於當時之中國 我朝鮮……用夏變夷 純一不貳…是以雖善 治不興而神州陸沈之後 猶能維持鞏固 二百餘年 禮義之俗 加 一葉之靑而無一朝土崩之患也…….'(金平默《重菴先生文集》권38, 雜著, '書示社中諸生')

로[1] 압박하여 오고 있었다는 점에서, 의식적으로는 16세기 국가적인 불평등을 극복하기 위하여 저항하고 나왔던 적극적인 북벌사상 등이 다시 활용될 수밖에 없었기 때문이었던 것이다.

여기서 벽위사상은 근세 조선조의 유교적 통치이념이 그 대외적인 위기(일종의 민족적인 모순) 극복을 위한 한민족의 저항적인 주체의식으로 형성 발전되어 오는 과정에서 논리적으로 그 전반과 후반을 연결하는 중요한 中期的 한 결실이었다고 해석된다. 그것은 한국사 최초로 주어진 서구라는 이질에 대한 반응이었다는 특징과 함께, 그러한 이질성에 포함된 충격을 단순한 문화적인 모순으로만 보지 않고 그것을 민족적인 자기 위기로 의식할 수 있었다는 주체적인 특성을 또한 지니고 있었다.

## 2. 闢衛論의 전개와 그 성격

벽위론은 여기서 17세기 西歐라는 이질 문명의 충격 앞에서 반응하고 나왔던 조선조 정치문화의 한 내용으로 일단 요약되어진다. 정치문화에서는 특히 그것을 둘러싸고 있는 환경적 요인으로서의 그 역사적 상황이 무엇보다 중요한 것이기에, 여기서 벽위론에 대한 설명은 먼저 17세기 조선조 정치문화에서의 서구라는 충격에 대한 분석

---

1) 병인양요 당시 서구의 통상요구를 척사론자 이항로(화서)는 '危急存亡之秋', '宗社危急之禍迫於呼吸'이라 주장하고 있었다. (李恒老《華西先生文集》권3, 辭同副承旨兼陳所懷疏)

　'……其無厭之溪壑 欲附庸我國家 帑藏我山海 奴僕我衣冠 漁獵我少艾 禽獸我生靈耳……萬一開交通之路則彼之所營 依依如意次第無碍 不出二三年殿下赤子不化爲西洋者幾無……'(奇正鎭《蘆沙集》권3, 丙寅疏)

으로부터 출발하게 된다.

당시 서구라는 충격은 주로 천주교라는 문화적인 형식으로 밀려왔다. 그러나 그러한 문화적 형식은 앞에서도 보았듯이 당시 西勢東漸이란 세계사의 일반적 흐름을 타고 그 내용에서는 서구의 우월을 함께 강요하고 있었다.

여기서 벽위라는 한민족의 의식 전개에 앞서 당시 천주교와 함께 연결되어 온 서구라는 대상이 지니는 성격과 그것을 이해하고 판단하기 위하여 한민족이 보이고 있던 대서구 지식이나 그 對西洋觀이 문제된다.

### (1) 17세기 韓民族의 대서양관과 천주교

17세기 한민족이 가졌던 대서양관은 확실히 간접적인 지식을 통하여 이루어지고 있었다.

그것은 당시의 대서구 지식이 주로 중국을 통하여 전수되고 있었다는 공간적인 間隔과 함께 그러한 대서구 지식들의 내용도 또한 종교(천주교)라는 신념 체계의 일방적 전달을 통하여 흡수되고 있었다는 문화 접촉폭의 협소에도 기인하고 있었다. 이같이 주로 서구(천주교) 전래와 연관을 맺고 있던 당시의 대서양 지식은 《芝峰類說》(李睟光), 李瀷의 《天主實義跋》, 安鼎福의 《天學考》 및 《天學問答》, 李獻慶의 《天學問答》 및 愼後聃의 《西學辨》 등에서 어느 정도 논의되고 있었다.[1]

---

1) 여기서 실학과 西學과의 관계가 제기된다. 그것은 '實事求是'에서 無證不信이란 과학성이 서구과학을 수용하게 하였다는 사실과 '不偏主一家'라는 학문적 태도의 일반성은 서구라는 대상을 그 학문적 영역 안으로 끌어들이게 하였다는 양면적 측면에서 그 의의가 평가될 수 있다.

우선《芝峰類說》에서 보면,

'大西國에 利瑪竇란 사람이 있었는데 바다로 8년 8만 리 風濤를 건너 東에 와 살기 십여 년이 넘었다. 그가 지은《天主實義》는 처음에 천주가 天地를 짓고 그 安養의 道를 主宰하는 것을 논하고, 다음으로 人鬼는 불멸하고 禽獸와 크게 다른 점을 논하고 그리고 輪廻六道의 謬와 天堂地獄善惡의 報에 대하여 辨한 다음 끝에 가 人性은 本善이어서 천주를 敬奉한다는 뜻을 논하고 있다. 그 풍속은 君을 가리켜 敎化皇이라 하니 婚娶하지 아니하여 襲嗣가 없으며, 현자를 택하여 그 뒤를 세운다. 또 그 풍속은 友誼를 중히 여기고 私蓄을 하지 않으며 友論을 존중하고 있다. ……'[1]

고 하여 利瑪竇(Matteo Ricci)가 쓴《天主實義》를 통하여 서양 천주교의 내용을 비교적 객관적으로 설명하고 있다.

따라서 이 당시에는 천주교 그 자체는 수용이냐, 배척이냐의 현실적 갈등 이전에 순수한 대서양 지식의 한 내용으로서 객관적으로 소개되고 있었다. 사실 이 당시에는 이미 주체성의 위기나 대천주교 갈등 이전에 상당히 넓은 폭의 대서양 지식이 받아들여지고 있었다.

즉, 전기 李睟光만 하여도 마테오 리치의《天主實義》외에 그의〈友論〉도 소개하고 있으며, 또 그의 類說 외국조에는 동남 및 서아시아 제국(일본・安南・暹羅(샴, 타이)・三佛齊(수마트라)・爪哇(자바) 등)을 비롯하여 佛浪機國(포르투갈), 永結利(잉글랜

---

1)《芝峰類說》권2,〈地理部 外國條〉

드), 大西國(이탈리아) 등 서양제국들을 소개하고 있으며, 여기에
더하여 서양제국에 대하여는 佛浪機砲, 永結利船制, 유럽국의 세계
지도 및 각국간의 통상 상황 등 그 상황적인 내용에 대한 설명도 상당
히 첨가하고 있었다.[1]

그같은 대서양 지식은 물론 3회에 걸친 그의 淸國史臣 왕래 체험으
로 당시 청국을 통한 서양문물 접촉이라는 구체적 사실과 결부되지만
당시 이같은 대서양 지식 확대의 이면에는 보다 근본적으로 임란을
치른 조선조 사회의 대내적 모순을 극복하려는 애국과 결부된 소박한
사회사상사적 의식이 작용하고 있었다.[2]

따라서 17세기 중엽 이같이 자기 사회의 보존과 극복이라는 사회
사상사적 의지와 연결되고 있던 당시의 대서양 지식은, 그렇기 때문
에 아직 조선조 자기 질서에 대한 통치이념인 유교적 가치정향과 정
면으로 충돌하는 이데올로기적 갈등을 보이지 않은 채 긍정적으로 수
용되고 있었다. 이런 입장에서 바로 1628년 네덜란드인으로서 귀화
한 벨테브레(朴燕)는 조정에 의하여 훈련도감의 총포훈련을 위하여
調用되었고, 1653년 제주도에 표류한 하멜(Hamel) 일행 36명도
그대로 훈련도감에 배치, 소속시켰던 것이다.

물론 여기에는 昭顯世子의 귀국을 계기로 하여 들어온 《天文曆
書》(Adam Schall)(湯若望의 저서 漢譯本), 과학서적과 그보다 조
금 위인 1631년 使節 鄭斗源이 귀로에 전래한 천문·역학·지리 등

---

1) 《芝峰類說》권2, 〈地理部 外國條〉
2) 李睟光 자신은 사신으로 가기 전인 임란때 경상도 防禦使 從事官으로 또 경상도 의
병의 檄文 살포 등 조국 방어전에 종사한 바 있다. 따라서 그의 사회 개선이란 mo-
tive orientation 뒤에는 왕조에 대한 충성과 자기 기층사회의 보존이란 value
orientation이 강하게 작용하고 있었다.

의 과학서, 千里鏡·自鳴鐘 등의 利器類 및 '坤輿萬國全圖', 西洋風俗記, 천주교서 등 대서양 관계 자료 등의 영향도 간과할 수 없다.

그리고 이같이 전래된 서구 지식의 영향은 조정에 의하여 긍정적으로 채용되기도 하였으니, 즉 그것은 1653년 金堉 등의 周旋으로 湯若望의 《時憲歷法》 등이 觀象監에서 그대로 사용되었던 예를 들 수 있겠다.

그러나 이상과 같은 서구의 영향이나 대서양 지식은 어디까지나 후일 조선조의 정통성과 강한 이데올로기적 갈등을 일으키게 되는 천주교와 같은 충격 등을 전제로 하지 않은 순수한 과학 내지 객관적 지식 형태로서의 그것이었다는 점에서 그 성격은 자못 벽위론에서의 대서양 의식과 다른 바가 있었다.

여기서 한민족의 벽위론과 연결되어야 할 대서양관은 서구의 내용과 객관적 관계를 맺어 주는 지식이나 학문 그것이 아니고, 그 서구쪽에서 자기를 주장하는 내용이 담겨져서 밀려오는 주관적 의지로서의 서구의 충격에 대한 그것이 더욱 중요하였던 것이다.

이런 점에서 당시 서구문명이 자기를 주장하려는 形而上的 신념 체계의 하나였던 천주교와 그러한 천주교가 사실상 당시 西勢東漸의 역사 단계에서 서구를 주장하려는 擴散의 초기 형태로 밀려왔을 때 그것은 바로 한민족이 자기를 주장하려는 또 하나의 개별 의지와 충돌이 불가피하였던 것이다. 그것이 바로 한민족의 벽위와 서양의 천주교를 연결시켰던 17세기 한국 정치문화의 갈등의 한 형식이었던 것이다.

이같이 17세기 벽위론은 문화권적으로나 정치사적으로나 자기의 정통성을 주장하는 개별 의지의 충돌로 그 의미가 압축되기에 그 속에서 우리는,

첫째 그 17세기 벽위론은 단순히 서구를 배척하는 문화적 배타가 아니고 자기의 개별성(주체)을 주장하려는 문화권적 내지 민족적인 자기 의지가 존재하고 있었다는 주체적 긍정성이 발견되며, 둘째 당시 밀려왔던 천주교는 순수한 서구의 내용 그 자체가 아니고 사실은 자기를 강요하려는 서구의 개별적인 팽창 의지가 담겨져 있었다는 불합리성도 여기서 발견된다.

여기서 우리는 17세기 이후 대서양관 가운데서도 그 후반(즉 18세기)에 점차 부각되어 오던 대천주교 반응을 살펴보지 않을 수 없게 된다.

다양한 實學的 관심으로 자신의 학문적 체계에 西學까지[1] 포함시키고 있던 星湖 李瀷(1681~1763)의 견해에서 우선 보면,

'……그 學(천주교)이란 오로지 천주로서 尊을 삼는데 천주란 곧 유교의 상제이다. 천당과 지옥으로 勸懲을 삼고 周流導化하는 것을 耶蘇라 하니 야소는 서구 구세주에 대한 칭호이다. 순박함이 漸漓하고 從欲함이 날로 늘어나므로 이때 천주가 자비를 크게 발하여 구세를 위하여 親來하였으니 貞女를 택하여 交感함이 없이 托胎하여 加德亞國(유태국)에 降生하였으니 그 이름이 바로 야소이다.……弘化 33년 그 야소가 다시 하늘로 돌아가고 그 교가 제국에 유급하였으니 耶蘇之世는 그 당시부터 1603년이 된다.……'[2] (《天主實義》跋文)

---

1) 이때 서학(이질 문화권인 서구에서 온 학문)의 의미는 北學(北=淸에 가서 배우는 학문)의 의미와 그 발상이 자못 다른 것이다.
2) 《星湖先生全集》卷55, 題跋

라고 하여 서양의 천주교에 대하여 비교적 정확한 지식을 객관적으로 전하고 있었다.

그러나 우리가 여기서 주목하여야 할 내용은 바로 당시 星湖가 지니고 있던 그같은 대서양 지식 가운데에서는 다음과 같이 그 과학적 측면과 종교적 측면이 분리되고 있었다는 사실인 것이다.

즉, 그는 이상에서 소개한 바와 같은 《천주실의》 발문에서 다음과 같이 주장하고 있었다.

'利氏(利瑪竇)가 중국에 와 그 저서가 수십 종이나 된다. 그 仰觀・俯察・推數・授時의 妙는 중국에 일찍이 없었다. 그러나 바로 저 竺乾의 敎(佛敎)를 물리쳐야 했던 이유가 다시 간절하니 깨닫지 못하는 사이에 필경에는 幻妄에 빠지게 되고 만다. ……원래 중국은 實跡을 말하기 때문에 跡이 없으면 愚者가 믿지 않는 법인데 西國은 幻跡을 말하기 때문에 迹이 眩하면 할수록 迷者가 더욱 믿게 되는 것이 그 당연한 勢일 수밖에 없다. ……'[1]

즉, 서학에서 천문(仰觀)・지리(俯察)・수학(推數)・曆法(授時) 등 그 과학적 측면의 우월성은 인정하나 그것과 함께 주장하려는 종교적 측면으로서의 천주교는 無實 幻妄한 것으로서 이해 납득치 못할 것으로 설명하고 있는 것이다. 이것은 당시 서학에 관심을 가졌던 실학파 일각에서 그 서학에 대하여 엄정한 취사선택의 기준을 가지고 그것을 비판하고 수용하려 하였던 서학 접근의 학문적 태도의

---

1) 《星湖先生全集》卷55, 제발

일단을 말하여 주는 것인 바, 여기서 우리는 바로 당시 조선인의 대서양관에 있어서 순수한 과학으로서의 서학(서양)에 대한 태도와 저들의 우월을 강조하려는 포교의 수단으로서의 서학에 대한 태도를 엄연히 구분하여 평가해야 할 이유를 발견하게 된다.

그 원인은 물론 앞에서도 강조하였듯이 당시 밀려온 서구의 내용이 한편으로는 서구의 우월을 강조하려는 확산적인 천주교와, 다른 한편으로는 그 포교의 수단과 함께 혼동되어 들어온 자연과학으로 이루어져 있었다는 서학 그 자체의 성격에도 기인하는 바, 여기서 우리가 찾아야 할 판별의 전제는 당시·천주교를 배척하는 데서 출발하는 벽위 등 사상 체계가 곧 전면적인 서양 배척과 연결되는 전적인 문화적 排西責任으로 평가될 수는 없다는 사실인 것이다.

그것은 사상적으로 19세기말 한국인의 斥邪意識이 벽위사상과 직결되면서도 그러한 척사에서도 서서히 서구수용의 의식과 태도를 東道西器나 吾道西法의 형식으로 일으킬 수 있었던 사상적 발전에 대한 설명의 기반이 되는 것이다.[1]

### (3) 闢衛論의 전개—벽위를 위한 제 주장

벽위론은 천주교라는 이질 문명권의 충격 앞에서 한민족이 보인 일종의 사상적 반응으로 집약된다. 이때 벽위는 자기에게 부정적인 이질 문명의 충격을 물리치어(闢) 자기를 보존시키려는(衛) 일종의 자존의 공식이었기 때문에 거기에는,

---

1) 東道西器 사상을 흔히 온건 개화사상으로 설명하지만, 근본적으로 吾道나 東道란 가치에 기반을 두고 있는 이 사상의 근원은 분명히 위정척사와 연결되고 있는 것이다. 韓佑劤 '개항 당시의 위기의식과 개화사상'《한국사 연구》2, (1968년) 참조

첫째 자존의 주체로서 자기라는 가치(吾道든 또는 宗社든)에 대한 철저한 價値定向(value orientation)이 따르고 있었으며, 둘째 그같이 수호하려는 자기 질서를 위협하며 밀려오는 이질성에 대한 심각한 위기의식이 뒤따르고 있었다.

이같이 자기 질서에 대한 철저한 보존의식과 이질성에 대한 심각한 위기의식 위에서 이루어진 벽위론이었기에 벽위론은 단순히 역사의 충격 앞에서 반응하는 사상 체계로서만 끝나지 않고 그것을 기반으로 보다 적극적인 政策的 반응으로 나타났었다. 여기서 벽위론은 사상 체계로서의 그것과 일종의 집단행동 체계로서의 그것이란 양면적 측면을 그 속에 포함하고 있었던 것이다.

그것이 곧 벽위론이 宗社保存을 위한 천주교 禁壓政策으로 적극화할 수 있었던 실질적 이유였던 것이다. 그같은 내용은 다음과 같은 기록에서도 찾아볼 수 있다.

'서교사상이 점차 퍼져…… 반도가 온통 서양화되어 가자 廟堂(정부)이 깜짝 놀라 神聖之戰을 행하였다. 그것은 조선의 廟模(기본정책)가 正學을 높이고 이단을 물리치며, 中華를 높이고 夷狄을 물리치는 것으로 그 국시를 삼고 있었기 때문이다.……'
(天主敎禁壓政策에 대한 기독교인 이능화의 평가)[1]

즉, 벽위가 하나의 조정의 정책(廟模)으로 결정되어 그것이 적극적인 천주교 금압정책(神聖之戰)으로 이루어졌던 것을 비판적으로 지적하고 있는 것이다. 이같은 내용은 당시 정책을 발표한 敎令들에

---

1) 李能和《朝鮮基督敎及外交史》p. 4

게서도 그대로 보이고 있으니 즉,

> '批答에 曰 조정의 闢하고 行하고 禁하고 罪함이 어찌 그대들 글을 기다려서야 할 것이며, 또한 어찌 그대를 뒤에 하겠는가? ……소청대로 査事出場하여 首從當分하게 밝게 처분하리니 그대들은 물러가 더욱 衛正斥邪하는 방향에 힘쓰도록 하라…….'[1]
> (宋道鼎의 『斥邪上疏에 대한 正祖의 批答』)

에서 볼 수 있듯이 이미 위정척사는 조정의 정책으로 실시되고 있었던 것이다.

따라서 벽위론에 대한 본격적인 접근은 그것이 정책으로까지 반영되어 동태화하였던 정조 이후의 상황이 되겠으나, 그러나 이같은 斥邪禁斷政策 실시 이전에도 벽위론을 성립시킬 사상적 전개는 이미 여러 곳에서 이루어지고 있었던 것이다.

즉 그것을 李獻慶의 《天學問答》에서 살펴보면,

> '……聖人의 學은 그 理가 평이하고 用工에 辛苦하며, 異端의 학은 그 語가 신기하여 용공에 徑捷하다. 心이 麤한고로 매양 신고한 공을 꺼려하며, 業이 惰한고로 경첩의 곳을 따르게 된다. 佛氏의 학은 廣大慈悲함이 우리 儒家의 博施濟衆과 비슷하나 ……朱夫子는 그것이 인륜 밖에 있고, 이에 가까우나 眞을 어지럽힌다 하여 물리쳤다. 그래서 천하의 迷를 이끌어 밝히고 萬世의 빠짐을 救하였다.…… 천주의 학은 마침 오늘날에 퍼지고 있

---

1) 《承政院日記》정종 辛亥 11월 丁丑條

어…… 그 爲書가 어찌 중국에만 그치고 우리 東土에 전해 오지 않겠으며 또 어찌 一時에만 행하여져 천하후세에 禍 끼치지 않겠는가?'

라고 하여 우선 정도인 吾儒에 대하여 천주교를 이단으로 규정한 다음 그같은 이단의 해가 우리 東土에 전래되어 천하후세에 미칠 화를 지적함으로써 벽위의 입장에서 출발하고 있었다.

이같은 正學(吾道) 이단의 입장은 그 문화권적 논리로 더욱 심화되어 천주교를 또 다른 이단이었던 佛氏釋迦보다도 더 誕妄虛無한 것으로 배격하고 있었으니, 즉 같은 《천학문답》에서 천주교는,

'석가는 본래 夷狄의 人이었다.……비록 그것이 虛僞詿誘라 하여 先儒들에게 배척을 받았지만……그 본의는 澄慮한 데 있었으니 그것 때문에 인심을 파괴하고 천하를 禍하였다 하나 그것은 오히려 天學이 오직 妄誕하여 근거할 바 없는 것보다는 나았다. 佛氏가 천하를 夷狄禽獸에 빠뜨렸다면 天學은 천하를 魑魅魍魎에 빠뜨리는 것이다. 夷狄은 오히려 인류들이며 禽獸 또한 有形之物이어서 이매망량에 비할 때 그 거리가 먼 것이다. ……'

등으로 설명되고 있었다.

여기서도 또한 대서양관은 천주교와 함께 밀려온 서학의 내용에까지 미치고 있었으니,

'客이 묻되, 서양은 그 推步의 학(算曆)이 묘하여 天下曆家가

모두 그 법을 사용하고 있으니 이것마저도 장차 모두 물리쳐야 하겠는가?
主人이 말하되, 그렇지가 않다. 聖智가 처음 開物成務한 것이 羲(伏羲)・黃(黃帝)・堯・舜보다 더한 것이 없다. 서양인이 비록 추보를 잘한다 하여도 그것은 羲黃堯舜의 舊法에 따라 敷衍하는 데 불과하다.……서양의 추보의 학이 중국보다 낫다 해도 그것은 겨우 한쪽을 밝힌 것이기에 貴할 것이 없겠거늘 하물며 그것이 본래 중국의 曆法에서 벗어나지 않는 것이라야 말해 무엇하겠는가?……'

라고 하여 서학은 근본적으로 일부 技藝에 국한된 것으로서 그 근본은 이미 중국의 학에서 출발된 것이라고 규정함으로써 서학의 우월을 승인하지 않고 있었다.

이같은 《천학문답》은 결론적으로,

'客이 묻되, 天主의 書가 천하에 가득 차 모두 살라 없앨 수 없는데 장차 무슨 수로 그것을 금할 수 있겠는가?
主人이 답하되, 그것은 오직 吾道를 밝혀 가르치는 길밖에 없다.……오도가 素明하다면 左道에 惑됨과 邪徑에 쫓게 됨이 무엇 때문에 염려되겠는가?……'

라고 주장함으로써 이단배척의 근본을 明吾道에 직결시키고 있었으니 그것이 곧 자기(오도)와 이단(천학)과의 사이를 價値二分으로 엄연히 분리시킨 다음 자기를 보존시켜야 할 正經의 가치로 주장하려

는 벽위사상의 근본적인 논리체계였던 것이다.[1]

이와 비슷한 사상체계는 愼後聃의 《西學辨》에서도 그대로 보이고 있었다.

> '이제 저들의 학이란 특히 求福하는 데서 나온 것인즉 그 不誠이 지나치고 오로지 利로써 그 마음을 삼고 있다. 대저 이단의 학은 그 학파가 有萬不同이지만 그 근원인즉 모두 利에서 나오고 있다는 점에서 같다.……저 泰西로 말하면 佛氏의 的論을 기반으로 하여 그것을 변화시켜 신으로 한 것이니 더욱 道理에 가까운 듯하다. 그러나 또한 그 貪生惜死하는 利心을 능히 숨길 수 없으니 後의 학자들은 그 本源이 利에서 나온 것임을 알고 그 生死로서 마음을 움직이게 하지 않는다면 저들의 설에 끌려가지 않게 될 것이다.……'[2]

즉, 서학도 利를 근본으로 삼은 이단이며, 그래서 그것은 근본적으로 義와 誠(眞正한 爲己)을 바탕으로 하는 오도(유학)와 같이 할 수 없음을 분명히 하고 있는 것이다.

다음과 같은 《西學辨》 중의 《天主實義》에 대한 비판에서는,

> '그 학이 과연 吾儒와 다른 것이 없고 또한 佛氏와도 같지 않다고 하니 그 무슨 해망한 소리인가?……저들의 천당·지옥과 精靈不滅의 설은 분명 佛氏의 설이니 일찍이 吾儒의 書에는 볼 수 없는 내용이다. 그러니 그것이 佛氏와 다르다는 것이 무슨 말

---

1) 《闢衛編》 권1. pp. 10~14에서 인용.
2) 〈西學辨〉 中 '靈言蠡勺'에 대한 비판.(《벽위편》 pp. 15~20에서 인용)

이며, 오유와 같다는 것이 무슨 말인지 나는 모르겠다.'

라 하여 서학은 근본적으로 吾儒와는 다르며, 佛氏와 비롯한 이단이 란 점을 강조하고 있다.

또한《천주실의》제3편〈論人魂不滅 大異禽獸〉에 대한 평가에서 는,

> '처음에는 吾儒 名敎 가운데 스스로 樂地君子의 마음이 있어 時에 安하고 順에 處함으로써 생사에 戚戚하지 않는 마음이 있음을 알지 못하였다.……그러나 비록 그 설명이 매양 西士들로부터 빌려 온 것 같다 하더라도 그 發端은 먼저 中士(중국의 학자)들로부터 나온 것인즉 그것은 西士(서양의 학자)의 답을 기다리지 않더라도 이미 중사의 意旨를 통하여 알 수 있었던 것이다. 그런즉 西泰(서양)가 중국에 들어오기 이전에 실로 그 중국 가운데 이미 하나의 西泰가 들어 있었던 것이다.'

라고 지적함으로써 서학보다도 우월한 독자적 자기 문화권(여기서 표현된 중국은 사실은 조선조 자기 文化秩序로 동일시되고 있었다)[1]을 의식하고 있었다.

이러한 주장은 제7편의〈論人性而述天主 門士正學〉에서도 그대로 나타나고 있었으니 즉,

> '……性理之說은 六經 및 程朱의 書에 나타나 있어 그 뜻이 明盡

---

1) 북학과 朴齊家가 지적한 '중국'의 개념과 비교할 것.(《貞蕤集》권14,〈北學辨條〉참조)

하여 여기서 다시 말하지 아니하여도 족하다. 그러니 학자는 그 義旨를 상세히 알려고 할 때 여기서 구태여(천주학에서) 反求할 필요가 없는 것이다.……'

라는 내용대로 이미 서학은 유교의 經義와 교의가 밝혀질 때 더 구할 필요가 없게 되는 저속한 것으로 설명되고 있는 것이다.

이것은 다시 서학에서 지리 및 그 자연과학 지식과 연결하는 내용인 《職方外記》에 대한 평가에서 다음과 같이 나타나고 있었다.

'중국은 천하의 가운데 처하고 있어서 風氣의 正을 가지고 있다. 예로부터 지금까지 성현이 끊이지를 않고 名敎를 숭상하여 그 풍속의 美와 인물의 盛이 전혀 외국의 미칠 바 아니었다. 저 구라파 등 모든 나라들은 바다 끝 絶域에 불과하며 夷族의 후예들로서 스스로 능히 華夏에 나올 수 없는 것이다.……'

이같이 자기 문화권과 이질 문화권(歐羅巴圈) 사이에 놓여 있는 문화적인 격차를 지리적 조건에서 논한 다음 다시,

'구라파의 학이 자못 중국에서 성행하고 있고 우리 東人들(조선인)마저도 또한 悅慕하는 사람이 많다.……이제 저들 書에 적혀 있는 내용을 가지고 그 대략을 살펴보면 그 요지가 모두 佛氏를 祖述하는 餘緖들이며, 그 견해의 拙陋함 또한 佛氏에게서 나오고 있는 것이다.……'

라고 하여 歐羅巴之學(서학)을 학문 그 자체에서 자국 학문보다 열

등한 것으로 평가하고 있었다.

그래서 그 결론은 다음과 같은 두 가지 주장으로 歸一하고 있다.

'그 爲道의 大原은 처음부터 天命人倫에 근본한 것이며, 그래서 그 학문도 오직 躬行心得하는 데 힘쓰고 있으며, 그것이 정치에 펴져나감에 있어서도 또한 여기에 근본하지 않음이 없으니 이런 점에서 吾儒는 大中 至正한 萬世不易의 道가 되고 있는 것이다 ……'

이것은 衛正의 가치로서의 자기 질서에 대한 주관적 승인인 것이다. 이러한 주장은 다시 다음과 같이 연결되고 있었다.

'異端之說은 그것이 오유와는 絶然히 不同한 것인즉 그것을 分辨하기가 그렇게 어렵지 않고 그 害 또한 그렇게 酷하지 않겠다. ……이제 구라파의 학문은 이미 天命本然之性을 벗어나 있고 人倫日用之常에 疎昧하니 그것이 吾儒와 같지 않음은 많은 말 없이도 알 수 있는 것이다.……高明한 선비들도 혹 그것을 深究하지도 않아 이단으로 돌리지 않고 있으니 슬프다. 이 설들이 퍼져나갈 때 어찌 우리 모두가 이적이 되어 聖學이 허물어지지 않겠는가.……'[1)]

즉, 결론은 오유를 성학으로 보고 서학(천학)을 이단으로 보아 그것은 절연히 부동한 것이기 때문에 그것들이 混淆할 때 그 異端之害

---

1) 《職方外記》에 대한 평가.(《벽위편》권1 pp. 40~47에서 인용)

가 혹심하다는 것이다. 그리고 그 異端之害는 바로 성학이 허물어져 함께 이적이 되어 버리는, 말하자면 문화권적 타락으로 설명되고 있었다.

이상과 같이 吾道나 吾儒의 입장에서 문화적 내지 학문적 측면에서 서학 내지 천주학을 비판하였던 벽위론의 기반은 그러한 서학 내지 천주학이 직접 조선조 자기 질서에 대한 위기 요인으로 확인되는 상황에서 더욱 본격적인 조선인의 자존의식으로 深化 構築되어져 나갔다.

여기서 벽위에서의 衛正의 가치에는 오도나 오유 이외에 宗社 내지 朝家(국가)라는 조선조 기층사회에 대한 자기 가치로 의식되고 있었다. 이것이 바로 당시의 벽위론을 단순한 유교문화권 내에 있어서의 華夷思想만이 아니고 조선인의 자기 질서에 대한 정치의식(또는 사회의식)으로 파악하여야만 하게 하는 중요한 이유인 것이며, 이런 점에서 벽위에서 영향을 받은 후일의 衛正斥邪思想에서도 항상 그 위정의 가치를 衛道之功과 衛國之忠이라는[1] 양면에서 의식하고 있었다.

이것을 정조 乙巳(1785년) 秋曹摘發 이후의 척사의식에서 살펴보면,

'……우리들이 만약 함께 극력으로 討滅하지 않는다면……그 末流의 幣가 장차 이적이 亂華하는 것보다 훨씬 더할 것이다. ……그러니 함께 저들 서학 5, 6인들을 성토하여 이적의 무리로서 물리쳐야 한다.……'[2] (太學 東齋生 李龍舒 등의 〈斥邪通

---

1) 《華西雅言》권12,〈論異端〉제17조
2) 《闢衛編》권2, pp. 2~3

文〉乙巳, 3월)

여기서 위정의 주체는 吾輩로 의식되고 있으며, 이단인 서학에 빠진 사람들을 夷狄之類로 물리침으로써 같은 조선인을 吾輩의 개념에서 제외시키고 있는 것이다. 그러나 여기서 중요한 것은 바로 異端之害를 단순히 이적이 亂華하는 것과 같은 문화적 화이의식을 넘어 서서 자기 기본질서에 대한 위기의식으로 느끼고 있었다는 점인 것이다.

이러한 의식은 당시 정책의 최고결정자인 국왕(정조)의 정책결정에 投入 機能役(input function)을 한 〈對親策文〉에서도 그대로 나타나고 있었다.

'……금일의 이단은 지위의 고하를 막론하고 모두 거기에 함께 빠져들 우려가 있다.……조정이 이같이 하고서야 어찌 扶植正學 痛闢異端을 기대할 수 있겠는가?……그것은 다만 이단이 오도를 해하는 것으로서 책할 수 없는 것이니 종사를 위하여 깊이 우려되는것은 그것이 일시 이교가 들어와 정학을 侵越하는 것보다 훨씬 더하다는 점이다.……'[1] (진사 洪樂安〈對親策文〉戌申, 정월)

즉, 여기서 벽위의 보다 구체적인 기반은 종사(종묘와 사직, 즉 朝家 내지 국가)라는 조선조의 기본질서로 직결되고 있으며, 그래서 벽위를 위한 대책도 조정의 정책으로 결정될 것이 촉구되고 있었다.

---

1) 《闢衛編》권2, pp. 8~9

이것을 다시 당시 사림과 관인들 간의 通信經路 등에서 포착해 보면,

'……黃巾·白蓮의 변을 보장할 수도 없고 이미 倫網이 허물어진 데 이르렀다. 理가 멸절되었은즉 실로 만회의 가망이 없는 것이니 앉아서 이적과 금수로 化作되는 길밖에 없다. ……저들은 이미 吾道를 이단이라 指斥하고 있으니 오도가 저들을 士類라 하지 않는 것은 바로 저들이 바라고 있는 점인 것이다.……따라서 우리가 그 道만 공격하고 그 人은 공격하지 않았기 때문에 지금껏 그것을 잡아내 막지 못하였던 것이다.……'[1] (洪樂安〈上蔡左相書〉辛亥, 9월)

라고 하여 이단을 道로써만 물리칠 것이 아니고 그 黨輩를 조정의 정책으로써 물리칠 것을 강조하고 있는 것이다.

이것은 다시 앞에서도 말하였듯이 다음과 같은 주장으로서 연결되고 있었다.

'本意 只在於扶植倫常 劈破邪說 上以爲宗國深長之慮…… 不思所以同討此賊 拯救吾黨…….'[2] (洪樂安〈與蔡弘遠書〉)

여기서도 위정의 주체로서 宗國과 吾黨이 제시되고 있는 것이다.

이같이 하여 벽위는 당시 조선조의 안위에 직결된 정치의식으로 화하였고, 그 결과 그같이 벽위를 중심으로 한 당시의 정치문화는 다음

---

1) 《闢衛編》 권2, p. 13
2) 《闢衛編》 권2, p. 18

과 같이 벽위의식을 정책의 차원으로까지 진전시키고 있었다.

'世道가 日下하고 인심이 陷溺되어 소위 저 서양의 혹세무민함이……悖倫滅法하여 스스로 夷狄禽獸로 빠지고 있습니다.…… 대개 元氣가 實壯하면 客邪가 감히 침월할 수 없는 법입니다. 正學은 元氣요 洋學은 客邪입니다.……그러니 (양학에) 감염됨이 탄로된 자들은 차례로 重律을 가한 연후에야 우리가 同中國하는 義에서 벗어나지 않을 수 있고, 사람을 또한 법에 따라 懲創할 수 있게 되겠습니다.
上曰, 그렇게 하라.'[1] (右相 蔡濟恭, 啓辭)

'……聖人이 어찌 '攻乎異端 斯害也己'를 말하지 않았겠습니까? 여기서 攻이라 한 것은 專治를 뜻합니다. 그러나 이제 저들을 專治하는 것만 가지고도 오히려 '중국은 이적을 不事한다'는 뜻에는 따라가지 못합니다.……'[2] (司諫 李彦祐 獻納 李庚運 聯啓)

이같이 벽위를 정책으로 실시하려 하였을 때 여기서 보이는 정치문화의 일단으로서 '同中國之義'나 '中國不事夷狄之意'는 구체적으로 중국이라는 유기체적 국가를 지칭한 것이 아니고 관념적인 문화 모델의 지표로서의 가치를 논한 것이며, 그것은 다시 구체적으로 조선조 자기 문화를 가리키고 있었던 것이다.

---

1) 《日省錄》正祖 辛亥 10월 20일 次對條.
2) 《闢衛編》권2, pp. 21~22에서 인용.

### (3) 벽위론의 성격—정치사상적 측면

벽위론을 불러일으킨 상황은 서구라는 이질 문명의 충격이요, 그 충격의 구체적인 형태는 천주교라는 종교적 형태였다. 여기서 벽위론에 대한 상황적 분석은 우선 문화권 이론과 종교사상의 측면에서 가해져야 하는 것이다.

그러나 그것에 대한 종합적 분석은 단순히 문화권이론이나 종교사상이라는 문화사적 측면의 분석에만 머무를 수는 없다. 그것은 일단 문화권이나 종교적 충격으로 하여 나타난 벽위론이지만 그러나 그렇게 하여 이루어진 벽위사상은[1] 어디까지나 한민족의 자존과 조선조의 안정이라는 민족적 요구 내지 국가적 목표를 위하여 정치적으로 정향하고 있었기 때문이다.[2]

여기에 바로 본 벽위론이 18세기 한민족의 정치사상으로서 정리되어져야 할 근본적 이유가 있는 것이다.

벽위론에 대하여 이같이 정치사상의 측면에서 접근하였던 흔적은 입장이 조금 다르기는 하여도 다음과 같은 서술에서도 이미 보이고 있었다.

'우리 조선은 단군 이래의 역사 古國이다. 神敎를 崇奉하고 巫祝를 좋아했다. 삼국 및 고려에는 儒・佛이 함께 행하여졌는데 儒는 정치에 치우쳐 왔다.……이조 이래로 숭유배불을 朝家之法

---

1) 벽위의 문제는 그것을 논리적으로 객관화시키는 '벽위론'의 입장과 그것을 의식면에서 추구하는 '벽위사상'의 입장에서 그 성격이 달라지게 된다.
2) 여기서 宗國은 조선조의 국가적 자기 개념이었고, 吾黨은 조선조의 민족적 자기 개념이었다. 벽위에서 내세운 오도라는 가치 속에는 이같이 조선조의 국가적 자기와 민족적 자기가 들어 있었다.

으로 삼았으니 소위 유교라는 것은 소수 양반들의 종교였다. ……유교의 도를 그 所由에서 살펴보면 정치가 곧 종교(政治卽於宗敎)로 되어 있다.……그래서 서양과 통하고 천주를 崇拜하는 것을 夷狄禽獸의 도로 몰았으니 純·憲 兩朝의 斥邪通文에 보면 가히 벽위의 취지를 알 수 있는 것이다.'[1](李能和의 〈朝鮮宗敎之由來 並闢衛旨越之所在〉)

여기서 벽위의 취지가 설명됨에 있어 주로 유교가 가졌던 종교적 측면에서보다도 그것이 조선조의 정치와 맺고 있었던 정치적 측면에서 부각시키고 있는 것이다.

즉, 벽위는 유교라는 일종의 종교(吾道)에서 출발하지만 이때 유교는 종교로서보다도 정치와 직결되고 있었으므로 해서(政治卽於宗敎) 서양 천주교를 이적금수로 몰아 물리칠 때도 벽위는 정책과 敎令의 형식인 斥邪敎文으로 나왔던 것이다. 이것은 곧 조선조의 벽위가 그 종교사상으로서보다는 오히려 정치의식으로서의 의미가 더욱 강한 것임을 말하여 주는 것이다.

이것은 조선조 유교의 입장에서 볼 때 유교가 건국 당시부터 정책(숭유배불)에 의하여 그 통치이념(朝家之法)으로 이루어져 왔다는 역사적 사실에 기인하는 것이며[2], 또 그것은 벽위 이후 조선조 역사에서 서양의 충격이 천주교와 같은 종교적 차원으로부터 물리적인 경제적·군사적 차원으로(19세기 통상요구 및 洋擾 그리고 20세기 그것을 대행한 일제의 침략) 바뀌어 왔을 때 그것을 해결하기 위한

---

1) 李能和《朝鮮基督敎及外交史》 p. 39~40
2) 이능화는 유교를 국교내지 국시로 보아 벽위를 '神聖之戰'이라는 국가적 행위(정책)로 설명하였다.

위정척사사상이나 의병운동이 바로 벽위의 그같은 민족적·국가적 측면에서의 저항의식과 직결되고 있었다는 점에서 정치사적으로 의미가 중요한 것이다.

벽위론의 성격을 그 정치사상사적 측면에서 논하려 할 때 그것은 우선 정치적으로 표현된 자기라는 주체 문제에서부터 출발하게 된다. 이때 정치적으로 주장된 자기라는 주체는 물론 '宗社', '朝家', '국가' 등으로 표현된 국가적인 주체였다.

그것은 다음과 같이 표현되고 있었다.

'……생각건대 오늘의 이단은…… 진실로 급급하게 拯救하지 않는다면 장차 말하기 어려운 경지에 빠지게 될 것이다.……그것은 다만 이단이 吾道를 해하는 것만으로 責할 수 없으니 그 종사를 위하여 심히 우려되는 바 그것은 일시 이교가 정학을 침월하는 것 이상인 것이다.……'[1] (洪樂安의 앞글 〈親策文〉)

여기서 '闢異端 衛正學'의 요약이던 벽위의 공식은 이단과 정학의 관계인 종교적·문화적 차원을 지나서 (又有甚於 一時異教之侵越正學) 종사라는 국가적인 자기 질서에서 파악되고 있었다 (其爲宗社之深憂長慮). 따라서 이같이 종사라는 직접적인 자기 질서에 대한 위기 앞에서 나타났던 벽위는 단순히 오도를 해하려는 이단을 물리쳐야 할 衛道的 벽위가 아니고 직접적으로 자기 생존에 관계되는 위기를 물리쳐야 할 더욱 강화된 衛國的 벽위였던[2] 것이다 (不足責

---

1) 李晩采《闢衛編》권2, 8, 9頁
2) 그것은 벽위의 영향을 받은 후일의 위정척사사상에서도 그대로 나타나고 있다.
  '衛國之忠 必在興亡未判之前 衛道之功 必在是非未定日…….' (李恒老《華西雅

之以異端之害吾道).

 이같은 조선조의 벽위사상도 물론 이론적으로는 그대로 朱子의 闢異端論 같은 유교적 闢異理論을 그 근거로 하고 있었다.

 그러나 거기에는 13세기 宋朝의 벽이론과 18세기 조선조의 벽위사상이 반드시 같을 수 없다는 역사적・상황적 이유가 따르고 있는 것이다. 물론 그같은 이유는 13세기 송조에 가해진 老・佛이라는 이단의 성격과 18세기 조선조에 밀려온 천주교(서양)라는 이질의 성격이 다르다는 사실과도 연결된다.

 즉, 거기에는 송조에 가해진 13세기 老・佛은 비록 그 종교는 달랐어도 동일한 문화권(동양문화권) 내의 그것이었던 데 반하여, 18세기 조선조에 밀려온 천주교는 이질문화권(서구문화권)으로부터의 그것이었다는 차이가 포함되며[1], 또 전자는 이단이었다 하여도 문화적・종교적으로만 갈등을 일으킨 순수한 종교적・문화적 그것이었던 데 반하여 후자는 천주교라는 종교적 이질성 이외에도 서구 그 자체의 우월을 강요하려는 정치적・경제적 불평등이 그 안에 포함되고 있었다는 차이도 또한 발견되는 것이다.

## 3. 벽위론에 대한 평가

 여기서 18세기 조선조의 벽위사상에서는 다음과 같은 두 가지 독

---

言》卷12, 異端)
그리고 그것은 삼국 이래 護國이 衛道와 병행하여 왔던 풍류도의 護國衛道思想에서도 연유되고 있다.

[1] 여기서 斥佛闢老를 지나 벽위에서 특히 강조되었던 泰西(서양의 이질)의 문제가 있었다.

특한 그 역사적 특성들이 발견되어지고 있는 것이다.

그 첫째는 시간적인 측면으로서 조선조의 벽위사상에서는 이질성이 주는 충격이나 위기의식이 종전의 어떠한 闢異論에서보다도 심화되고 있었다는 사실이니 여기서 바로,

'오늘의 이단은 고하를 막론하고 모두 빠져 버리게 될 우려가 있으니……진실로 급급하게 拯救하지 않는다면 장차 말할 수 없는 경지가 될 것이다.……'

와 같은 심각한 위기의식이 표현되고 있었으며, 그 다음은 공간적인 측면으로서, 즉 시간적으로 그같이 그 어느 때보다도 심화되었던 위기의식은 조선조로 하여금 절박한 자기 존립의 문제를 의식하게 함으로써 공간적으로 벽위의 가치를 조선조라는 자기 질서(종사 및 국가 등) 속으로 끌어들이게 하였다는 점이다. 여기서,

'……其爲宗社之深憂長慮 又有甚於 一時異敎之侵越正學而已.'

라는 조선조 자기 보존의식이 성숙될 수 있었던 것이다.

여기서 벽위론에 대한 평가는 그 사상의 충격에 포함되었던 심각한 주체성의 위기(상황적 측면에서의 평가)와 그러한 충격에 대응하기 위하여 발현되어야 했던 한민족 자존의 의지로서의 民族史 抵抗的 活力(사상적 측면에서의 평가)이란 두 측면에로 요약되어진다.

### (1) 상황적 측면—주체성의 위기

따라서 정치사상이란 측면에서 관찰되어야 할 벽위론의 성격은 유

교 그 자체에 기반을 두고 민족이나 국경 개념이 없이 논의되던 단순한 華夷의 공식으로서의 그것이 아니요, 어디까지나 한민족과 조선조라는 개별적 주체를 전제로 하는 국경 개념이 있는 정치의식으로서의 그것인 것이다.[1] 따라서 벽위의 표현에서 다음과 같은 내용들이 특히 정치사상적으로 주목되어지는 것이다.

'우리들이 눈을 부릅뜨고 極力 共討하지 않는다면…… 그 末流의 弊가 장차 夷狄이 亂華하는 것보다 훨씬 더 클 것이다.……'[2]
(乙巳 秋曹摘發時 진사 李龍舒 등의 〈斥邪通文〉)

'예로부터 이단이 斯道를 해함이 어찌 한이 있으리오마는 그러나 오늘날 서양의 소위 耶蘇의 說보다 더한 것은 일찍이 없었다. ……'[3] (辛亥 珍山之變에서 진사 崔照 등 〈知舊通文〉)

여기서 벽위에서의 위기의식은 단순히 이적들이 亂華한다는 華夷적 기반을 한걸음 지나 서고 있었으며(將有大於夷狄之亂華), 그같이 이적난화를 한걸음 더 지나 심화된 위기의식이었기 때문에 18세기 그 벽위론 앞에서는 바로,

'異端之害斯道者 何限 而末有甚於西洋所謂耶蘇之說.'

---

1) 조선조의 성립에서 이루어진 국경 개념(압록·두만)의 확정과 그 조선조의 통치이념인 성리학적 기반에서 나온 벽위사상의 국경 의식이 여기서 비교되어야 한다.
2) 李晩采 編《闢衛編》권2, 1항
3) 李晩采 編《闢衛編》권2, 16항

이 주장되고 있었으며, 그래서 그 이단의 해도 이적으로부터 금수로 심화되었던 것이다. 그것은 華夷思想의 입장으로 보아서는 '華夷之別'이 '人・獸之差'로 심화된 것을 의미하지만, 다른 한편으로 정치사상의 입장에서는 이미 화이라는 유교적 저항 체계만으로 해결될 수 없는 더욱 심화된 이질의 충격(천주교)을 해결해야 했던 18세기 조선조의 벽위는 당연히 그 유교적 화이 이외에 다른 저항의식 체계를 강화시켜야 했던 것이다.

이같이 18세기 조선조의 벽위론에서 종전의 화이사상의 수준을 지나 더욱 강화되어야 했던 바로 그 저항의식 체계를 우리는 여기서 한민족 그 자체의 '抵抗自存意識'으로 파악하여 정치 사상적으로 그것을 자주적 민족의식의 한 형태로 포착하려는 것이다. 따라서 18세기 벽위론에서도 여전히 화이가 주장되고 이단・사문과 같은 유교적 교의 체계가 강조되고 있었다 하여도 그것은 유교적 교의 체계 그 자체를 강조하기 위한 것이었다기보다는 그 유교적 질서 위에서 扶持되고 성숙되어 온 조선조 자기 질서를 유지 보존시키기 위한 민족적・사회적 요구가 더욱 강하였던 것이다.

그러한 주장은 다시 다음과 같이 연결되고 있었다.

'倫常을 扶植하고 邪說을 劈破해야 한다.…… 위로 宗國을 위하여 심장한 우려가 된다.…… 이 賊들을 함께 滅하고 吾黨을 구해 내야 한다.……'[1](洪樂安 與蔡弘遠書)

즉, 여기서의 宗國도 조선조의 종국이며, 吾黨도 당시 조선조의 자

---

1) 李晩采 編《闢衛編》권2, 18항

기 백성을 가리키는 민족적 동류의식이었던 것이다.

 이같이 종국과 오당을 주장하게 된 근본적 기반은 앞에서도 언급되었듯이 서양이란 이단이 단순히 이적난화라는 문화적인 혼란과 타락을 지나 조선조 기층사회의 직접적인 존립 위기와 연결되고 있었기 때문이었다.

 이같이 이적의 경지를 지나 더욱 심화된 위기의식 앞에서 벽위의 보존대상이 斯文(正學)이라는 유교적 가치와 함께 조선조라는 자기의 기층사회로 연결되었을 때 이 두 가지 측면을 함께 의식하며 내걸었던 조선조의 가치가 바로 世道의 개념이었던 것이다.

 즉, 正宗 辛亥(1791년) 10월 蔡濟恭은 일차 筵奏에서,

> '西洋學之惑世誣民者 必亟加重律然後…此實難明之事 而未必不爲他日世道之慮……'[1]

라고 하여, 서양학의 惑誣 앞에서의 세도를 우려하였으며, 또 같은 해 10월에 올린 大司諫 申耆의 상소에서도,

> '저 權・尹 兩賊은 명색이 유자이고 또한 내력이 있는 자들인데 저들이 妖學을 주장하여 斯道에 背馳한다는 것은 실로 萬萬痛惡이다.……世道를 위하여 隱憂長慮됨이 어찌 없을 수 있겠는가?……'[2]

라고 하여, 서학의 폐해를 세도에 대한 우려로 표시하고 있었다.

---

1) 《政院日記》정조 15년 辛亥 10월 辛酉〈次對條〉
2) 《政院日記》정조 15년 신해 10월 신유 大司諫 申耆〈上疏條〉

원래 조선조의 世道는 유교적 교의에 기반을 둔 학문적·윤리적 개념이었지만 그러나 그것은 조선조 정치를 안정시키고 사회를 扶持시키는 사회유지 기능으로서의 정치적인 가치이기도 하였던 것이다.[1] 따라서 그 世道가 무너질 때 사회는 동요되고 정치권력은 정통성을 잃게 되기 때문에 바로 여기서 조선조의 世道는 정치적인 정통성의 근원이기도 하였던 것이다.

이렇게 볼 때 이질의 충격 앞에서 자기의 보존가치를 세도로 주장하였던 조선조의 벽위는 단순한 유교적 화이가 아니었음을 알 수 있게 된다. 여기서 세도의 공식은 다음과 같이 표현된다.

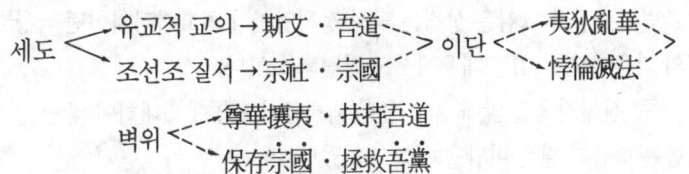

그래서 벽위 앞에서 衛正의 가치는 대략 正學과 세도라는 양면으로 표현되고 있었다.

'顧今正學日微 世道日非 而以此邪說 說去說來……'[2] (정종 辛亥 10월 次對時 正宗의 批答)

여기에 따라 벽위의 목적도 邪說을 물리치고 정학을 바로잡아 세도를 다시 떨치게 하는 것으로 귀결되고 있었다.

---

1) 世道에 대하여는 이능화의 《朝鮮基督敎 及 外交史》(상편 p. 136)와 朴齊炯의 《朝鮮政監》(卷之上, 2~3항)을 참조
2) 《政院日記》정조 신해 10월, 丙寅〈次對條〉

'卿은 모름지기 邪를 꺾고 異를 물리쳐 발본색원함으로써 세도를 다시 떨치게 하라…….' (앞에는 정종의 비답)

이같이 벽위사상이 비록 그 가치정향의 측면에서는 유교적인 崇正學·闢異端이라는 斥異闢邪의 논리에서 전적으로 출발하지만, 그러나 그것을 통하여 획득하려는 획득 목표(goal-attainment)는 결과적으로 조선조 그 자체의 사회적 안정인 세도로 연결됨으로써 그 動機定向의 측면에서는 조선조 사림들의 정치의식 내지 사회의식으로 성장하였던 것이다.

벽위사상의 그같은 성격은 당시 정책입안의 최고결정자이던 국왕의 다음과 같은 비답 내용에서도 발견되고 있다.

즉, 신해사옥을 앞에 놓고 올린 채제공의 劄子에[1] 대하여 국왕 정종은 다음과 같은 비답을 내리고 있었다.

'이단이라 하는 것은 단지 老나 佛이나 楊이나 墨이나 荀이나 莊이나 申이나 韓만이 그런 것이 아니요, 제자백가나 其類의 書가 조금이라도 正經常道에서 벗어나면 모두 그것인 것이다. 따라서 공자의 世에는 邪說이 橫流하였어도 孟子의 時와 같지는 않았다. 그래서 맹자는 洪水猛獸와 亂臣賊子로 그것을 물리치려 했지만 공자는 단지 汎說로써 그 害만을 말하였다. 그것은 그만한 환경이 다르기 때문이지만 그 처지를 바꾸면 모두 같은 것이다. 하물며 오늘날은 공자로부터 千有百年 떨어져 있으니 斯道를 闡明하여 이단을 廓闢하여야 할 책임이 吾黨의 小子들에게

---

1) 정조 辛亥 10월, 乙丑(24일자) 蔡濟恭의 劄子이다.

있지 않겠는가?……'[1]


이것을 정리하면 다음과 같은 내용으로 요약된다.

즉, 첫째로 正經常道에서 어긋나거나 선왕의 法言이 아닌 것은 모두 이단이다(이단의 의미).

둘째로 이같은 이단을 물리쳐야 할 책임은 正學을 지키는 오당 모두에게 있다(闢異의 의무).

셋째로 그러나 그 이단을 물리치는 방법은 그 상황에 따라 다르다. 그래서 공자의 異端攻擊 방법과 맹자의 異端排斥 방법이 달랐다(이단의 방법).

여기서 우리가 발견해야 할 것은 바로 셋째번의 내용인 闢異端의 방법으로서, 즉 벽이의 이론적 근거는 어디까지나 공자 이래의 吾黨의 그것이었지만 벽이의 방법이나 실천적 의식은 어디까지나 18세기 조선조 상황 아래서의 그것이었다는 사실인 것이다. 이것이 바로 18세기 조선조의 벽위가 어디까지나 당시 조선조의 정치의식 내지 사회의식으로 설명되어져야 할 근본적 이유인 것이다.

정종의 비답은 다음과 같이 보다 구체적인 내용으로 연결되고 있었다.


'攻乎異端 斯害也已 聖人之微意 可見 且中國不事夷狄 雖不可使五胡入關 而赤不當加秦 漢之窮兵病國……而異端如夷狄 亦豈窮治之乎……'[2]


---

1) 이능화《朝鮮基督敎及外交史》상편, p. 66
2)《政院日記》정조 辛亥 10월, 丙寅〈次對條〉

즉, 이단의 해에 대하여는 이미 성인의 뜻으로써 그것을 알 수 있으며, 또 중국은 이적을 섬기지 않기 때문에 吾胡의 세력이 중국(中華文化)의 관내에 들어오게 하여서는 안 되지만 그렇다고 하여 그것을 秦이나 漢처럼 窮兵病國하면서까지 할 필요는 없다는 것이다. 그래서 당시 조선에 밀려온 서양학(천주학)이란 이단도 이적과 같은 것이니 窮治할 필요까지는 없다는 것이다(이 점은 당시 사림들의 강경하였던 벽위사상과 차이가 있는것이다).[1]

그러나 이것은 결국 서양학이란 이단을 당시 조선조의 상황 위에서 판단하여 그것에 대한 治戮의 방법도 그 조선조의 상황을 바탕으로 주체적으로 선택, 적용하려는 일종의 闢衛의 조선조화를 의미하는 것이었다.

위에서 보았듯이 벽위론은 유교를 정학으로 보아 자기를 지키려는 자위적 교의에서 출발하고 있었다. 따라서 그것에 대한 접근은 논리적으로 유교적 가치질서로부터 출발하게 된다. 거기에는 공자 이래로 吾道만이 정학이라는 유교적 정통성(道統傳授)도 있고, 이같은 정학에 어긋나는 모든 주장은 다같이 이단이라는 '攻異端·斥邪說'의 가치 이분법도 있다.

그러나 이같은 논리가 적용되고 활용된 것은 어디까지나 18세기 조선조라는 역사적 상황이었다. 물론 이같은 유교적 교의의 조선조적 적용에 대하여도 그 평가는 다양하다.

즉, 이것을 비판적으로 보아,

---

1) 그것은 조선조의 대외의식에서 관인(국가적 측면)에서는 타협적이였던 데 반하여 사림(民衆내지 민족적 측면)에서나 강경하였던 일반적 추세였다.(임란 의병, 호란 척화, 개항 반대 척사……)

'但李朝以來 狹義的儒敎 主持世道 指導人心 而束縛頭腦 桎梏思想……以道學(或云 理學) 爲窣於天下 使有志氣有思想 者 不敢喘息於人也 此眞一個奇怪之現象也…….'[1] (權日身 敎 主事件에 대한 李能和의 評價)

라고 표현하였을 때 그것은 곧 유교적 교의가 조선조의 世道를 주지하고 인심을 지도하였으나 이로 인하여 조선조인의 두뇌는 속박당하고 그 사상은 桎梏당하였다는, 다시 말하여 유교문화의 조선조 사상간의 부정적인 관계를 지적하고 있는 것이다.

그러나 그 평가가 긍정적이든 부정적이든 유교의 영향으로 이루어진 '主持世道'는 조선조의 세도요, '指導人心'의 인심은 조선인의 인심이었기 때문에 조선조의 정치문화의 한 형식으로 포착하려는 본 벽위론에 대한 평가는 으레 여기서, 그것이 이루어진 상황적 측면으로서 18세기 조선조라는 상황과 그것을 주장하고 작용시킨 의식적 측면으로서 당시 조선조인의[2] 의식체계를 그 중심으로 삼게 되는 것이다.

### (2) 사상적 측면—한민족의 저항적 역사 에너지

'闢異端·衛正學'이라는 선명한 가치 이분법에서 출발하고 있는 벽위론이기에 그것을 불러일으킨 상황적 요인은 앞에서 보았듯이 한마디로 이단(즉 주체성의 위기)이라는 도전 요소의 등장으로 요약되었다. 물론 이같은 이단이라는 도전 요소 앞에서 지켜야 할 자기 가

---

1) 이능화《朝鮮基督敎及外交史》, 상편 pp. 86~87
2) 여기에 벽위의 의식적 주체를 주로 사림이라는 지식인으로만 국한시켰던 견해도 있다.(이능화《朝鮮基督敎及外交史》, 상편 p. 56)

치(正學)를 가지고 있는 벽위의 상황은 그렇기에 불안한 위기의 상황이었다.

여기서 벽위론에 대한 사상적 측면에서의 평가는 바로 그 불안한 역사적 상황 속에서의 사상의 주체는 누구였으며, 그 주체의 가치는 무엇으로 집약될 수 있느냐? 하는 문제로 귀결된다.

우선 그같은 벽위사상의 주체를 그 상황과의 기능 관계에서 살펴보면, 앞에서도 보았듯이 벽위를 주장케 하였던 18세기 조선조의 상황은 물론 '異端之害'라는 유교적 위해론으로부터 설명되어져 나왔다. 그리고 그것이 곧 '攻乎異端斯害也已'라는 공자의 주장에 대한 반복적 祖述이었던 것이다.

> '聖人이 어찌 攻乎異端斯害也己라는 말을 하지 않았겠는가? 여기 攻이라 말한 것은 바로 專治를 이름이다.……'[1] (持平 韓永逵의 啓言에 대한 正宗의 批答)

또한,

> '攻乎異端 斯害也己 聖人之微意 可見 且中國不事夷狄……'[2] (蔡濟恭의 筵奏에 대한 正宗의 下答)

따라서 이때의 이단은 '正經常道(정학・유학)에서 어긋나고 선왕의 법이 아닌 모든 것'으로 규정됨으로써 공자 이래로 주장되어 온 종래 유교의 이단 개념 그대로였다. 그래서 천주교(서양학)도 종래

---

1) 《政院日記》정조 신해 10월,〈甲子條〉
2) 《政院日記》정조 신해 10월,〈丙寅條〉

의 老·佛·楊·墨·荀·莊·申·韓 등과 같은 이단으로 우선 해석되었고, 그 결과 이같은 천주교 앞에서 수호되어야 할 가치도 여전히 吾道요 斯文이라는 유교적 개념 그것이었다.

다음과 같은 재상 채제공의 啓辭가 그것을 잘 표현하고 있다.

'서양학의 혹세무민하는 것이 다시 나타나고 있다. 그것은 悖倫滅法으로서 스스로 이적금수로 빠지는 것이다.……대개 元氣가 實壯하면 客邪가 침범하지 못하는 것인바 정학은 바로 원기요 양학은 곧 객사인 것이다.……'[1]

즉, 정학은 자기를 지켜 주는 원기요, 양학은 여기에 침범하는 객사이기 때문에 객사를 물리치기 위하여는 우선 그 근본인 원기를 壯實하게 하여야 한다는 논리조차도 유교적 本末論에 가까운 위정척사론이었던 것이다. 물론 이때의 정학은 조선조의 유학이라는 국경개념을 전제로 한 그것이 아니고, 오히려 중국에서 발원한 유학 그것을 국경 개념 없는 보편적 문화 질서로서의 그것이었다.

그래서 유학이란 자기 질서는 '중국'이란 다른 말로 표현되고 있었고, 그같은 유학적 자기 질서를 지키는 태도를 '중국과 같이 한다' (同中國)는 표현으로 서술되고 있었다.

'……만약 객사를 소멸시키려면 원기를 부식시키는 것만한 것이 없다.……탄로되는 대로 重律에 처한 연후에 비로소 同中國하는 義에서 벗어나지 않을 수 있겠고 그래서 사람들은 법이 무

---

1)《政院日記》정조신해 10월 20일,〈次對條〉

서워 懲創될 수 있게 될 것이다.……'(辛亥 10월 20일 채제공
의 啓辭)

즉, 여기서 유학이라는 원기를 부식시키기 위하여 사학에 오염된
자들을 중율로 다스려야 하는데, 우리가 그렇게 하여야 할 이유는 다
름아닌 '中國과 함께 한다'는 同中國의 의리 때문이었던 것이다.

이것은 그대로 다음과 같은 太學의 通文에서도 나타나고 있었다.

'斥邪云云 尹持忠 權尙然 渠旣名在士流之 故爲先並施鳴鼓極罰
以示不與同中國之義……'[1](太學掌議 金益彬 答通)

여기서도 척사의 의리는 '同中國'으로 합일하고 있으며, 이같은 동
중국의 의를 살려 사학의 惑染者인 尹持忠, 權尙然 등을 엄벌해야 하
는 이유는 그들이 바로 사류(즉 유자)이기 때문이라는 명분으로 귀
결되고 있는 것이다.

여기서 벽위론을 그 사상적 주체면에서 평가하려 할 때 먼저 풀지
않으면 안 될 '同中國之義'란 명분과 '오당'이란 주체 개념이 제기되
는 것이다.

즉, 첫째로 이같이 척사의 의리로서 '동중국'이 강조될 때 그것은
국경 개념이 있는 조선조라는 자기 질서에 대한 보존의식이기보다는
중국이라는 보편적 유교질서에 대한 보존의식이지 않느냐 하는 문제
가 제기되며, 둘째로 척사의 주체로서 '오당'이 강조되고 있지만 이
때 '오당'은 유학에 기반을 둔 사림 내지 유자로서의 그것이 강조되

---

1) 《闢衛編》 권2, 17항에서 인용

고 있었기 때문에 그것은 곧 민족을 전제로 한 하나로 통합된 '우리들'이나 '내 민족'의 개념은 아니지 않느냐 하는 문제가 제기된다.

전자는 국경 개념을 전제로 한 조선조라는 주체의 문제로 연결되며, 후자에서는 통합된 단일민족 개념을 전제로 한 한민족이라는 주체의 문제가 의문시된다.

사실 벽위를 정책으로 밀고나오는 데 중요한 역할을 하였던 정조의 批答이나 敎令의 내용에서도 그 벽위의 근거는 조선조 기층사회에 대한 자기 위기로서보다는 '中國不事夷狄'이라는 유교적 교의에서 담박하게 주장되고 있었던 것이다.

즉, 司諫 李彦祜, 獻納 李庚運 등의 聯啓에 대한 정종의 비답은,

'……聖人豈不言攻乎異端斯害也已 攻之爲言 專治之謂也 以專治爲事 反有違於中國不事夷狄之意也……'[1)]

라 하였고,

또 辛亥 10월 25일자 次對에서도 정종은,

'且中國不事夷狄 雖不可使五胡入關 亦不當加秦漢之窮兵病國……異端如夷狄 亦豈司嚴治乎…….'

라고 주장하였던 것이다.[2)]

즉, 이런 경우 벽위의 근거는 '中國不事夷狄'이라는 문화적 화이의식과 연결되고 있으며, 따라서 당시 밀려온 서양이라는 이단은 그대

---

1) 《闢衛編》권2, 21항에서 인용
2) 《闢衛編》권2, 24항에서 인용

로 이적이라는 배척대상으로 동일시되고 있었다.

그러나 이같은 화이의식의 기반 위에서 당시 척사의 사림들은 서양이란 이단을 '夷狄中最可酷者'로 보아 거기서 오는 폐해가 단순한 夷狄亂華의 경지가 아니고 심각한 기층사회의 위기인 종사의 위기· 宗國의 위기로 보려는 심각한 조선조적 벽위의식으로 형성되어 나왔던 것이다.[1]

다음으로 정조가,

'況今距孔子 爲千有百年 其所闡明廓闢之責 不在於吾黨之小子乎.'

라고 하여 벽위의 주체로서 '吾黨'을 내세웠지만 이때의 오당은 어디까지나 공자 이래로 유교나 사문의 전통과 연결된 문화적 주체로서의 유자, 즉 사림 그 자체였던 것이다. '오당'이 이같이 유교에 기반을 둔 사류로만 의식되었을 때 그같은 오당의 개념에서는 같은 조선조의 民人이면서도 사류가 아닌 조선인은 여기서 제외되며, 또한 여기에는 조선인이 아니면서도 유교와 연결된 유자의 신분은 같은 동류의식으로 합일될 수 있었다는 점에서 그것은 국경 개념을 전제로 하여 하나로 통합된 민족의 개념과는 상당한 거리를 가지고 있었던 것이다.

이같이 '오당'으로 표현된 벽위의 주체가 조선조의 모든 민인을 포괄하는 '조선인' 우리들이라는 민족 개념이 될 수 없었던 데 대하여 이능화의 《조선기독교 급 외교사》는 다음과 같이 설명하고 있는 것

---

1) 그것은 '上以爲宗國深長之慮'라는 洪樂安(義運)의 벽위 주장에서 대표되고 있다.(洪樂安與蔡弘違書) 그러나 그것은 정조의 비답이나 次對時 蔡濟恭의 주장 등과는 거리를 가지고 있었다.

이다.

> '조선의 천주교는 선・광(선조・광해) 때 시작된 것으로
> ……어찌하여 전에 海西의 신자들은 불문의 과에 붙였던 데 반
> 하여 당시 호남의 兩人(權・尹)은 斬首에 처해야 했던가?
> ……그것은 다름이 아니다. 海西의 그 사람들은 四色이 아니었
> 던 까닭이요, 호남의 양인은 바로 양반들이었기 때문이다.……
> 대개 이조 이래로 정치・종교는 一般市民을 위한 시설이 아니
> 었고 특권 양반들만의 소유였었다. 따라서 양반인 뒤라야 그것
> 이 문제되게 되어 있었다.……'[1)]

여기서 정치종교는 곧 통치원리와 사회적 교화원리로서의 유교(성리학)를 의미하는 바, 이같은 유교적 원리나 가치관은 근본적으로 일반 온 인민을 위한 것이 아니고, 오직 양반(그것의 사회신분적 배경은 사림)만을 그 대상으로 하고 있다는 것이다. 따라서 이같은 유교적 가치를 전제로 할 때 이단에 대한 배척의 책임도 사림들이 져야 하고 사문과 오도에 대한 수호의 책임도[2)] 사림들이 져야 하기 때문에 여기서 이단의 책임 앞에서 주장된 '오당'이란 벽위의 주체는 바로 조선조의 사림으로 국한되는 것이었다.

그러나 여기에도 다음과 같은 평가가 따를 수 있는 것이다.

우선 당시 벽위의 일부에서 주장된 '동중국'의 문제이다. 이때 중국은 정치의 실체로서의 구체적인 국가, 중국이 아니고 유교문화를

---

1) 이능화《朝鮮基督敎及外交史》, p.56
2) 그것이 바로 '斯文己任'으로 강조되고 있었다. 이때 '斯文'은 물론 '吾道'에 대한 동의어인 것이다.

중심으로 한 문화권 개념으로서의 유교적 질서 그 자체였던 것이다.

따라서 그러한 중국에는 처음부터 국경 개념이 없었던 것이다. 그 결과 이같은 중국은 대륙의 현상이 될 수도 있었고, 조선조의 현상이 될 수도 있었다.

여기서 '동중국'에 대한 주장은 바로 유교적 조선조의 자기 질서를 그대로 유지하려는 보존의식으로 연결되고 있었던 것이다. 따라서 '中國不事夷狄'은 바로 우월한 자기 질서(중국)가 열등한 이질질서(夷狄)로 타락하는 것을, 다시 말하여 자기 질서의 파괴를 막으려는 자기 보존의 명분이기도 하였던 것이다.

다음으로는 근본적으로 동양적 세계질서 밖으로부터 오는 서양이란 새로운 이질을 앞에 놓고, 종전과 같이 동양적 질서 안에서 이루어져 오던 중국과 이적을 기반으로 한 華夷的 異端觀만으로는 결코 해결할 수 없었다는 심각한 충격적 상황 문제였던 것이다.

그것은 근본적으로 18세기 조선조의 벽위가 종전의 중국적 화이의 논리로서만 해결될 수 없었음을 의미한다. 여기서 당시 이단으로서의 서양은 우선 다음과 같이 해석되어져 나왔던 것이다.

'예로부터 이단의 적이 사도를 해하는 것이 한이 없었건마는 그러나 일찍이 저 서양의 소위 耶蘇의 설만큼 지독한 것은 결코 없었다.……'[1] (앞에 든 진사 崔熙 등의 〈知舊通文〉)

이같이 종전의 화이개념으로 풀 수 없는 심각한 충격으로 서양이 밀려오는, 또 그같은 충격이 화이라는 중국적 문화질서보다도 우선

---

1) 《闢衛編》 권2, 16항에서 인용

적으로 조선조라는 기층사회에 대한 직접적인 위협으로 밀려왔을 때 거기에 대응하였던 조선조 벽위사상의 주체는 어디까지나 18세기 한국사의 주체였고(시간적으로), 西勢東漸下의 아시아 속에서도 한국인이라는 주체였던 것이다.

여기서 오당은 조선인에게서 일반민중을 제외한 특수한 주체로서의 사림의 의미가 아니고, 일반민중을 포함하는 조선인을 서양이란 이질 앞에서 우선적으로 대표하여야 할 조선인의 상징으로서의 그것이었던 것이다. 따라서 그것은 서양이란 이질 앞에서 지켜야 할 조선인을 그 문화적 측면에서 표현한 문화적 주체로서의 조선인의 자기의식이었던 것이다.

그것은 밀려온 서양이란 충격이 우선 천주교라는 문화적·종교적 형태의 그것이었다는 상황과 연결되며, 따라서 유교문화와 깊이 관련맺고 있던 조선조는 여기에 따라 자기를 우선 그 유교문화의 측면에서부터 의식적으로 부각시키지 않을 수 없었다는 역사성과도 연결된다.

따라서 이같은 오당 등으로 표현된 자기라는 주체는 저 밀려오는 이질의 충격이 통상이나 불평등 조약 등 경제적·군사적으로 확대되는 한말에 와서는 '大韓'이나 '吾東'과 같이 더욱 확대되고 심화된 自己 身元을 통하여 근대 민족의식으로 동일화되어 갔던 것이다.

여기서 18세기 벽위사상은 유교의 교의와 연결된 조선조 사상 체계에서 이질에 저항하면서 쌓았던 한국사상의 중요한 한 자기화 및 주체화의 주류를 이루고 있었다. 그것은 그보다 먼저 구체적이며 직접적 형태로 나타났던 대외적 모순 앞에서(임란·호란과 같은 군사적 충격) 이루어져 나왔던 도학적 측면에서의 유교사상의 조선조화 (즉 의병·척화 및 북벌사상)와 쌍벽을 이루는 것이었다.

그래서 그것은 19세기 후반 이래 서양이란 이질의 세력이 팽창과 침략이라는 이중적 모순으로 닥쳐왔을 때 위정척사나 의병을 통하여 한민족 자기를 확인시켰던 일련의 민족의식에 직접적인 한 에너지가 되었던 것이다. 그리고 그것은 우리에게 오늘날 보편화되어 있는 서구와 한민족이 최초로 맺어야 했던 한국사상의 서구적 대응이었다는 점에서 그 사상의 맥락은, 서구와 교통하는 오늘의 근대에서 여전히 그 의미를 지니고 있는 것이기도 하다.

# Ⅲ. 개화기 한국사상의 자기 전개

―19세기 開化思想에서 본 抵抗과 進步~採西를 중심으로 한 척사와 개화의 사이―

## 1. 문제의 제기

### (1) 개화의 개념과 한국사 개화기의 문제

'개화'라는 용어는 동양의 한문화권에서 이미 수천 년 동안 사용되어 온 유서 깊은 개념이다. 그러나 우리가 설정하고 있는 한국사에서의 개화기는 한말이라는 비교적 짧은 어느 한 역사 단계에 해당한다.

여기서 동양문화권에 일찍부터 존재하여 온 개화의 개념으로 한말의 일정한 우리의 개화기를 그대로 설명할 수는 결코 없다. 즉, 그것은 우리의 개화기를 19세기 후반, 더 구체적으로는 서구의 충격을 하나의 역사 변수로 맞이하면서부터 시작하여 20세기 초 그같은 서구의 충격에서부터 얻은 우리의 자주와 근대에의 활력이 일단 바람직하지 못한 상황으로 귀결되어야 했던(1910년의 국가 상태 소멸) 장근 반세기 이상으로 잡을 때, 그같이 개화기로 표현되는 특수한 個別史, 한국사의 특정한 역사 연대를 동양문화권 속에서 수천 년 시대성 없이 상존되어 온 저 고전적 개화 개념만으로는 도저히 집약적으로 포착할 수 없기 때문이다.

여기서 우리의 개화기 사상과 역사에 대한 논의를 위해서는 저 개화 개념에 대한 본질적 재조정이 불가피하게 요청되는 것이다.

즉, 우리의 개화기 역사를 설명하는 개화의 개념이 여전히 저 동양의 고전적인 그것에만 머무르고 있을 때 우리의 개화기 역사의 활력은 부득이 그 동양의 고전적 개화의 범위 안에 머무를 수밖에 없다는 제약이 불가피하게 된다. 따라서 우리의 개화기 역사에서의 개화의 개념이 19세기 후반 한국사에 설정된 장근 반세기 이상의 민족사를 포괄할 수 있는 새로운 그것으로 종합되지 않을 때 그같은 개화기에 담겨질 역사의 양은 같은 기간 한국사 총량의 어느 일부일 수밖에 없다는 제약이 또한 따른다. 그래서 우리는 그같은 개화 개념의 재조정을 위하여 19세기 후반 서구의 충격이라는 새로운 변수를 내세워 보기도 하고 또 일본이 전달하여 준 문명 개화의 개념을 간접적으로 개입시키기도 한다. 그러나 이같은 개화 개념의 재조정 앞에는 우리가 넘어서는 안 될 다음과 같은 두 가지 분명한 전제가 있다.

그 첫째는 여하한 개화도 민족사의 불행과 직결되는 그같은 개화의 개념으로는 결코 성립될 수 없다는 전제이며, 그 둘째는 개화기가 아무리 시련에 찬 역사였다 하여도 우리가 설명하는 개화의 개념 속에는 그같은 시련을 극복할 수 있는 역사의 재창조력이 당연히 포괄되어야 한다는 조건인 것이다.

여기서 개화기는 1910년 국가의 소멸이란 민족의 최대 불행으로만 달려갔던 불운한 한말을 설명하기 위한 소극적 역사 단계의 상징으로만 그칠 수도 없고, 또 개화사는 진보는 외쳤으나 자주에는 다소 약하였던 開化派나 開化黨의 그것만을 대상으로 하는 좁은 범위에 머물러서도 안 된다. 그것이 곧 근대의 계기를 외세라는 불평등 속에서 맞이하였고 개화사의 결과를 끝없는 저항 속에서도 亡國이라는 주체성 상실의 비극으로 맺어야 했던 근대 한민족이 가져야 할 독특한 개화사의 규범이며, 그 개화사를 통하여 내려야 할 독특한 개화의 개념인 것이다.

이 점에서 우리에게 개화기 논의는 그 개화기를 제시하고 부각하는 開化史 그 자체의 측면보다도 그 개화기의 제약을 극복하고 초극하는 재창조적 개화사상사의 측면이 더욱 소중한 것이다.

그러나 아무리 한국사의 개화기 앞에서 재조정될 개화의 개념이라 하더라도 그것은 결코 개화 개념의 일반화 작업을 전혀 외면할 수 없다. 여기서 한국사 개화기 사상을 정리하려는 본 연구는 우선 그 시작에서 개화 개념에 대한 일반적 검토부터 일단 지루함을 무릅쓰고 붙여 보기로 한다.

한말, 밀려오는 외세 앞에서 현실을 비교적 냉엄하게 바라보면서 부정적인 서구와 일제의 충격에 비판을 가하며 전통적 가치편에 서서 저항하다 순절하였던 梅泉 黃玹은 그의 《言事疏》에서, 당시 범람하던 개화 문제를 앞에 놓고 그 語源으로부터 유교적으로 파헤쳐 '開物成務'(易繫辭 上, 第7)와 '化民成俗'(禮記, 學記 第18)의 두 개념으로 제시하였다. 그것은 일본으로부터 받아들인 모방적 개화에 대한 반대이기도 하며, 그같은 반발은 자기(조선)의 본래적 개념을 찾기 위하여 유교적 전통 개념 속으로 파고드는 개화 개념의 복고적 환원이기도 하다.

여기서 開物成務는 易疏의 설명에 의하면, '만물의 뜻을 개통하여 천하의 일을 성취하는 것(開通萬物之志 成就天下之務)'을 의미하는 바, 이것은 곧 민중 요구의 실현(즉 開萬物之志)과 새로운 시대의 형성(즉 成天下之物)으로 요약된다. 그래서 開物의 전제로서는 민중의 원인을 살려야 할 것(察於民之故)과 成務를 위하여는 반드시 하늘의 도에 밝아야 할 것(明於天之道)을 주장하고 있다. 그것은 다시 다음과 같은 설명으로 요약된다.

시대의 변화 : 變通의 개념(一闔一闢 謂之變 往來不窮 謂之通)
새로운 狀況 : 形象의 개념(見乃謂之象 形乃謂之器)
利用의 모델 : 神法의 개념(制而用之 謂之法 利用出入 民咸用之 謂之神)

이것을 종합하면 '開物成務'는 '새로운 시대에 부응하기 위하여 새로운 상황을 이루고 여기에 새로운 開導 原理로 제시, 적용해 나가는 창조적 進成'[1]을 의미한다.

여기에 대하여 '化民成俗'은 '민중을 교화하여 새로운 풍속을 이루는 것'으로서 그것은 건국과 같은 새로운 정치상황에서 最先務로 이루어져야 할 내용으로 강조되고 있다. 그같은 화민성속을 이루기 위하여는 敎學이 무엇보다도 중요한 바(建國君民 敎學爲先), 여기서 교학은 새로운 상황에 대한 개도의 방법으로 설명되고 있다. (朱子의 小註 : 未有開導誘掖之方也)

여기서 '화민성속'은 다음과 같이 정리된다.

새로운 상황 : 建立邦國이나 그에 준한 상황

새로운 상황에 대처할 활력의 창조 : 自強과 自反(知不足然后 能自反也 知困然后 能自強也), 즉 화민성속에서 강조된 교학은 곧, '學이 있은 뒤에 부족을 알고 부족을 안 뒤에야 능히 自反할 수 있으며, 교가 있은 뒤에 곤함을 알고 곤함을 안 뒤에야 능히 自強할 수 있다'고 하여 그것은 自反과 自強을 그 목표로 하고 있으며, 이같은 자강은 곧

---

1) 여기서 變通의 개념은 단순한 사회변화(social change)가 아니고 一闔一闢으로 요약되는 그것은, 마치 역사 발전 단계에서 지양(aufheben : Hegel의 경우)이나 應戰(response : A. Toynbee의 경우)이 결과할 새로운 역사적 상황을 의미한다. 따라서 그것은 更張(改絃更張)이나 維新(其命維新)보다 훨씬 근본적인 변화와 進成을 의미한다.

새로운 상황을 이끌어 나가기 위한 에너지의 창조를 의미하는 것이다.

여기서 화민성속은 곧 자강의 개념으로 직결되고 있는 것이다.[1]

이같은 開物成務 化民成俗의 개념은 개화라는 成語로서 兩漢 이후 중국의 중세에서 사용되고 있었다. 즉, 東晋의 顧凱之는 그의 獻策 중에서 '建極開化 樹聲貽則'이라 사용하였다.

여기서 개화는 建極의 실천원리요 후대에 길이 남겨 줄 貽則의 전제인 것이다. 즉, 건극은 建國이나 立國과 같이 역사(시대)에 새로운 표준(다른 의미로는 中의 뜻)을 세우는 것이요, 개화는 이 새로이 세워진 표준에 따라 이끌고 창조해야 할 개도의 활력인 것이다. 따라서 이같이 새로운 개도원리로써 역사가 실천되었을 때 그것은 길이 후세가 따라야 할 복된 원리(즉 이측)가 된다는 것이다.[2]

이같이 새로운 시대의 창조원리와 그것을 위한 '자강' 및 '자반'과 연결되는 고전적 개화의 개념은 여하튼 한말 개화기 사상에 상당한 연결을 맺고 있었던 것이 사실이다. 그래서 척사 쪽에서는 외세에 밀리는 개화사상 앞에서 개화의 이념을 自强 쪽에서 먼저 잡을 것을 강조하였고,[3] '東道西器'와 같은 採西思想에서는 시대의 변통을 위하여 서양을 배우되 그것은 어디까지나 기예와 같은 形器일 뿐 그것을 制用하는 법과 도는 어디까지나 우리의 그것(이것도 자강·자반과

---

1) 여기서 개화기 상소문들이 그것이 개화든 척사든 주로 자강을 그 중심으로 삼고 있었던 데 큰 흥미가 간다.
2) 중국에서도 근세로 오면서는 널리 '啓發文化'의 의미로 개화가 사용되어졌다. 즉, '인간을 계발하기 위하여 개화해야 하고……(子人開化議事士權)'(李邕淄州刺使謝上表)
3) '나라를 들어 적에게 바치면서 문명을 强稱한다.……그같은 개화는 국가를 覆亡 시키는 개화이다.……'(甲午后衣制改革反對 상소)

통한다)이어야 할 것을 주장하였으며,[1] 또 갑오경장 뒤 외압에 눌린 개혁을 비판한 온건개화파에서는 개화가 어디까지나 正德·利用·厚生에 의한 자강·자주임을 역설하였던 것이다.[2]

그러나 이같은 개화 개념 이전에 이미 우리에게도 개화의 뜻은 있었으니, 《삼국유사》〈圓光西學條〉에는 西域과 唐에서 수학하고 (즉 서학) 돌아와 신라에서 교화시킨 원광의 업적을 '因循舊章 開化成俗'으로 기록하고 있다.[3] 즉 신라인을 개도시키고 신라사회를 개화시키기 위하여 원광이 배운 서학이 큰 역할을 하였지만, 그러나 그 원리는 어디까지나 신라에 이미 이루어져 온 자기 사회의 옛법 舊章이었던 것이다.

여기서 한국인이 그려 온 개화의 맥락 속에는 자기를 먼저 세우는 (東道, 吾法, 舊章 등) 자강의 개념과 민중을 함께 향상시키는 교화 (化民成俗, 敎學相長 등)의 개념이 그 중심을 이루고 있었다. 그것은 한마디로 개화의 주체를 자기 질서 속에서 구하려는 자생적 개화의 개념이며(이것이 외생적 충격이나 역사의 타율에서 구하는 일본식 문명개화와 다른 점이다), 개화의 상황을 사회의 변화나 제도의 변화와 같은 外現的 환경에서가 아니고 인간의 향상이나 민중의 개도와 같은 내면적 의식에서 찾으려는 人本的 개화의 공식이었던 것이다.(이것이 널리 환경의 변화에서만 진보적 개혁의 개념을 주장하는

---

1) '西法이 나오며 그 기계의 精富國의 術은 국가에 유익하다. 그러나 變改해야 할 것은 그 器요, 道는 아니다.……'(東道西器를 주장한 出身 尹善學의 상소 1882 乙 12월)

2) '개화는 공도를 恢張하고 이용후생의 原을 열어 부국 강요를 하는 데 지나지 않는다.……자주의 세를 먼저 갖춘 다음 서서히 개화의 실을 거두어야 한다.……'(前承旨 申箕善 상소 1894 乙 10월)

3) 李丙燾譯《譯註 三國遺事》(1962년) p. 131

서구의 혁신(innovation)과 다른 점이다.)

이같이 한국사상에 담겨져 온 開의 의미는 구체적으로 서구의 충격과 일제의 외압이 함께 밀려오던 19세기 말 상황 앞에서 다음과 같은 개화의 주장들로 나타나고 있었다.

> '……오직 實事求是를 期하여……낮에는 富强之策을 강구하고 밤에는 利用之方을 익히는 것…….(無庸互相是非 惟期實事求是 晝而講富强之策 夜而誦利用之方)'(〈漢城旬報〉창간호)

여기서 개화의 전제는 먼저 실사구시요 그 내용은 부강과 이용이었다.[1]

> "기화'란 실상대로 만ᄉᆞ를 힝ᄒᆞ쟈는 것 참된 것만 가지고 ……성각도 ᄒᆞ고 힝신도 ᄒᆞ는 것……'(〈독립신문〉건양 1년 6월 30일자)

여기서도 개화의 본질은 實이요 그 실은 자반·자강에 의한 자주를 뜻한다.

> '① 자립·자존(宇內之形勢) ② 법률 평등(興法紀安民國) ③ 通商富國(經濟以潤民國) ④ 사회복지(養生以健殖人民) ⑤ 强兵國防(治武備 保民護國) ⑥ 교화계몽(教民才德文藝以治本) ⑦ 議事法治(正政治 使民國有定) ⑧ 인민자유(使民自

---

1) '이용'은 '利用出入 民咸用之'라는 고전적 '關物成務'의 내용과 연결되고, '부강'은 '教然后知困 知困然后 解自强'이라는 '化民成俗'의 뜻과 연결된다.

由以養之氣)'(1888년 朴泳孝 개화상소 8조 내용)

 여기에는 서구를 문명 강대한 나라들로 보고 그것을 본받고 배우려는 일본식 문명개화의 의미가 상당히 혼합되어 있다. 그러면서도 그 의식 속에는 지난날 찬란했던 자기 역사를 내세우는 역사의식과 자기 전통 속에서 스스로 자립·자강할 수 있다는 자주의 문맥이 흐르고 있다.

 그러나 우리가 여기서 살펴야 할 개화의 보다 중요한 의미는 한국 사상에 자리잡아 온 개화의 개념이나 개화의 문맥 그 자체가 아니라 19세기 이후 새로운 역사의 도전 앞에서 한민족이 응전하면서 쌓고 이루어야 했던 개화기 그 자체의 역사요, 그 역사에서 찾아져야 할 개화의 활력 바로 그것이다. 여기서 우리의 개화기 논의는 개화의 개념으로부터 우리의 개화기 역사적 상황으로 넘어가게 된다.

 이같은 개화기 상황에 대한 논의는 물론 19세기 한국사에 최초로 가해진 서구라는 새로운 역사 변수로부터 시작될 수밖에 없다. 그런데 이같이 우리의 근대사 단계에 던져진 서구라는 변수에는 다음과 같은 두 가지 양면성이 내포되어 있었다.

 그 하나는 이질성의 문제요, 다른 하나는 타율성의 문제였다. 여기서 전자 이질성에는 또 다른 두 측면이 있으니 그 하나는 이제까지 우리의 인식의 대상에서 전혀 제외되어 왔던 '서구'라는 다른 이질세계와의 접합이요(공간적 이질성), 다른 하나는 우리의 문명권에서 일찍이 실천해 보지 못한 서구가 주는 '근대'라는 새로운 역사 단계와의 접촉이었던 것이다(시간적 이질성).

 여기서 이질 세계관을 우리의 전통적 세계관에 대립시켜 일반적으로 서구라 규정하고 다시 그 서구로부터 밀려온 새로운 역사 단계를 담박하게 근대문명이라 한다면, 19세기 중엽 이후 한국 근대사에서 이루어지는 개화의 의미는 우선 서구를 받아들이는 採西의 기반 위에서의 서구화적 개화와(공간적 변화의 측면), 또 그 근대문명 속으로 뛰어들어가야 하는 문명 개화(시간적 변화의 측면)와 연결될 수밖에 없었다.

그것은 우리의 개화 속에서 공간적 변화인 서구화나 시간적 변화인 근대화를 동시에 짊어져야 했던 한민족 개화사의 무거운 부담을 말해 주는 것이다.

개화에 담겨진 이같이 무거운 이중부담은 그것을 불러일으킨 서구라는 변수가 우리가 원해서 온 것이 아니라 그들 의지에 따라 일방적으로 밀려온 것이라는 역사의 타율성 때문에 우리의 개화를 더욱 복잡하게 할 수밖에 없었다.

역사에서는 언제나 주체의 자율의지가 있을 때 그 역사의 행복을 보장받을 수 있다는 소박한 논리를 내세우지 않더라도, 이미 19세기 후반에 밀려온 저 서구라는 변수 뒤에 저들의 우월과 팽창을 강요하는 불평등한 의지가 전제되고 있었을 때, 그같은 타율의 변수 앞에서 자기를 변화시켜야 할 한민족의 개화는 미상불 불행한 개화에서 출발될 수밖에 없었던 것이다.

이것이 19세기 한민족에게 주어진 近代가 不幸한 近代였다는, 더 무거운 역사의 제약이었던 것이다.

여기서 오늘날 흔히 논의되는 서구화나 근대화에 앞서 논의되어야 할 역사적 개화 문제의 초점이 있는 것이다.

이같은 의미의 개화의 문제는 물론 서구화 내지 근대화라는 새로운 역사 패턴에의 창조를 의미하는 것이기에 그것은 한편으로 동양적 세계관이나 기존의 역사 단계로부터의 일탈을 전제로 하고 있었다. 이런 점에서 그것은 파괴와 창조라는 양면적 성격을 띠고 있었다.

그러나 이와 같이 파괴(전통 질서)와 창조(근대)를 전제로 하는 폭넓은 사회 변화(social change)의 一유형으로서의 개화는 자기 파괴가 쉽게 가능하였던 19세기 일본의 경우와 밀려오는 서구 앞에서 자기를 끝까지 지키려 하였던 우리의 경우가 결코 같을 수 없었던 것이다. 즉, 이 경우 일본에서는 서구화가 아시아적 세계관의 파괴라는 '脫亞'의 형태로 직결될 수 있었고, 그래서 그것은 시간적으로는 미개에서 문명 단계로 뛰어드는 문명 개화로 곧장 연결되고 있었다.

그것은 물론 문화의 역사적 발전단계를 야만→미개→문명으로 보고 여기서 서구적 근대를 주저없이 문명 단계로 승인하는 자기 승복과 이와 같은 문명이라는 서구의 역사 단계 앞에서 자기의 세계를 미개라 하여 미련없이 버릴 수 있었던 아시아 주변 문화국 일본인의 얇은 문화의식이 전제되고 있었다.

### (2) 排外에서부터 싹튼 한민족의 자주 개화[1]

그러나 이와 같은 '탈아'적 문명 개화의 개념이 그대로 근대사 단계의 한민족의 개화를 설명할 수 있는 기본적 틀이 아니었다는 데서 우리의 개화논의는 시작된다. 그것은 이미 정치사적으로 한민족은 민족국가적 이데올로기를 통하여 배타적 자주의식과 투쟁적 민족의식을 기반으로 서구적 세력을 제한적으로 수용하고 있었기 때문이었다.

여기서 배타는 물론 우리 앞에 불평등을 강요하는 서구 변수의 비

---

1) 일본의 개화를 스스로 '문명 개화'로 상징하였던 데 필자는 한민족의 개화를 '자주 개화'로 특징지으려 한다. 그것은 이미 갑오경장 때 일본식 문명 개화를 반대한 온건 개화파에서 사용되고 있다.

합리성을 전제로 하는 것이며, 투쟁은 밀려오는 서구 앞에서 그 서구를 담박하게 문명으로 승복하지 않고 오히려 역사적으로 지켜온 자기 (吾道든 我韓이든)를 문명으로 주장하려는 일종의 역사적·문화적 자존의식을 그 기반으로 하고 있었다.

그것은 이미 서구적 영향이 천주교라는 종교적 신앙체계로서 밀려오던 18세기 중엽 이후로는 위정척사와 같은 문화적 배타의식을 형성해 주었고, 이와 같은 서구적 영향이 경제적 측면을 중심으로 하는 물리적 위협으로 변모되어 가던 1860년대 이후로는 그것은 이와 같은 위협적 도전을 물리치기 위한 항거적 禦洋論을 불러일으키고 있었다.[1]

이와 같이 척사와 어양이라는 배타적 민족의식 속에서 부정적으로 맞이하게 된 서구라는 새로운 요인이 전적으로 긍정적인 창조의 인자로 직결될 수는 없었으며, 이와 같은 부정적인 인자마저도 그것이 구체적으로 한민족 근대사에 제도화되는 개항의 계기에서 제국주의적 일본 세력이 개입 중재하였던 까닭으로 한민족의 개화의 계기에는 더욱 이중적 隔膜이 짙어졌던 것이다.

개항이란 역사적 계기를 흔히 '자기를 밖의 국제사회에로 열어 주는 동시에 국제사회에 대하여 자기를 국가=통일국가로서 표현해 주는 것'[2]이라는 양면성으로 해석할 때, 개항을 통하여 왕정복고라는 국가적 통일을 달성했던 일본의 경우에서는 개항이 근대사에의 적극적 계기가 될 수 있었지만, 그러나 이미 민족국가를 발전시켜 민족적

---

1) 奇正鎭의 '洋物禁斷論'(《日省錄》高宗 3년 8월 16일 上疏), 李恒老의 '洋貨排斥論'(《日省錄》高宗 3년 9월 19일 上疏), 金平默의 '養士詰戎論'(《重菴集》 35 雜著篇) 등이 그 대표적이다.
2) 丸山眞男《日本の思想》岩波新書 434(1968) p.9〈開國の意味〉참조.

자존을 위한 강한 배타적 자주의식을 형성하고 있던 한민족에게는 국제사회에 대한 통일국가로서의 자기 표현이란 역사적 임무를 개항의 계기에서 발견할 수 없었고, 따라서 개항은 한민족의 근대사 단계에서 개화에 대한 긍정적 내용을 부여할 수 없었다.[1]

더구나 그와 같은 서구적 제도화의 계기를 동일 문명권 내의 일본이 중개하였을 때, 그것은 개항이란 역사적 사실에서 서구적 근대화란 의미를 더욱 제약시켰으며, 그 결과 그것은 개항을 근대적 서구와의 접촉이라는 긍정적 문맥에서보다는 도전적 일본 세력과의 이해적 대결이라는 외교적 측면에서 파악케 하였다.[2] 여기서 전자의 입장에 대한 역반응으로서는 倭・洋 一體論과 같은 배타의식이 발휘되었고, 후자의 입장으로부터는 匪洋伊修, 舊倭續好[3]와 같은 고식적 開國論이 부득이 나타나게 되었다.

이와 같이 개항이 지녔던 간접적 성격과 한민족이 형성하고 있던 주체적 자존의식으로 해서 개항 체제 이후 한민족 근대사 단계에서 나타난 개항의식도 여전히 한민족의 고유한 역사의식의 일주류에서 형성되기 시작했으며, 이런 점에서 한민족 근대정치사에서의 개화의식의 연구는 고유의 민족의식이란 독특한 기반 위에서 전통과 창조를 연결하는 자생적 문맥에서 분석되어야 할 소이를 갖고 있다.

그것은 한마디로 서구화의 방법을 전제로 하지 않은 근대적 내용을 달성하기 위한 민족적 창조로 집약될 수 있기에 그것은 새로운 문화

---

1) 田保橋潔《近代朝鮮に於ける 開港の 硏究》(朝鮮論集) 城大小田先生 頌壽記念會 昭和 9, pp. 600~601의 개항=개화의 주장은 수긍될 수 없다.
2) 7, 8년에 걸친 세계 문제를 둘러싼 양국의 대립이 그것을 입증한다. (《日省錄》고종 6년 12월 13일 對馬島主書契修使之改修呈納條)
3) 《日省錄》고종 13년 2월 5일조. 병자수호조약에 대한 시원임 대신들의 啓陳引責을 받고 고종은 '今番事即不過修舊好而已'라고 비답하였다.

단계로 참여, 자존하기 위한 한민족 의식의 자기 창조적 발현의 한 형식이었던 것이다. 그리고 이와 같이 개화의식이 개화＝서구화란 간단한 공식으로 성립되지 못하고 자기 창조라는 복잡한 시련적 의식으로 전개되었던 그 이면에서 한민족의 자주적 민족의식이라는 긍정적 이유와 함께 침략적 세력의 개입이라는 부정적인 部外的 상황이 함께 결합되어 있었다.

따라서 여기에서는 그와 같이 한민족 근대사에서 민족의식의 자주적 성장과정으로 형성되어져 나왔던 개화의식을 그 자생적인 창조과정과 역사 상황적인 분석을 통하여 밝혀 봄으로써 한민족의 근대화 과정을 19세기말 개화 과정에서 정치사적으로 정리한 다음 그와 같은 민족 고유의식의 자생적 창조로서 형성된 개화의식의 존재 형태를 한민족 근대화라는 일반적 범주 속에서 재평가해 보려 한다.

### (3) 시대 구분상의 문제―1870년대의 의미

이 글에서는 그 분석 연대를 1870년대로부터 1910년까지 약 40년간으로 설정하였다. 여기서는 본 논문의 분석 대상을 근대 개화의식으로 확정하였기에 그 분석 연대의 기점으로 제시된 1870년대는 필연적으로 개화의 기점으로서의 문제로 연결되게 마련이다.

흔히 한국 근대사에서 근대화에의 기점으로 1876년이란 개항의 연대가 제기되어 왔음은 주지의 사실이다. 그것은 개항을 개국으로 설명하려 했던 일본인 학자들의 단조로운 논법에서 비롯된 것이기도 하지만, 그것은 또한 근대사의 기점을 민족의 자생적인 창조과정에서 구하려는 국내 학자들의 의식 속에서도 부분적으로는 개항＝開國 (개화)의 공식으로 승인되고 있었다.[1]

---

1) 제1회 동양학 심포지엄 '한국 근대화의 문제(其一)' 속기록, 〈震檀學報〉 23호

그것은 근대화가 서구적인 것으로의 변화 내지 서구적 내용의 달성을 의미한다면, 서구적인 질서에의 제도적 결합을 의미하는 1876년의 개항은 적어도 그 자체가 근대화 바로 그것은 아니라 하더라도 근대화의 한 계기를 이루는 것만은 부인할 수 없겠다.[1]

그러나 여기에 대하여 근대화에의 계기를 서구세력의 도전과 여기에 대한 반응에서 찾을 수 있다면 그와 같은 역사적 상황은 이미 개항 이전에 존재하였다는 이론이 제기될 수 있겠다. 그것이 곧 英佛艦隊에 의한 北京정부의 陷落, 러시아의 남하세력에 의한 두만강 이북 沿海州의 점령 등이 일어났던 1860년대로서 국내적으로는 대원군의 등장과 일치하는 시기였다.[2] 여기서 한민족의 근대화의 기점으로서 대원군의 등장을 중심으로 하는 또 하나의 1860년대 설이 나타나게 된다.

그러나 대원군에 의하여 결행된 일련의 획기적 시책은 전통적인 정치문화에 하나의 동요를 가져올 수 있는 요인은 내포하고 있었지만, 그것은 궁극적으로는 왕조질서의 복고적 강화에 의한 기존체제의 효율화였다는 점에서 고종 즉위 이전의 상황과 근본적으로 다를 바 없었다.[3] 또한 거기에는 병인·신미양요 등과 같은 대외적 상황과 이에 대한 禦洋論的 반응[4]이 있었다. 하지만 이미 그 이전에도 탐험이나 측량을 목적으로 한 양선 출몰은 물론 순조 32년(1832년) 영선 '로드 암허스트' 호의 통상요구와 헌종 7년(1841년) 프랑스 해군제

---

(1962년) pp. 195~200 참조.
1) 千寬宇 '한국 근대화의 제문제'〈震檀學報〉23호 (1962년) pp. 209~210
2) 李瑄根 '한국 근대화의 역사적 과정'〈사회과학론집〉9집 (1968년), p. 17.
3) 千寬宇 前揭 논문 p. 209.
4)《重菴集》38, 雜著의〈禦洋論〉은 1860년대의 금양의식을 대변한 것이다.

독 세실의 신부 살해에 대한 문책 등이 있었던 것으로 보아 1860년대를 특별히 근대화에의 기점으로 잡아 그 이전으로부터 분리시키기에는 곤란하다.

따라서 이 글에서는 우선 1876년 개항의 연대를 긍정적이든 부정적이든 소박하게 한민족 개화에의 계기로서 인정하려 한다. 그것은 한민족 개화과정에서 수용적이든 배타적이든 서구라는 변수를 제외시킬 수는 없기 때문이다. 그리고 그와 같은 서구라는 변수가 정치적인 제도화의 일부로서 한국의 정치상황에 결부되었던 최초의 계기는 그것이 비록 일본에 의하여 중개된 간접적인 것이기는 하여도 역시 한일 수호조약을 통한 개항에서 잡지 않을 수 없게 된다.[1]

여기서 한말 정치사에서의 개항은 서구에 대한 법률적인 인정(de jure)으로 제기된다. 그것은 서구에 대한 사실상의 인정(de facto)을 전제로 하지 않았다는 데에서 우리의 개화는 더욱 복잡한 성격을 띠게 되었다.

이와 같이 법률상의 인정을 통하여 부분적으로 채택된 서구화의 주류는 그것을 강요한 침략이라는 부외적인 요인의 부정적 작용과 이와 같은 부정적 채서를 승인치 않으려는 배타적인 또 하나의 민족의식의 항거로 개화와 자주의 갈등 속에서 약 40년을 소모해야 했었다.

여기서 40년을 부정적으로 작용했던 외부적 세력은 결국 1910년 한민족의 자주권의 탈취라는 침략의 종국으로 접어들었고, 자주적 배타의식 속에서 부정적 채서를 거부해 왔던 민족의식의 또 한 주류도 1910년 이후에는 자주권 회복을 萬國公法에서 구하려는[2] 등 서

---

1) 李相伯 '한국 근대화의 기본 성격' 〈震檀學報〉 23號(1962년), p. 195.
2) '……書招諸倭 會同各國公使及 我政府大臣 大開談辨 諸凡侵奪我國權……前後 靮約一付萬國公論 司去者去之 可改者改之…….'(丙子 순창 의병 倡義討賊疏)

구에 대한 사실상의 인정을 전제로 하고 있었다. 따라서 1910년대는 자주권 상실이라는 극한 상황 외에도 한민족의 개화의식에 새로운 단계를 설정하는 창조적 시기로 논의되어 마땅하다.

여기서 서구에 대한 법률상의 승인을 개항으로 잡고 서구에 대한 사실상의 승인을 1910년대의 민족운동으로 보아 그 40년간의 민족의식의 개발과정을 근대화에 대한 긍정과 부정의 양면으로 정리하려 한다. 따라서 그것은 개화의식의 주류를 1910년대의 민족운동에서 개화와 자주를 결합시켰던 긍정적 단계에 이르기 위한 민족의식의 자주적인 성장과정에 두려 하나, 그러나 거기에는 여기에 부정적으로 작용하였던 외부세력이란 역사 변수나 그것의 작용으로 왜곡되어 표현되었던 일련의 서구화의 일맥도 함께 연관시켜 기능적으로 살피기로 한다.

### (4) 개화기 접근을 위한 방법 및 자료

여기서는 주로 문헌분석 방법에 의존하였고, 그것을 한민족의 개화의식이라는 의식 상황에 대한 보다 구조적 설명을 기해 보기 위하여 내용분석 방법(content analysis)을 시도하여 보았다.[1]

그리고 내용분석 방법은 사회적 기대나 규범(norms)을 기반으로 하는 가치 정향적 분석을 중심으로 하였고, 여기에 획득목표(goal-attainment)에 기반하는 동기 지향적(motive-orientation) 측면도 부분적으로 결합시켜 보았다. 일반적으로 가치관념에는 목표로서의 가치와 수단으로서의 가치, 그리고 방법으로서의 가치를 상정할

---

1) 그 frame으로서는 'Ole R. Holsti, Content Analysis for the Social Science and Humanities(Addison Wesley Company, Calif., 1969년)을 많이 참조하였다.

수 있는 바, 수단과 방법이라는 개별 가치 사이에 구분이 모호하여 여기서는 편의상 목표로서의 가치와 수단 및 방법으로서의 가치 등으로 나누어 보았다.[1]

개화와 결부된 의식의 변동을 주로 그것이 요구하는 변동의 폭 (scale)에서 잡아 보기 위하여 그 변화의 폭을 개혁적(transformity), 유신적(innovative) 및 보수적(preservative)으로 나누고 이와 같은 변화의 폭을 설명하는 기준으로서 그들의 주장에서 나타난 변화에의 요구를 정리하여 개화 가치로서 추출해 보았다.

이와 같은 개화 가치를 중심으로 한 변화의 폭에 대한 분석은 주로 의식단위로서의 정치단위(political unit) 사이를 설명하는 데 이용되었고, 이것과 병행하여 변화의 추향을 시간적 경과에서 살펴보기 위하여 연대적 분석도 첨가시켰다. 그러나 여기서의 난점은 무엇보다도 변화가 곧 개화로 등식화될 수 없었다는, 다시 말하여 우리의 한말 개화 상황이 내포하고 있던 근본적인 난제에 대한 성격 규정의 문제이었음을 시인치 않을 수 없다.

자료는 한말에 대한 비교적 풍부한 官纂文獻을 중심으로 하였다. 관찬문헌 중에서도 1910년까지 계속되었던 《日省錄》을 기본 문헌으로 삼았다. 거기에는 《日省錄》이 奎章閣 閣臣이나 待敎들에 의한 비교적 객관적으로 정리된 문헌이라는[2] 이유도 함께 참작되었다. 그리고 자료 보완과 통계적 수량분석을 위하여 갑오경장 이후의 한국관

---

1) 李萬甲〈독립신문에 나타난 가치 관념〉제1회 동양학 심포지엄 속기록(1962년 5월 11일) '연구 방법' 참조.
2) 《日省錄》은 궁중에 설치된 內閣(규장각)의 入直 待敎가 매일의 행사(視事 및 經筵)를 정리 기록한 사료이다. 그것은 政院日記나 備邊司謄錄보다도 더욱 객관적으로 정리된 사료이며, 이 점에서 내각은 춘추관과 같은 사관의 역할을 담당하고 있었다.

보도 여기에 함께 분석하였다. 관찬문헌의 선택적 修撰이라는 점을 감안하여 未登徹되었을 상소문을 주로 개인문집에서 보완하였다.[1]

여기서 하나 지적되어야 할 것은 당시의 관찬문헌이 주로 지배계급의 통치과정(governing process)을 설명하는 엘리트 문화에 국한되어 있었기 때문에 대중의 투입 기능을 중심으로 하는 대중의식에 대한 분석은 부득이 소홀할 수밖에 없었다는 사실이다. 그러나 그것은 당시의 정리된 문헌에 의존한 본분석으로서는 부득이한 제한이었고 그것은 또한 전제적 조선조 정치문화가 주로 지배계급 중심이었다는 역사적 원인과 결부되는 것이기도 하였다.

## 2. 수호조약(개항)과 개화의식

한민족의 개화의식을 원하든 원하지 않든 서구화의 주류와 연결시키지 않을 수 없다면, 한국 근대사에서 제도적 採西의 기점으로 승인되는 개항은 불가피하게 개화의식 설명을 위한 분석의 전제가 되지 않을 수 없다. 여기서 개항에 대한 정치사적 재고찰이 부득이 제기되고 있다.

### (1) 개항에 대한 정치사적 재고찰
① 書契問題와 그에 대한 반응

개항 체제에 따른 역사적인 쟁점은 수호조약이 체결되기 이미 7, 8년 전, 그러니까 1868년 12월 이른바 일본의 國制一變(명치유신)

---

1) 척화의 계열로서는 《華西集》(李恒老), 《重菴集》(金平默)과, 관인 계열로서는 《橘山集》(李裕元), 《雲養集》(金允植) 등을 중심으로 하였다.

을 통고하는 형식으로 이루어졌던 大修大差使(正官 樋口 鐵四郞, 都
船主 薦母貫介 등)의 서계 문제에서 발단되고 있었다.[1] 이 서계 문제
가 내포하고 있던 정치사적 성격은 그 후 약 1년 만에 조선조 정부에
서 보낸 정식적인 거부 훈령에서 그 일단을 살펴볼 수 있겠다.

즉, 고종 6년(1869년) 12월 東萊府使 鄭顯德에게 내린 의정부
關飭에는,

'……對馬島主 平義達이 보여 온 書契 가운데 左近衛少將이란
새로운 職啣을 사용하고 또 平字 아래에는 朝臣(平朝臣義達)
이란 두 글자를 쓰고 있는 바 그것은 크게 格例에서 벗어나는 일
이니 改修하여 呈納토록 하라……'[2]

고 되어 있었다.

이 關飭을 알고 倭舘訓導 安俊卿(東晙)은 두 통의 각서를 왜관 관
수를 통하여 교부하였다(동년 11월 9일). 그 하나는 대수대차사를
斥退하는 이유를 설명한 것이고 다른 하나는 대수대차사 서계와 裁判
書契 가운데에 인정할 수 없는 불온한 제조건을 나열하며 밝히는 것
이었다.

즉 그 척퇴 이유로서는,

'귀국과 弊邦과의 관계는 誼同兄弟요 賓主의 禮이었다. 交隣 이

---

1) 여기에 대한 조선조의 기록은 그 1년 후인 1869년 陰 12월에서야 나타나고 있다.
(《日省錄》고종 6년 12월 13일조) 따라서 그 1년간의 서계 문제는 倭學訓導 安
東晙을 통한 대원군의 일방적 지령으로 거부되어 왔음이 분명하다.
2) 《日省錄》〈命對馬島主書契改修呈納條〉고종 6년 12월 13일

래로 귀국의 모든 요구는 격례에 어긋나거나 의리에 벗어나는 것을 제하고는 無言不從이오 無願不遂였다. 금번 書契 가운데의 1, 2句와 印章改易은 三百 年來 일찍이 없던 일이다. 우리 양국이 舊章에 따라 길이 爲好하려는 것은 誠信과 조약을 지키기 위함이다. ……近日 우리 朝廷 處分이 지엄지중하니 가사 그대들이 이곳에서 10년을 머무른다 해도 그 可行之日이 없을 것이다…….'[1]

라 밝히고 있었다.

그것은 어디까지나 성신과 조약에 의한 구장을 근거로 과거 격례에서 벗어나는 서계는 도저히 받을 수 없다는 주장이었다. 그리고 그것은 이제까지 저들의 요구를 들어 주지 않은 것이 없고 빈주의 체로서 대해 주었다는 설명으로 보아 종전까지의 조·왜 교린 질서는 주로 왜의 요구를 조선조가 柔遠의 예로서 응답해 주는 조선조 일방적 부담의 성격을 말해 주는 것이다.[2]

따라서 1, 2구나 인장 개역을 이유로서 받을 수 없다는 그 척퇴 통고의 이면에는 그 서계를 통한 일본의 요구가 근본적으로 용납될 수 없는 양국관계의 변경이라는 절박한 위기의식이 담겨져 있었던 것이다.

따라서 그 서계의 부당성을 지적한 이유에서는,

㉠ 左近衛少將이란 職啣이나 朝臣(平朝臣)이란 문자는 본국내에서는 사용할 수 있을지도 모르나 과거의 예로 보아 교린문자에는 사용할 수 없다.

---

1) 《開國交際始末》卷3
2) 李鉉淙 〈조선 전기 대일 교섭사 연구〉 《한국연구 총서》 10집 p. 239(1964년)

ⓛ 서계에 사용한 새로운 인장에 대하여는 이제까지 서계에 사용한 인장이 우리 조정에서 製給하여 憑信으로 삼아 온 것이었는 바, 이제 임의로 타인장으로 바꾸었으니 결코 받을 수 없다.

ⓒ 皇室·奉勅 등의 문자는 통일천하한 천자에게만 사용할 수 있다. 그것이 비록 귀국내에서 사용될 수 있을지는 몰라도 교린서계에는 도저히 그 사용이 불가능하다.

ⓔ 이제까지 양국간의 교린약조는 金石不刊之文이다. 서계 왕복에 만약 일언일자라도 違格이 있으면 容受償接할 수 없다. 귀국이 끝까지 깨닫지 못한다면 실로 개탄할 노릇이다.[1]

라고 지적되어 있었다.

한편 이와 같은 척퇴 이유는 고종 6년(1869년) 12월 일본의 왕정복고 통고서를 처음 접수하였을 때 倭學訓導 安東晙이 조정의 旨에 따라 위관 통사에게 전한 답에서도 잘 나타나 있었다.

그리고 그 끝에 가서는 '대마도는 조선의 은혜를 받아 왔음에도 여기에 國交變章을 꾀한 흔적이 있음은 부당하다. 이에 한쪽 公貿易을 정지하여 그 굴복을 기다릴 뿐이다. 일본이 端慮로서 사태를 그르치면 죄는 일본에 있는 것이므로 그때에는 국력을 다하여 싸울 것이다.'라는 강경한 태도를 명시하고 있었다.[2]

② 정치 단위와 그 의식구조

고종 6년 12월 서계 문제의 발단 이래 고종 13년 2월 수호조약 성립시까지 약 7, 8년간 조·왜 양국은 서계 문제에 대한 自初의 태도를 조금도 변경함이 없이 상지하여 왔다. 즉, 왜의 서계 정납 요구와

---

1) 田保橋潔 《近代日鮮關係の硏究》(上) 조선총독부, 중추원 p. 174(소화 15년)
2) 洪以燮 〈한국근대 외교사〉 《한국문화사 대계 II》 정치·경제사 p. 396(1968년)

조선조 수취 거절이었다.

그렇다면 서계 수취거부라는 강경태도에서부터 왜의 요구대로 수호조약을 체결하는 정책으로까지의 변화과정을 설명할 수 있는 의식상황은 무엇이었을까? 흔히 그것은 국내적으로는 代攝 대원군의 쇄국정책의 후퇴에 따른 권력 엘리트의 새로운 개편과 무력적 위협을 수반한 왜의 도전이라는 양면으로 설명하는 것이 통상이었다. 그러나 이와 같은 국내 정치상황의 변동이나 부외적 세력의 도전이라는 역사적 상황 이외에도 이와 같은 새로운 역사적 도전에 대응하기 위한 의식의 변화는 분명히 있었을 것이다.

이제 그 서계 문제를 중심으로 하여 나타난 의식 상황을 당시의 정치 단위에서 살펴보기로 한다. 당시의 정치 단위 중에서 서계 문제에 대한 반응은 통치과정을 담당했던 소수 관인 엘리트에게만 국한되어 있었다. 그것은 서계 문제를 국가안위에 연결시켜 그것으로 인한 정치상황의 변동을 최소로 하려는 정책적인 목적 외에도[1] 정보전달이 일반적으로 둔화되었던 당시의 정치문화에서 빚어진 한 현상이기도 하였다.

따라서 개항 문제가 절박한 안위 문제로 등장되고 있던 고종 12년 이전에는 서계 문제에 대한 재야사림의 찬, 반 상소가 나타나지 않았고 오직 廷內 조신들을 중심으로 한 次對나[2] 廟堂회의에서만 그 문제가 논의되고 있었다.

---

1) 그것은 이미 대원군의 쇄국정책에서도 나타나고 있었다. 그것도 1868년 접수된 서계를 그 1년 후인 1869년에서야 조정에서 공식적으로 논의하게 되었다. (《日省錄》고종 6년 12월 13일조)

2) '次對'는 국왕이 임석하는 정기적 어전회의로서 매월 5일, 10일, 20일, 25일, 30일 등 9차에 걸쳐 열렸다.

고종 12년 5월 고종이 서계 문제로 하여 소집한 次對會議에서 토론과정을 분석해 보기로 한다.

국왕(고종)……서계 回啓事로 마땅히 博詢하여 裁斷해야 하겠으며 그 일이 邊情에 관한 것이니 더 捱過해 갈 수 없다.

領府事 李裕元……오늘의 당면한 일은 서계을 받느냐, 받지 않느냐 하는 것이다. 이 일로 해서 그 의론이 일치하지 못하고 있다. 持正의 論(거절)이 행하여지면 權宜의 政(妥協)이 사라지고 權宜의 정이 행하여지면 지정의 論이 사라지게 된다. 邊釁(국방상 문제)의 완급이 실로 이 문제에 달려 있다. 서계를 받으면 비록 고식의 도는 있으나 장래의 무궁한 우는 이루 다 말할 수 없을 것이다.

領敎領 金炳學……서계의 捧納을 불허하는 것은 그들이 사용한 수삼 어구 때문이다. 그 駭妄함은 삼백 연래 없던 일이요 往牒에도 없던 일이다. 이로써 積年을 斯遲하여 왔다. 이제 宴饗을 베푼다 하나 저들이 만약 전일의 복장을 하지 않는다면 실로 후폐에 크게 관련될 일이다.

判府事 洪淳穆……서계를 받고 받지 않는 데 대하여 그 설이 귀일하고 있지 못하다. 받자는 이론은 오늘의 이 일이 隣好를 講修하자는 것이니 우리가 먼저 生釁(사건의 발단)을 일으켜서는 안 된다는 것이요, 받아서는 안 된다는 이론은 그 문자가 위격이니 받을 수 없고 또 비록 이제 그것을 받는다 해도 다시 다른 일이 없을 것을 어찌 알겠느냐는 것이다. 이 일이 邊政(국방)에 관한 일이니 중대한 일이다.

判府事 朴珪壽……일본의 서계로 상지하여 온 지가 벌써 8년

이 지났다. 그 나라에서 칭황제 칭제한 것은 이미 수천 년
이나 되었다. 이제 그들 島夷들에게서 寡君蔽邑과 같은 禮
讓謙恭의 말을 가지고 책비할 수는 없겠다. 이제 그들의 서
계가 본국으로부터 왔으니 그들의 신자된 도리로 부득이하
였을 것인즉 그것은 아직 성도의 포용 여하에 달려 있다.
그들이 스스로 國制變更을 들어 大修隣好를 요구한 것이
이제껏 저지당하여 왔으니 그 生釁의 端이 십분 우려된다.
받은 후에 닥쳐올 후폐를 마땅히 생각해야 하겠지만 그것
은 그때 가서 막을 도리가 또 있을 것이다.

左議政 李最應……저들이 馬島를 이미 폐하고 官制를 변경하
고 政令을 일신하였으니, 그 교린의 입장에서 통호하려는
저의가 8년간이나 계속되어 왔다. 오늘 그들의 서계는 마
도에서 온 것이 아니고 그 본국에서 온 것이다. 그리고 그
들 신자가 자기의 군주를 스스로 높이기 위한 문자를 썼다.
그것은 隣國으로서 강제로 변개시킬 수는 없다.……이제
와서도 몇 달을 또 상지한다는 것은 성신의 도가 아니다.
인국으로서 만약 실신을 한다면 생흔이 바로 우려되는 것
이다.[1]

여기서 前記 3인은 서계 거절에 대한 주장이요, 후기 2인은 서계 수취에 대한 주장이다. 그러나 여기서 찬반 양 주장에 다같이 공통되었던 의식은, ㉠ 원칙적으로 서계의 위격을 인정하고 있지 않다는 점이며, ㉡ 서계 문제는 모두 국가안위(변정, 생흔)라는 현실 문제로

---

1) 《日省錄》고종 12년 5월 10일 차대조

서 직결되고 있었다는 점이다.

전자의 상황에서는 근본적으로 개혁된 일본의 국제나 그것을 기반으로 요구해 온 새로운 국교 체제를 수용할 만한 의식의 기반이 아직 성립되지 않았음을 의미하게
되며, 후자의 상황에서는 당시의 개항문제를 개화나 채서와 같은 문화적 사상체계로서보다는 국방과 안위라는 보다 현실적인 정책 문제로서 논의되고 있었음을 의미하게 된다.

이러한 입장에서 당일 국왕 차대회의에 참석하였던 34명의 관인들(時・原任大臣 政府堂上六曺二品이상) 가운데 발언자 5인, 그 가운데 부분적 찬성자 2인, 여기서 미발언자 29인은 대략 서계 척퇴를 주장하는 반대자였다. 이와 같은 서계 척퇴라는 압도적 분위기 속에서 이미 서계에 대하여 贊意를 굳혀 왔던 寂臣(趙寧夏, 閔奎鎬 등)들도 '臣無容他見'이라고 하여 중론에 따라 침묵을 지켰다.[1]

따라서 이 단계에서 서계 문제는 아직 개항통상이라는 근대적 질서에 대한 수용 문제로서보다는 과거의 교린의 틀에 기반을 둔 국가안위 문제로서 반영되고 있었다.

이와 같은 차대회의 결과 다음과 같은 서계 문제에 대한 정부의 태도가 결정되었다.[2]

> 첫째, 서계가 마도로부터 오지 않고 외무성으로부터 온 것도 3백 년래 없던 일이니 그것은 받을 수 없다.
> 둘째, 교린문자에 妄自尊大하는 말이 있으니 그것은 받을 수 없다.

---

1) 田保橋潔,《近代日鮮關係の 硏究》(上) 조선총독부 중추원 p. 181
2)《日省錄》, 고종 12년 5월 10일, 命日本書契 責論歸正條.

셋째, 宴饗을 特設하려는 것은 柔遠의 德意에서 나온 것인 바,
이제 제반절의를 전규에서 벗어나게 하니 그것은 許接할
수 없다.

이와 같이 서계 문제가 국가안위 문제로서 절박해졌을 때, 재야 사림들 가운데에서도 의식의 동요가 일기 시작했다.

즉 前縣監 金炳昱은 그의 防禦之策 上疏에서,

'이제 위인들이 무단히 트집을 잡아 말로써 시험해 보고 있으니 書契의 捧不捧은 우리 나라에 있어 審且愼한 문제이다. 임진 정묘 양사건으로 이미 前鑑이 있으니……필경에는 무슨 사건을 당하고 말 것이다. 그러니 順受하여 가볍게 보이는 것보다는 정도를 지켜 그 奸萠을 꺾어 버리는 것이 낫다.……오늘을 위한 시급한 임무는 장사를 얻고 초야에서 현자를 구하고 糇糧을 쌓고 隊伍를 정비하고 器械를 날카롭게 하여 應變의 策을 마련하는 것이다. 이러한 것에는 급급치 않고 다만 지정의 論으로 高獨不觀하고 있으니 綱常과 大義를 밝히는 것도 좋으나 出謀拔策하여 先機制變하지 않는다면 성패에 무슨 도움이 되겠는가?……'[1]

또한 前縣監 洪鍾泰는 江華營 부설을 위한 상소에서,

'오늘날 倭騷로 말한다면 그 書契로서 구실을 삼고 있으나 사실은 트집(生釁)을 잡기 위한 것이다. 이미 트집을 잡으려 한다면 어찌 서계 한 문제만이 안위에 관계 있겠는가? 서계를 받은 후

---

1) 《日省錄》 고종 12년 6월 3일조

거듭 난처한 사단이 생긴다면 어떻게 조치하겠는가? 그것을 받아들인다면 오늘에는 혹 無危할지 모르나 뒤에는 반드시 우려가 있을 것이고, 받아들이지 않는다면 오늘에는 혹 우려가 있을지 모르나 후에는 반드시 무위할 것이다. 오늘의 위가 있어도 내일의 우려가 없는 것이 더 가하다.……'[1]

이상 양 상소에 나타난 의식 상황에서도 서계 문제를 현실적 안위 문제로 파악하고 있었으며, 따라서 서계는 왜의 무한한 침략의 발단으로 직감하고 있었기에 그것을 물리치는 것이 持正(의리상의 정당성)으로 인식되고 있었다. 그리고 그와 같은 지정의 주장은 그것에 대비하기 위한 備禦之策과 결합되어 있었다.

따라서 서계 거부와 척왜는 당시의 상황에서 지배층의 신념 체계에서 정당성을 확보할 수 있었던 지정의 의리로 확인되고 있었고, 지정의 신념 체계를 뒷받침하고 있었던 상황적 요인은 조선조 안위 문제에 직결된 왜의 침략적 욕망이었다.

③ 개항 추진세력과 정치의식

1876년 개항 당시 비록 극소수이기는 하였어도 개항을 추진하려는 정치세력은 존재하였고, 이와 같은 정치세력들이 긍정적이든 부정적이든 조선조에서 최초로 개항 체제를 실천하였다면 그들의 정치의식은 서구화를 전제로 한 개화의식과 어느 정도 결합하고 있었을까?

이 개항 추진세력을 국왕(고종)을 중심으로 한 고위 관인 엘리트로 잡을 때, 무엇보다도 왕래한 사신들을 통하여 얻어진 서구에 대한 간접적 지식이기는 하였어도 이와 같은 관심은 그 동기 지향적 측면

---

1) 《日省錄》고종 12년 6월 14일조

에서 개항 추진과 직결되고 있었다.

즉, 고종은 그들 사신들이 入燕할 때마다 洋情의 詳探을 명령했고, 또 그들의 回還 소견시에는 그 탐문한 양정의 내용에 대하여 상세한 보고를 받았다.

즉, 고종 10년 8월 13일 回還進賀使(進賀使 李根弼, 副使 韓敬源, 書狀官 趙宇熙)에게 한 소견내용을 보면,

> '宇熙曰 소위 倭主란 자가 和同하여 經傳을 毁棄하고 邪敎를 專尙하며 심지어 의복제도에까지 모든 것이 양이와 一樣이다.
> 敬源曰 오늘날 왜와 양은 다를 것이 없다.
> 高宗曰 서양제국이 (청에) 조공하지 않던가?
> 根弼曰 그것은 通好이지 조공이 아니다.
> 敬源曰 조공이 없이 인국과 교호하는 예로서 상동하다 하더라.
> 高宗曰 (서양) 五個國의 (청의) 皇城內에 留舘하는 숫자가 얼마나 되며 이제 황제가 친정하게 되면 逐出하리라 하는데 과연 그러하더냐?
> 根弼曰 留舘하는 숫자가 그렇게 많은 것 같지는 않으며 황제 친정후에는 민정이 모두 掃淸해 주기를 바라고 있다.
> 高宗曰 유구국은 본시 우리나라에 조공했었는데 지금은 어떤 나라와 가깝다 하더냐……?'[1]

이와 같은 洋問 探情은 고종 9년의 동지사와 별사, 고종 10년의 동지사와 진가사, 고종 11년의 동지사, 고종 12년의 陳慰兼進香使·

---

1) 《日省錄》 고종 10년 8월 3일조

進賀兼謝恩使・奏請使[1] 등의 경우에서도 여전히 계속되었는 바, 그 내용들을 정리해 보면 대략 서양인 초래의 동기, 제 외국 사신들의 設舘・常駐制, 제국사절의 구주제국 파견시찰, 중국 거류 양인의 정상과 청의 武備, 서양문물의 유입과 그 반향, 일본・유구・월남・아라사 등에 관한 견문 등이었다.[2]

이상의 견문지식을 정치・외교・군사면에서 보면,

㉠ 청국 내에 '양이'의 세력이 범람하는 것은 사학의 소치이며 이제는 그 양인세력을 축출하려 해도 그것이 불가능하고 그 결과 황제 친정후에는 美・英・法・俄・賀蘭(和蘭) 및 일본국의 사신들에게 서양 각국의 예에 따라 設舘 상주케 하였다.

㉡ 양인과 청에 대한 관계는 이미 '조공관계'가 아니며 '통호관계'이기 때문에 인국교호지례로서 그 관계는 동등하다.

㉢ 여기에 따라 청 자체로서도 영・법 양국 영사관에 力請하여 영・법에 이미 (병인년 春) 政情視察을 위한 사절을 파견하여 서양 18개국을 순방하고 돌아왔다.

㉣ 양인 거류자수는 북경에만도 수백 명, 天津來治 洋人數가 수만

---

1) 《日省錄》고종 9년 4월 4일조(冬至使 民致庠), 4월 30일조(書狀官 朴鳳彬), 《日省錄》고종 9년 12월 26일조(別使 朴珪壽, 書狀官 姜文馨, 首譯 吳慶錫) 《日省錄》, 고종 10년 4월 9일조(冬至使 金壽鉉, 副使 南廷益, 書狀官 閔泳穆), 《日省錄》고종 10년 8월 13일조(進賀使 李根弼, 副使 韓敬源, 書狀官 趙宇熙), 《日省錄》고종 11년 3월 30일조(冬至使 鄭健朝, 副使 洪遠植, 書狀官 李鎬翼), 《日省錄》고종 12년 10월 13일조(陳慰兼進香使 姜蘭馨, 副使 洪兢周, 書狀官 姜蓍), 《日省錄》고종 12년 11월 29일조(進賀兼謝恩使 李昇應, 副使 李淳翼, 書狀官 沈東獻), 《日省錄》고종 12년 12월 16일조(奏請使 李裕元, 副使 金始淵, 書狀官 朴周錫)

2) 韓㳓劤 〈개항 당시의 위기의식과 개화사상〉 《한국사 연구》권 2, p. 112(1968년)

명, 沿海 散在者數는 부지기수로서, 지금 지식층의 여론으로는 이들 양인들을 구축하려면 그 승패를 예측하기 어려우며, 그렇기에 그것을 위하여는 먼저 근본(병치)을 견고히 해야 한다는 것이다.[1]

이와 같이 정치 군사상의 탐문 내용 외에도 洋貨의 피해에 대한 경제적인 관심이 강하게 나타나고 있었다.

이상과 같은 서양에 대한 간접적인 지식과 세계 문제를 통한 일본세력의 위협적 도전 등을 그 상황적 요인으로 삼아 고찰할 때, 당시 개항 추진 엘리트들의 정치의식은 개화란 측면에서 다음과 같이 정리될 수 있겠다.

첫째, 개항 등의 형식으로 밀려오는 서구세력을 일반적으로 부정적인 것으로 인정하고 있었다.

여기에 따라 일본의 세계 문제나 개항 요구도 부정적으로 해석되고 그것은 역시, 倭洋一體와 같은 척사적 가치 체계에 연결되고 있었다. 이와 같이 개항 요인으로서의 도전세력에 대한 부정적 의식은 한편으로는 위정척사와 같은 보수적 반응의 강화와 한편으로는 부정적 요소를 제거하기 위한 武備內修와 같은 현실적 방어 문제를 제기시키고 있었다.

'……서양 각국의 일본과의 통상은 백 년 이전부터의 일로서 ……그 중에는 역시 학문하는 인사가 있어 立論斥邪者가 많았다. 그러나 어찌된 일인지 근년 이래 일본은……皇이라 칭호하는 자가 국정을 總攬하여 名正言順하지 않음이 없으나 그 實은 그 군이 사교에 陷溺하고 양이가이에 助勢하여 그렇듯 되었다. 그

---

1) 한우근 〈개항 당시의 위기의식과 개화사상〉《한국사 연구》권, p. 114~115

러므로 현재의 일본도 역시 양이에 따라 중국에도 교역을 청하
여 중국이 이를 허락하니 이제 와서 양과 일본은 가히 打成一片
이다.……'¹⁾(都提調 李裕元 陳述)

여기에 이어서 그는 '機械(병기)를 준비하여 변경을 엄수해야 할
것'이라고 주장하며 이미 '중국을 攻取'하고 다시 '안남국을 並呑해
오는' 서양세력에 대한 경계와 방어를 강조하였다. 이러한 주장과 비
슷한 의식상황에서 박규수도 서양이 안남국을 병탄했다는 소식을 충
격적으로 전하고 있었다.

'……특히 양학에 대하여는 청이 이를 금하지 않고 있어 蔓延될
것이 명약관화하며 그 後害가 鴉片보다도 더할 것은 심히 우려
되는 일이다. 그리하여 조선의 '척사 扶正'에 대한 소문이 퍼져
서 중국 인사는 이를 敬慕하지 않는 자가 없고 양인들도 아국을
敬畏한다는 것이다.……'²⁾(進慰兼進香使 姜蘭馨 陳述)

그리고 이와 같이 서양세력에 의하여 침식당한 청에 대한 실망은 반
동적으로 華夷論的 척사사상도 불러일으키고 있었다. 그것은 앞에서
인용된 고종 10년 8월 회환진가사와의 소견내용에 잘 나타나고 있다.

'……高宗曰 漢人들이 아직도 皇明을 생각하고 있다 하는데 과
연 그것을 느낄 만하더냐?
李根弼曰 皇明을 追思하는 뜻이 항상 言外에 들어 있으며 그들

---

1) 《日省錄》고종 12년 12월 16일, 回還奏請使 李裕元 報告條
2) 《日省錄》고종 12년 10월 13일조

이 자칭 民人이라 함은 곧 皇明遺民이란 意味이다.
　　韓敬源曰 비록 辭色에는 감히 나타내지 못하지만 下賤人들까지
　　도 황명을 말하는 사람이 있었다.······'[1]

　이와 같은 의식 기반이 곧 개항 이후의 倡洋伊修論이나 고종에 의한 누차의 斥邪論音 등으로 연결될 수 있었다.
　둘째, 그러나 당시 개항통상이라는 세계사적 조류에 대하여는 사실적인 인식이 뒤따르고도 있었다.

　　'······서양 각국이 오로지 交易商購를 중요시하고 상선을 바다로 보낸다. 그리하여 모두 該國의 文簿를 싣고 왕래출입할 때, 그 물가를 계산, 세를 거두어 국가의 재원으로 삼아서 스스로 富强之道를 자랑한다. 중외 각국이 통상하지 않음이 없으나 다만 우리나라만 통화하지 못한다. 그러므로 누년 왕래하여 사단을 일으킨 것도 이로 말미암은 것이다.······'[2]

　이상은 고종 11년 6월 차대시 고종의 '대신도 일찍이 燕行한 바 있으므로 혹 洋夷東犯의 기미를 들었는가?'라는 질문에 대한 都提調李裕元의 답언이었다.
　셋째, 서양의 세력을 물리치기 위한 현실적인 방법은 서양기술의 습득 이용이라는 관념이 나타나고 있었다.

　　'······당초에는 양화의 매매가 성했다. 그러나 근일에는 양물이

---

1) 《日省錄》고종 10년 8월 13일조
2) 《日省錄》고종 11년 6월 13일조

실용에 맞지 않음을 깨닫고 심하게 교역하지 않는다. 이로써 양인들이 失利하고 있다. 전일 강남 用兵時에는 중국이 洋砲를 많이 사서 사용하였기 때문에 양인은 造砲로써 득리를 했으나 근일에는 중국이 양포를 모방 제조하여 쓰고 있기 때문에 양인은 利를 잃게 되었다. ……또한 지금은 大輪船도 倣造하여 그것을 貰用하고 있지 않기 때문에 양인은 또 利를 잃고 있다.……'[1])
(高宗 9年 12月 別使 박규수 보고)

또한,

'……洋夷의 북경에 유하는 자가 지금도 수백 명이나 되고 그 왕래가 무상하나 중국은 이를 보기를 금수와 같이 하여 희로의 감정이 도저히 비교가 안된다. 그러면서도 資賴하여 이가 되는 것은 즉 工事奇巧(기술)이다. 그러나 중국인이 習見하여 그 묘를 얻은 고로 그 奇巧에 현혹됨이 없이 그 이를 차지할 수 있다. ……'[2])(高宗 10年 4月, 冬至使節 書狀官 閔泳穆 보고)

이상은 곧 서양이란 본질에 대하여는 인정할 수 없다는 가치 지향적 측면과 그러나 그러한 가치 지향을 위하여는 서양의 기술이 필요하다는 동기 지향적 측면이 서로 양분, 대립하고 있음을 의미한다. 그리고 이와 같이 가치 지향과 동기 지향 양면에서 각각 그 방향을 달리하던 의식구조가 바로 양화를 전제로 하지 않는다는 명분 밑에서의 개항의 추진, 그러한 개항 추진세력이 중심이 된 기술습득을 위한 일

---

1) 《日省錄》 고종 9년 12월 26일조
2) 《日省錄》 고종 10년 4월 9일조

련의 부분적인 개화정책, 그리고 위정척사적 기반에서의 採西思想의 대두 등을 설명할 수 있는 것이었다.

이러한 의식구조의 양면성은 개항 추진과정에서도 그대로 나타나고 있었다. 그것은, 즉 새로운 체제를 가져오려는 일본의 요구를 근본적으로 용납할 수 없다는 원칙론〔持正之論〕과 그러나 그와 같은 도전적 세력을 현실적으로 타결해야 한다는 현실론〔權宜之政〕의 분리였다.[1]

여기서 원칙론은 개항 반대의 척화론의 중심을 이루었고 현실론은 개항 추진세력의 개항 동기로서 작용하였다. 그러나 개항추진이란 동기 지향적 계기에도 지정지론이라는 척화적 가치를 그 전제로서 승인하고 있었다.

그리고 이와 같은 부외적 도전세력의 타결이라는 동기 지향적 의식구조에는 국내적 권력 상황의 요인이 결합하고 있었음을 유추할 수 있겠다. 그것은 고종 親政(1873년)을 계기로 새로이 개편된 권력구조가 가질 수 있는 당연한 권력 지향성이었다.

그것은 첫째 국내적 권력 상황의 안정을 위하여 여하한 부외적 요인과의 충돌도 회피하자는 보수적 권력 지향성과, 둘째 쇄국을 중심으로 이루어져 온 기존의 대외정책과 인적 구조[2]를 개혁함으로써 기하려는 정치적 상징 효과[3]가 그 중심을 이루고 있었다. 물론 거기에는 앞에서 설명한 고종의 洋情探聞을 통한 개항이란 세계적 현상에 대한 인식이 결합하고 있었음은 사실이다.

---

1) '…領府事 李裕元曰…持正之論行則 權宜之政却 權宜之政行則 持正之論閣 邊政之緩急 實係於此也…'(《日省錄》고종 12년 5월 10일 차대조)
2) 東萊 倭學訓導 安東晙의 처벌이 그 대표적이다.(《日省錄》고종 11년 6월 12일조)
3) 黃玹《梅泉野錄》《韓國史料叢書 Ⅰ》p. 27〈江華營撤廢條〉(1958년)

이와 같이 개항추진에서 비롯된 현실적 동기 지향성과 원칙적 가치 지향성의 분리는 그 교섭과 정책결정 과정을 공적(공개) 및 사적(비밀)이라는 이중구조에서 추진케 했다. 이러한 상황에서 일본과의 정면적 충돌을 피하여 교섭의 의사를 전달했던 戚族當路者(趙寧夏)의 密書(고종 11년 9월 24일)[1]와 같은 비밀교섭이나 조약책자 내용의 접수에서부터(고종 13년 1월 21일) 條約等節에 대한 商確指示(동월 23일), 조약재단에 대한 전권위임(동월 24일) 및 조약비준 문자 下送(동월 30일)에까지 불과 10일간에 걸친 개항 문제의 속결 등이 나타났던 것이다.

여기서 현실적인 동기 지향의 측면은 당시의 고급 관인들에 의하여 추진되었고(開港締結), 원칙적인 가치 지향의 측면은 재야의 사림들에 의하여 대변되었기 때문에 개항이란 史實은 그후 정치 단위간의 정치의식 분열을 초래하는 계기가 된 것도 사실이다.[2]

### (2) 척화사상과 개화의식

개항의 계기에서 이루어진 개화의식의 제한적 성격은 이미 앞에서 잠시 살펴보았다. 그와 같은 개화의식의 제한적인 성격은,

첫째, 採西라는 긍정적인 측면에서보다는 도전세력의 타결이라는 현실적인 동기 지향의 측면에서 이루어졌다는 점.

둘째, 그와 같은 동기 지향적 측면에는 국내적 권력 상황으로 인한 상황적 요인이 결합되어 있었다는 점.

---

1) 《東國交際始末》卷3, 田保橋潔《近代 日鮮關係の 硏究》(上) 조선총독부 중추원 p. 346
2) 東學과 의병운동은 모두 국가적 측면과 민족적 측면의 대립이었다는 점에서 그 성격을 같이하고 있다. 官軍과 진위대는 똑같이 두 가지 민족운동을 탄압한 국가적 측면에서의 힘의 행사였다.

셋째, 倭洋一體를 중심으로 전통적 척양의식에 대항하기 위하여 개화에 대한 근본적인 사상체계를 갖추고 있지 못했었다는 점 등으로 요약된다.

 따라서 개항은 서구질서에 대한 부득이한 법률상의 승인은 되었을지 몰라도 서구적 질서에 대한 사실상의 인정은 아니었다. 이러한 점은 당시의 척화론이나 개항론의 이론적 기반을 위정척사란 동일한 가치 정향에서 벗어나지 못하게 하였다. 그것은 곧 당시의 사상조류 속에서 척사적 의식이 아직도 이론적으로 우세했음을 의미하는 것이다.

 ① 척화론(倭洋一體)과 개항 명분론(匪洋伊修)

 세계 문제를 통하여 고급 관인 엘리트 사이에 벌어졌던 持正之論(원칙론)과 權宜之政(현실론)은 수호조약이 체결됨으로써 일단 개항이라는 현실론으로 귀일되었다. 그러나 개항 추진세력 이외에서는 수호조약 체결 이후에도 그와 같은 이론적 양분은 오히려 더욱 치열하여 갔다. 재야사림이 중심이 된 개항체제 찬반에 대한 양론은 그것을 반대하는 척화론이 그 주류를 이루었고, 여기에 그것을 찬성하기 위한 부분적 이론으로서 왜양 분리설이 대두되고 있었다.

 이제 상소를 통하여 비친 당시의 의식 상황을 척화와 개항이란 두 개의 의식 기점에서 정리해 볼 때 대략 다음과 같다.[1]

 다음 7편의 상소문은 우선 그 모두가 척양(척사)이란 가치 정향에서 나타나고 있음을 알 수 있다. 그리고 그와 같은 척양적 기반은 왜양일체를 전제로 하는 개항 반대란 신념체계를 낳고 있었다. 왜와 양을 분리시켜 개항을 舊倭續好로 본 한 사람(尹致賢)마저도 양물 금지와 제한 통상을 주장하였다. 따라서 그 모두는 양이라는 침략세력을 물리치기 위한 군비와 척양정책의 강화를 요구하고 있었다.

---

1) 《日省錄》가운데에서 言時事疏(고종 13년~14년까지)만을 뽑았다.

Ⅲ. 개화기 한국사상의 자기 전개  167

| 년월일 | 上疏者 | 信念體系 | 價値定向 | 手 段 | 反 應 (批答) | 備 考 |
|---|---|---|---|---|---|---|
| 고종 13년 1월 3일 | 前正言 崔炳大 | 異船(척왜)=놈인 (人情沸騰 巷議喧籍) | 異船 排斥 (排他自存) | 治道와 備禦 策商確 | 從重推考 (처벌) | 운양호 사건 이후의 불안의식 |
| 고종 13년 1월 23일 | 前司諫 張皓根 | 척왜=척단 (開門納賊・誓死擯斥) | 개항 반대 (排他自存) | 背城一戰 | 原流還給 重推 | 조약 체결 접수 이후 |
| 고종 13년 1월 23일 | 前戶參 崔益鉉 | 척왜=척단 정치적・경제적・문화적 자주성의 과괴(主和賣國) | 개항 반대 (崇洋一體) | 척양 정책 및 자주의식 강화 | 原流還給 유배 | 조약 체결 접수 이후 |
| 고종 13년 1월 27일 | 右通禮 吳憲泳 | 척왜=사교 침입 문화적 침입 | 개항 반대 (衛洋일체) | 척양 정책 및 형벌 강화 | 重推 | 조약체결의 인적 접정 이후 |
| 고종 13년 1월 28일 | 副護軍 尹致賢 | 개항=舊倭新好 認諂 행위에 展立條件, 제한된 조건에서의 통상 | 위양분리 (척왜척사) | 양물 금지 備禦策 강화 | 비답 내림 | |
| 고종 13년 10월 24일 | 前注書 權鳳煥 | 개항체제를 不虜의 사변으로 봄, 倭洋混成과 相雜 | 왜양일체 | 군비 강화 對備政策 | 비답 내림 | 수호조약 체결 이후 |
| 고종 14년 3월 4일 | 副護軍 李敎兩 | 개항=서양침략의 전조 立綱・斥邪・黑學을 주장 | 왜양일체 척사를 생각에서 강화 天命思 | 修軍政 備餘雨 斥邪=軍備 黒學=書院 | | 척사의 강화=군비, 華夷論과 결합 |

그 의식적 기반은 위기의식과 배타적 자존이 전제로 되어 있었으며 이론적으로는 화이사상과 결부되고 있었으나 그것은 이미 사상 형태로서만 아니라 현실적 정책 문제로서 발전하고 있었다. 그리고 이와 같은 재야 前職者 내지 低位 현직자들의 척화적 주장은 政治當路에 의하여 도로 還給되거나 처벌됨으로써 이미 통치과정에서는 개항체제란 정책을 추진하고 있었으며 그것은 후일 정치 단위간의 의식의 분열을 가져오는 한 계기가 되었다.[1)]

② 척화론의 이론적 전개

척화론은 위정척사사상과 연결된다. 그러나 1870년 개항이라는 구체적 사실 앞에서 이루어졌던 척화의식은 종전과 같은 단순한 척화이론 그것 자체만은 아니었다.[2)]

그것은 경제적・군사적 위기를 극복하기 위한 의식 상황의 동요였다는 점에서 종전까지의 척사라는 관념 형태만은 아니었고,[3)] 또 개항을 추진하였던 정치 단위도 본질적으로는 척양・척사라는 방어적 정책에 입각하고 있었기 때문에, 개항체제를 중심으로 하는 당시의 개화 문제에 그것은 간접적으로 연결되는 것이었다.

개항의 부당성을 설명하는 현실적 기반에서 출발하였던 당시의 척화이론은,

첫째, 무력적 위협으로 이루어지는 불평등조약이 가져올 침략의 지적 : 정치적 자주의 문제.

---

1) 고종 13년 '개항 문제'로 상소가 빈발할 때 '前卿者'에 대하여는 언로를 봉쇄하였었다.(《日省錄》고종 13년 1월 5일 前正言 崔炳大 상소조)
2) 한우근 〈개항 당시의 위기의식과 개화사상〉《한국사 연구》권2, p. 116.
3) '……古之斥邪 只以言語文學 今之斥邪 不得不以練戎爲先急務…….'(《日省錄》 고종 14년 3월 4일 副護軍 李敎禹 상소조)

'……我不備畏怐而求和則 爲目前姑息而 向後谿壑之欲 何以充之……'

둘째, 공업생산품과 토산물과의 교역으로 나타나게 될 우리 산업의 파탄 : 경제적 자존의 문제.

'……彼之物貨 皆淫奢奇玩而無限 我之物貨 民命所奇而有限者也… 一開交易 不數年 東土數千里無復支存……'

셋째, 이단적인 사교의 전파로 나타나게 될 사상 질서의 동요 : 문화적 자율의 문제.

'……彼雖托倭 其實洋賊 和事一成 邪學傳授 遍滿一國……'

등으로 요약될 수 있었다.[1] 그리고 이와 같은 척화의식은 근본적으로 산업화된 서양을 경제적·문화적 침략의 감행자로 해석하는 부정적인 대서양관을 그 기반으로 하고 있었다.

'……引丙子南漢事曰 丙子講和(淸과의 講和) 以後 彼此交歡 至今若盤石 今日與彼 何獨不然 彼徒知貨色 無復人理 直是禽獸……'

여기서 '華夷大別'로부터 '人獸大防'[2]으로 더욱 심화된 척화론이

---

1) '斥和五不可上疏'(《日省錄》고종 13년 1월 23일 조)
2) 《重菴集》38, 雜著《禦洋論》

었기에 그것은 근본적으로 동일 문명권 내에서 문화적 차등 질서를 기반으로 하던 화이론이 아니고 침략적 이질 문명권에 대한 적극적 방어론이었다.

따라서 대원군의 鎖國斥洋과 서원 철폐로 빚어진 일련의 정책은 일견 화이론 사이의 갈등으로 해석되어 왔으나 그것은 화이론의 갈등이 아니요, 화이론에서 어양론으로 발전하는 역사 단계에서의 필연적인 산물이었다.

그것은 서원 철폐를 중심으로 대립하였던 대원군과 사림의 세력이 척양이란 동일한 역사적 과제에 대하여는 본질적으로 그 성격을 같이 하였었다는 사실에서도 입증되며, 그 결과 당시의 척화사상에 나타난 배타의식은 종전의 화이의식과는 근본적으로 다른 새로운 역사의식이었음이 분명해진다.

그것은 수호조약 체결 직전에 올렸던 강원·경기 양도 유생들의 絶和疏에서도 잘 나타나 있었다.

'……한번 通好하게 되면 그것은 곧 대란의 길이다. 오늘의 洋賊은 이적 가운데 最醜의 것으로서 곧 금수들이다. 그 奇技淫巧와 妖術邪敎는 마치 毒箭과 같아서……士卒을 鍊하고 府庫를 充하고 民業을 安하고 邊備를 공고히 하는 것이 禦侮의 急務요 양물의 禁絶이 至急至切한 일이다.……丙丁의 사건은 화이의 변이지만 오늘의 사건은 인수의 判이다. 그 당시에는 名義에 관한 것으로서 財貨婦女에 관한 욕심은 없었지만 오늘은 한번 상통하게 되면 우리의 생로가 斁絶하게 된다.……'[1]

---

1) '……丙丁之事 華夷之辨也 今日之事 人獸之判也 且彼將則 名儀所關……無財帛婦女無壓之欲……斁絶我生路…….'(《重菴集》권3, 疏, 척화소)

이와 같이 경제적 위기의식과 민족적 생존 문제와 결부되고 있던 척양관은 그후 수호조약의 실천 과정에서, 즉 원산·인천 등의 개항에 대한 일본의 요구를 계기로 하여 계속 심화되어 갔다.

즉 執義 權鍾祿[1]은 고종 16년 1월에 올린 상소에서,

'……나라에 9년의 備蓄이 없으면 부족하고 3년의 비축이 없으면 나라는 이미 그 나라가 아니기에 蓄積이란 국가의 大命이다. ……우리나라의 物産은 無物不生이다. 中國·倭國·洋國의 物貨는 奇奇怪怪한 無用之物들이다. 이제 開港은 滅貨의 큰 구멍을 열어 주어 그 사치만 더하게 하여 줄 것이다.……'[2]

라고 주장하였다.

한편 副護軍 金斗淵은 동년 5월의 상소에서,

'명칭은 隣使로서 개항을 强索하는 바, 그들이 요구하는 원산은 北道의 咽喉로서 만약 그들이 住接하게 된다면 수륙의 길이 막히고 남북의 물산이 阻絕되어 북도의 민생은 장차 資하여 살 것이 없어진다……'[3]

라고 하여 개항 실천단계에서 한민족이 당하게 될 경제적 피해를 논하고 있었다.

---

1) 權鍾祿은 대원군의 사적 계열에 속하는 소위 雲邊 인물이었기에 그의 척화소는 대원군의 쇄국정책의 성격을 그대로 대변한 것으로 볼 수 있다.
2) 《政院日記》고종 16년 1월 24일조
3) 《政院日記》고종 16년 1월 24일조

그리고 이와 같은 개항 반대이론은 당시의 고급 관인 엘리트들로부터도 동의를 얻고 있었다. 즉,

> '……이제 島夷들의 跳踉과 講信의 窒碍로서 難許한 곳(인천)에 개항을 허락하여 無窮한 우려를 자아낸다면 天下後世에서 장차 어떻게 운위할 것인가?'[1]

라는 領府事 李裕元의 上疏나,

> '……인천 개항은 결코 허할 수 없다. 누가 감히 허할 수 없는 곳을 허락하여 장차 무궁한 우려를 불러 올 것인가?……'[2]

라는 判府事 姜㳣의 箚子들이 바로 그것이었다.

③ 척사사상의 沸騰—개화정책과의 갈등

1870년대 이후 청국 使行을 통하여 간접적으로 접수하던 서양에 대한 지식은 강화조약 체결 이후 2차에 걸친 도신사의 파견으로 세계정세에 대한 직접적인 견문을 획득할 수 있게 되었다. 그러한 견문의 확대는 '비록 수호라고는 하지만 국가안위와 관계되는 바 없지 않다'[3]고 주장하여 舊倭續好라는 명분론 속에서도 여전히 국가안위를 우려하고 있던 관인 엘리트들로 하여금 새로운 정책을 모색케 했다.

그것은 국가안위와 결부된 개항을 추진하였던 정치 단위가 그들의 책임으로 수행한 개항 체제에서 부정적인 요소를 최소로 줄이기 위한

---

1) 《日省錄》 고종 16년 6월 17일조
2) 《日省錄》 고종 16년 6월 19일조
3) 《日省錄》 고종 13년 1월 29일조

당연한 반응이기도 하였다. 이때 개항 체제에 결합된 부정적인 요소는 우선 침략으로 인한 국가안위의 문제이었기에 거기에 대비하기 위한 軍費 自強政策은 자연히 물질과 기술이라는 현실적 기반을 중요시하게 되었고, 이와 같이 군비나 기술에 대한 적극적인 요구는 또한 당시 군사력과 기술면에서 우월했던 서양에 대한 지식과 결합되지 않을 수 없으므로 그것은 곧 그러한 정책에서 採西라는 현실적 방향을 제시하게 하였던 것이다.

즉, 일본에 대한 일차 수신사 金綺秀의 回還報告에서 養兵·耕田에는 모두 洋術을 사용하여 軍兵機械가 장하다는 점, 일본에서 오늘날 힘쓰고 있는 것은 전선·화륜선·농기라는 것, 일본은 각종 기술을 배워 오기 위해 서양 각국에 유학시키고 있다는 점 등을 알게 되었다.[1)]

고종 17년(1880년) 제2차 수신사로 일본에 다녀온 金弘集이 세계정세에 비추어 조선이 취하여야 할 외교정책 등을 논한 黃遵憲의 私擬冊子인 《朝鮮策略》을 가져왔을 때, 그것은 조선으로 하여금 '부국자강' 정책을 보다 적극적으로 행하게 하는 계기가 되었다.

李鴻章의 외교정책이 많이 반영된 《조선책략》은 구미 열강과의 개항통상, 서양의 학문과 기술의 도입, 서양학문 도입에 따른 耶蘇敎의 전파가 있어도 周孔의 도를 지키는 조선에는 무해하다는 점 등이 그 개요인 바, 조선조 조정에서 이를 복사하여 전국 유생에게 배포하였을 때, 그것은 이미 조선조의 廷臣들 가운데에는 積習을 타파하고 '부국강병'을 실천하기 위한 새로운 정책의 필요성이 인식되고 있었음을 의미하였다.

이와 같은 적극적인 '부국강병' 정책의 실천방향은 武備講究를 위

---

1) 《日省錄》고종 13년 6월 1일조

한 청나라의 咨文發送(1880년 5월), 정부기구 개편을 위한 統理機務衙門의 설치(1880년 12월), 신문물 제도를 시찰 습득하기 위한 신사유람단 파견(1881년 1월), 軍器學造를 위한 유학생 파견(1881년 7월) 등으로 나타났다.

그것은 일본의 강요로써 이루어진 德源 開港(1879년 5월), 인천 개항(1880년 12월) 등과 그 시기를 같이하나 그 성격에 있어서는 강요된 兩港 개설의 방향과 전혀 그 주류를 달리하고 있었다.

즉, 그것은 견문의 확대와 정세의 변천으로 스스로 승인한 자강개화에의 의식이 그 기반을 이루고 있었기 때문이다.

따라서 1880년 말부터 구체적으로는 黃遵憲 책자를 중심으로 일어나기 시작한 척사사상의 沸騰은 그것이 비록 한민족의 구체적 위기의식 속에서 새로이 형성된 척양관이라 하더라도 여기서 그것은 위정척사 사상의 반동적 강화로밖에는 표현될 수 없었다.

그것은 이미 강요된 외세에 대항하기 위한 것이라기보다는 개화정책을 표방한 국내 정치 단위와의 갈등을 의미하고 있었기 때문이었다.

고종 17년 10월 《조선책략》이 전파된 직후 丙曹正郞 劉元植은,

'……洋酋는 技는 奇巧를 專尙하고 學은 邪淫을 주로 한다. 私擬册子에 耶蘇天主의 學이 吾敎에 朱・陸이 있는 것이나 같다고 하였으니……만약 사교에 물들지 않고는 어찌 감히 그렇게 侮聖할 수 있겠는가?……確揮乾斷하여 潛伏한 흉도들을 빠짐없이 잡아 없애고 서원을 復設하여……扶正熄邪하도록 하라……'.[1]

---

1) 《日省錄》 고종 17년 10월 1일조

고 상소하여 私擬册子를 주로 사교와 오도라는 위정척사의 방향에서 반대하였다.

이와 같은 일련의 개화정책에 대한 반대는 동년 12월에 올린 前正言 許元栻의 상소에서 더욱 구체적으로 제시되고 있었다.

'……인천에 저들이 來據하게 된다면 저들이 籠化權沽하여 米布魚鹽들을 厚價로 교역해 갈 때, 묘氓들 가운데 利를 촉구하는 자들은 모두 그들에게 돌아가게 된다.……聯美拒俄之策은 현실적으로 불가능하며 學習武器하기 위하여 중국에 送人한다는 것은 더욱 실계로서 戰勝攻取의 술은 용병에 있지 그 기예에 있지 않다. 本國 邦寧의 도는 오직 상(국왕)의 결단에 달려 있다. ……'[1)

그 내용은 국왕에 의한 개화정책이 모두 불가한 것으로서 本國 邦寧의 도를 지키기 위하여 국왕의 정책 변경을 위한 결단을 요구하는 것이었다.

이러한 척사적 반대상소는 翌年(1881년) 2월 유생들의 집단행동으로 표시된 영남 萬人疏를 통하여 그 절정에 달하였다. 그것은 일부 관인 엘리트에 의하여 시도된 개화정책에 대하여는 실로 집단적인 반항운동으로서 개화를 추진하려는 통치과정과 거기에 대항하려는 정치과정과의 분리를 의미하는 것이었다. 이제 그 만인소의 내용을 정리하여 보면 다음과 같다.

'첫째, 중국은 조선이 그 번방으로서 2백 년이 넘도록 交孚해 온

---

1) 《日省錄》 고종 17년 12월 17일조

터이므로 하루 아침에 皇이니 朕이니 하는 칭호로서 보내온 국서를 容留한다면 만일 이를 중국이 힐난할 경우에 辯解할 길이 없다.

둘째, 일본은 우리가 羈縻하는 바로서 水路要衝을 이미 점거하고 있어 조선의 無備를 보고 豕突을 하면 이를 제지할 길이 없다.

셋째, 잘 알지도 못하는 미국을 공연히 타인의 권유로 끌어들여서 그들이 우리의 財賄를 소비케 하고 우리 약점을 멸시하여 어려운 請을 강요거나 계속될 수 없는 경비를 떠맡긴다면 무엇으로 이에 응할 것인가?'[1]

이는 美·日·俄는 모두 같은 夷虜로서 믿기 어려우며 그들이 '請地請和'하여 올 경우 一隅青邱 將無之可容'이라는 극도의 피해의식 속에서 책략에 제시된 '親中國·結日本·聯美國'의 防俄策을 근본적으로 반대하는 것이었다.

그리고 그것은 부국책과 야소교에 대해서도 근본적으로 부정적이었다. 즉, '서학에 종사하여 致財·勸農·通工에 진력한다 하지만 財用·農工은 옛날부터 우리 양법이 있었으며, 서학에 종사함으로써 있었던 것은 아니다'라고 주장한 다음, 이와 같은 서학에 대항하기 위하여 周孔·程·朱의 敎를 더욱 천명한다면 우리 民은 더욱 '親上死長 衆心成城'하여 邪黨은 발붙일 곳이 없을 것이라고 덧붙였다.

이와 같이 개화정책에 대항했던 반동적 척사의식은 고종 18년 윤

---

1) 《日省錄》 고종 18년 2월 26일조

7월 洪在鶴의 伏閤上疏를 계기로 생명을 내건 결사적 항쟁으로 나타났다. 여기서 개화정책을 추진하는 관인 엘리트와 여기에 대항하는 척사집단(사림) 사이는 완전한 대립관계로 발전하였고, 그것은 곧 개화의식의 심각한 갈등을 자아내게 되었다.

즉, 척사를 중심으로 하여 주로 主和重臣을 論斥한 同 상소의 내용에서는 조선조에 있어 위정척사는 정조・순조・헌종 3조의 유업으로서 그 의리는 아직도 빛나고 있는 바, 고종이 친정한 이래 接倭通商을 주장하여 왜양일체의 해를 외면하고 있다고 주장한 다음, 그것은 邪說이 廟堂에 횡행하기 때문이며 따라서 黃遵憲 책자 같은 것은 조선국의 主和臣僚들이 그의 이름만 빌린 것에 불과하다고 지적하였다. 그래서 결론적으로는 위정척사의 대의를 견지하여 主和賣國의 신료들을 참단할 것이며, 지금 야소의 요기는 열화와 같은 세로서 孔・孟・程・朱의 大道는 날로 쇠잔하여 家에는 亂倫敗尙, 人에는 滅禮棄義해 가기 때문에 종묘사직이 위태하다고 경고하였다.[1]

그것은 유가의 徒로서 이교 야소교를 물리치려는 18세기 중엽(정조조) 위정척사의 반동적 강화란 느낌이 짙다.[2] 그러나 여기서는 밀려오는 양학에 대한 척사라기보다는 양학과 결부된 국내 정치 단위의 정책에 대한 척화이며 따라서 그것은 개화정책 추진자들의 主和賣國에 대한 일종의 救宗廟保社稷과 같은 편협한 애국심이 그 근저를 이루고 있었다.[3]

그러나 그 편협한 애국심은 그후의 개화정책이 외세의 직접적인 개

---

1)《日省錄》고종 18년 윤 7월 8일조
2) 李晩采編《闢衛編》《洪進士樂安獻策》참조. 京城闢衛社(昭和 5년)
3) 相澤 久《現代國家における 宗敎と 政治》(1969년) 동경 勁超書房 pp. 57~60.

입으로 그 본래의 직능을 다하지 못하는 단계에서 개화의 문제와 자주의 문제를 결합시키는 긍정적인 의식으로 발전하였던 것도 사실이다.

## 3. 근대국가로 지향하려는 긍정적인 의식—개화론의 전개

### (1) 척사적 기반에서의 採西思想—'東道西器'論

개항 이후의 일련의 개화정책을 主和賣國이라고 배척하던 극렬한 위정척사사상이 비등하던 고종 18년대에 척사사상의 일각에서는, 그와 같은 일방적 주화매국의식과는 달리 개화정책을 긍정적으로 승인하려는 의식적 노력이 나타나기 시작했다.

그것은 곧 척사를 기반으로 하되 自强을 위하여 서양의 기예는 채택해야 한다는 부분적인 채서사상이었다.

동양적 本末思想(體用理論)에 근거를 둔 이러한 의식은 일단 道와 器〔技〕를 분리시켜 채서의 범위를 우선 그 用에 해당하는 西器에만 적용시키려는 동양문화권의 일반적 발상법[1]의 하나이기도 하였으며, 그것은 또한 당시의 개화정책(국왕 중심)이 척사를 전제로 한 부분적 채서였기 때문에 척사의식이나 개화의식이 공통적으로 결합할 수 있는 단계에서의 위정척사사상의 발전이기도 하였다.

고종 18년 6월 前掌令 郭基洛이 올린 상소는 근본적으로 주화매국이란 위정척사사상에 반대하는 입장에서 출발하고 있었다. 즉, 개

---

1) 이 점에서 중국의 '中體西用', 일본의 '和魂洋才', 조선의 '衛正斥邪(東道西器)' 등이 그 예들이다. (梁秉祐 '근대화의 개념', 〈역사학보〉 33집 1967년 참조)

항정책으로 곧 서학에 빠지고 있다는 주장은 잘못이라 전제한 그는, 일본과의 수교와 척양과는 스스로 별개의 문제로서 개항 체제(여기서는 개화정책으로 간주)와 척양은 병존할 수 있다고 주장하였다.

'……아국이 일본을 容接하는 것은, 즉 그들을 羈縻하려는 계획에서 나온 것이요, 일본이 서양과 교호하고 양학을 배우는 것은 아국이 관여할 바 못 된다. 그리고 우리가 교호하는 것은 다만 일본이요 어찌 양이와 더불어 통호하겠는가?……黃遵憲 책자는 아국에 관계되는 緊要敵情 등에 관한 措策이므로 그 用捨施黜은 오직 조정에서 商確할 일이다. 일본과의 修交는 古來의 수호관계와 天下通商의 현정세에 비추어 그것을 거부할 수 없다. 다만 得宜한 조치로서 차강을 꾀할 수밖에 없으며, 그것은 피폐된 내정을 개수하고 『外攘寇敵』하면 된다.……또한 서양이라 하더라도 그 器械의 藝나 農桑의 書가 진실로 이익이 될 만한 것이면 반드시 택하여 행할 것이요, 반드시 그 사람(人)으로 해서 그 양법까지 함께 물리칠 필요는 없다.……'[1]

그것은 서양의 기예에 대한 채용을 주장한 것이며, 이때 기예는 주로 공업 및 농업 등 산업기술을 중심으로 하고 있었다. 그것은 비록 산업기술과 같은 부분적인 채서에 머무르고 또 그러한 채서는 외양구적하기 위한 자강의 일면에서만 용인된 것이기는 하지만, 전면적인 서양배척, 왜양배척이란 극도의 척사사상에 비하여는 실로 시의에 적절한 개화론으로의 전진이었다 하겠다.

---

1) 《日省錄》고종 18년 6월 8일조

이와 같은 부분적 채서사상은 면면히 발전하여 1년여가 지난 고종 19년 하반에 이르러서는 적극적인 채서의식으로 확대되고 있었다.

우리는 여기서 고종 19년 9월 幼學 高潁聞의 상소를 빼놓을 수 없다. 서양기술의 적극적 도입과 제도개혁에까지 미치고 있던 그의 採西개혁안의 요지는 다음과 같다.

㉠ 서양기술의 적극적 도입 : 서구 각방에 사절을 파견하여 그 풍물을 살펴 우의를 펴고, 기예에 정통한 교사를 초청하여 八域 上下들로 하여금 新務를 학습케 할 것.

㉡ 정치제도 개혁 : 정부 외에 특히 公議堂 一所를 신설하여 직무의 인사를 구하여 不次陞用할 것.[1]

㉢ 군비 : 인천은 三南漕運의 요충이며 京師海門의 咽喉이므로 해군을 특설하여 중진으로 삼을 것.

㉣ 상공 및 재정정책 : 採鑛·통화정책을 실시하여 법에 따라 채광을 장려하고 3종의 화폐를 연수 제한 없이 유통시켜 통화유통을 성하게 할 것. 都下에 商會所·국립은행을 설치하여 利路便否를 爛商케 하되 손해에 따라 징세케 할 것. 세법을 개정하여 冗職을 汰去하고 잡공을 신식 세법으로 하며 봉록을 후정하여 生路를 넓게 열 것.[2]

여기서 적극적인 채서는 서양의 기술만이 아니고 서구체제에 따른 제도의 개혁까지 포괄하였다는 점에서 이 단계에서 이미 한민족은 자주적인 의식 기반에서 개화사상이 상당히 무르익었음을 알 수 있으며, 그러한 의식의 기반은 후일 외세의 작용으로 경장의 실효가 왜곡

---

1) 그것은 곧 근대적 의회제 신설에 대한 요구였다. 그것은 1898년 만민 공동회의 요구에 의하여 중추원 관제로서 발전하였다.
2) 《日省錄》고종 19년 9월 22일조

되었을 때 그것을 바로잡기 위한 일련의 자주개화운동(1898년대)에서도 그대로 나타나고 있었다.

이제 전면적 척양과 부분적 채서가 함께 진행되고 있던 척사의식과 조정의 개화적 자강정책을 중심으로 하여 고종 18년(1881년)부터 19년까지 2년간에 나타났던 상소문을 다음과 같은 몇 가지 형식으로 분류해 보기로 하겠다.

① 시간적 경과에 따른 의식 상황의 변천

이상의 도표를 정리해 보면 우선 총편 18편의 상소 중 1882년 9월 이전의 9편은 거의 척사의 입장에 서 있었고, 9월 이후의 9편은 거의 채서의 입장에 서 있었는 바, 그것도 시간의 경과에 따라 그 채서의 폭이 점차 소극적 채서로부터 적극적 參西思想으로 확대되어 갔다. 그것은 西器(西技)로부터 西法(제도)으로, 西法으로부터 西制 내지 萬國公法(서구적 세계관)으로 확대되어 갔음을 의미한다.

여기서 흔히 한민족의 개화 계기의 하나로 설정되는 1880~1882년대[1]가 종전까지 관인 엘리트의 개화정책에 대한 사림들의 위정척사사상의 대립으로만 설명되어 오던 주장은 긍정될 수 없게 된다. 즉, 거기에는 척사적 사상과 함께 채서적 의식이 거의 동류로 성장되고 있었으며, 초기의 척사적 경향으로부터 점차 채서 개화사상으로 발전적 변천마저도 거기에 진행되고 있었음을 명확히 주장할 수 있겠다.

따라서 한미조약을 정점으로 하는 1880년대의 개화정책은 외교적 요인이나 관인 엘리트의 정책적 측면만이 아니고 在野 사림을 포괄하는 전면적인 의식적 추향에 일치하는 것이었던 것이다.

---

1) 千寬宇 前揭論文 p. 203

| | 년월일 | 상소자 | 신념 체계 | 가치 정향 | 수 단 | 비 고 |
|---|---|---|---|---|---|---|
| 1 | 고종 18년 2월 26일 | 萬人疏(疏頭: 李晚孫) | (조선 책략)에 대한 외교반대 | 위정척사 | 崇儒重道 程朱之學 高陽 | 유배처벌 |
| 2 | 고종 18년 3월 22일 | 武科及第 洪時中 | 수교 개화 배척 美俗良法 墜落 (大羊・禽獸) 개항=受制於倭 | 위정척사 (예양일체) | 제한 수교 斥民一心 洋化・洋書 排斥 | 처벌 |
| 3 | 고종 18년 3월 22일 | 出 身 黃載顯 | 개화 수교에 최의 中源 秩序 開襄에 대한 불안 異國 秩序(洋色)에 냉담 | 위정척사 (척양사상) | 國內 兵政의 刷斷 | 慶尙 金洋鎭 京畿 柳冀永 忠淸 韓洪烈 등 |
| 4 | 고종 18년 6월 18일 | 前掌令 郭基洛 | 倭洋 分離 수교 자강 인정 西技西器 주장 | 採西・備正 (東道西器) | 산업 강화 기술 도입 | 서구 기술 승인 |
| 5 | 고종 18년 閏7월 8일 | 江原儒生 洪在鶴 | 개화(주화) 중신 배척 사설 황행=종사위기 | 위정척사 (예양일체) | 孔孟程朱로 사설, 매국 신료 처행 | |
| 6 | 고종 18년 閏7월 8일 | 京畿儒生 申 㰇 | 주화 신료 배척 조선책략 嚴斥 사교배척 | 위정척사 (예양일체) | 척사정책 강화 주화 신료 배제 | 忠淸 趙啓夏 全羅 高定柱 비슷 |

III. 개화기 한국사상의 자기 전개   183

| | | | | 위정척사 | 개화정책 | |
|---|---|---|---|---|---|---|
| 7 | 고종 18년 11월 30일 | 忠淸 朱庠燮 | 斥倭和=絶禍敎・絶洋 朝鮮 政策 및 御門 新設 반대 | 위정척사 (예양일체) | 개화정책 증지 | |
| 8 | 고종 18년 8월 8일 | 副護軍 趙乘友 | 倭機擯斥 斥擾・內修 | 위정척사 (예양일체) | 內修 강화 | |
| 9 | 고종 19년 7월 25일 | 忠州幼學 金盆龍 | 崇正學・闢異論 武備・防不虞 | 위정척사 | 군비 강화 척사정책 | |
| 10 | 고종 19년 9월 3일 | 護曹佐郞 李斗永 | 西歐 農・병 기술의 수예를 인정 | 제서・위정 (東道西器) | 서구기술 채택 | 서구 기술 승인 |
| 11 | 고종 18년 9월 5일 | 刑曹佐郞 康鴻擧 | 통기 성격 외무・통상에 민국 通行之體로 인정 | 採西思想 (統治機構) | 機務衙門 復設 | 西歐的 制度 부분적 승인 |
| 12 | 고종 19년 9월 14일 | 蔚山幼學 李敎徹 | 천하대세 일변 만국공법=세계관 | 제서・참서 (만국공법 세계관) | 참서하기 위한 예비 및 防險之策 | 서구적 세계관 승인 |
| 13 | 고종 19년 9월 14일 | 前司果 金魯昇 | 세계 질서 개항통상 인정 | 참서사상 | 채용 (부국) 정책 | 서구적 세계관 승인 |
| 14 | 고종 19년 9월 22일 | 京居幼學 高須開 | 서구문명을 승인 외교・산업기술 정치・재정 제도 | 적극적 제서 및 참서 | 기술도입 제도개혁 외교강화 | 서구기술 및 제도 승인 |

| | | 持 平<br>柳重教 | 泰西=금수관<br>先王之道=華<br>고수 | 위정척사<br>(화이론) | 부국강병은 先王之道<br>로 | 〈批答〉<br>讀書者何如此何<br>怪愚民之胥訛也 |
|---|---|---|---|---|---|---|
| 15 | 고종 19년<br>9월 26일 | | | | | |
| 16 | 고종 19년<br>10월 7일 | 典 籍<br>下 鋈 | 야소교와 서구기술을<br>분리<br>器用, 醫農, 採鑛 등<br>산업기술 도입 | 제서사상<br>(동도서기) | 서구기술, 서적 도입<br>활용 | 척사에 대한 새로운<br>비판, 서구기술 승인 |
| 17 | 고종 19년<br>12월 22일 | 出 身<br>尹善學 | 서법에 의한 부국강병<br>(산업·군비) | 제서사상<br>(서법 인정) | 유학학습·기술 도입 | 서기에서 서법으로 발<br>전 |
| 18 | 고종 20년<br>3월 11일 | 前掌令<br>安翊豊 | 공법에 의한 외교 개<br>설<br>異制學習 도입 | 제서(異制)<br>참서(公法) | 열국조약<br>외교<br>서구제도 도입 | 서구적 세계관 및<br>제도 승인 |

## ② 제시 가치의 폭(scale)으로 본 분류

| 년대 | 척·예 | 양 | 산업기술 | 정치제도 | 경제제도 | 제도일반 | 서구세계관 | 서구문명 | 비 고 |
|---|---|---|---|---|---|---|---|---|---|
| 1 | ○ | | | | | | | | |
| 2 | ○ | | | | | | | | |
| 3 | ○ | | | | | | | | |
| 4 | | | ○ | | | | | | |
| 5 | ○ | | | | | | | | |
| 6 | ○ | | | | | | | | |
| 7 | ○ | | | | | | | | |
| 8 | ○ | | | | | | | | |
| 9 | | ○ | | | | | | | 1882년 9월 이후 |
| 10 | | | ○ | | | | | | |
| 11 | | | | ○ | | | | | |
| 12 | | | ○ | | | | ○ | | |
| 13 | | | ○ | ○ | | | ○ | | |
| 14 | | | ○ | | ○ | ○ | | | |
| 15 | ○ | | | | | | | | |
| 16 | | | ○ | | | | | | |
| 17 | | | | | | ○ | | | |
| 18 | | | | | | ○ | ○ | ○ | |

Ⅲ. 개화기 한국사상의 자기 전개　185

③ 정치 단위와 개화 가치의 폭에 의한 분류

| 단위<br>변화폭 | 관 인 | | | 사 림 | | 비고 |
|---|---|---|---|---|---|---|
| | 六品이상 | 六品이하 | 前職人 | 幼學 | 儒生 | |
| 척사 상소<br>(9名) | 1 | 2 | | 3 | 3 | 幼學에는<br>출신·무<br>과급제도<br>포함 |
| 채서 상소<br>(9名) | | 3 | 3 | 3 | | |

이상의 도표로 보아 당시의 개화의식과 척사의식이 정확히 정치 단위와 연결되어 분화되어 있지는 않았다 하겠다. 다만 幼學이란 단위가 재야의 유생으로부터 이미 仕路(관인)에 조달된 신분을 의미하기 때문에, 당시의 개화의식은 그 중심이 권력의 주변에서 비교적 소외된 관인 그룹에서 이루어졌음을 알 수 있겠다.

그것은 비록 수동적인 서구화에의 계기이기는 하였어도 여하튼 개항의 추진세력이 1870년대 소수 관인들이었다는 상황과 연결되며, 그 결과 서구에 대한 지식이 관인을 통하여 통신 전파되었다는 사실과도 결부된다. 그것은 후일 새로운 관인세력으로 이루어졌던 갑신정변과 관인들의 통치질서를 중심으로 이루어졌던 갑오경장을 설명할 수 있는 한국적 개화의식의 한 유형이기도 하였다.

### (2) 개화의식의 진행과 '자주·독립'사상

앞에서 지적되었듯이 한민족의 개화과정에서 개항=개화의 등식은 그대로 성립될 수 없었다. 그러나 한국의 근대화도 궁극적으로는 서구적 근대로의 지향이었기에 그것은 아시아적 세계관의 붕괴를 전제로 했다.

이와 같은 개화의 전제로서의 '脫亞'[1]的 태도는 우선 한국의 경우, 종전까지 불분명하였던 대중국 관계의 새로운 정립에서부터 출발하였다. 그런데 이러한 대중국 관계를 구체적으로는 대청 관계를 새롭게 정립해야 할 단계에서 거기에 적극적으로 작용하였던 요인이 바로 수호조약 당시로부터의 일본이었다.

즉, 1876년 수호조약 第一款에서 명시된 '朝鮮自主之邦'은 청의 복속 관계로부터의 조선의 분립을 선언한 것이었고, 그것은 조선의 일본적 개화 내지 일본의 조선침략의 의도로서 결행되었다. 그것은 1880년대 조선조의 부국자강에서 정책적 노력이 청국과의 관계로서 진행되려 하였을 때[2], 일본은 별도로 한국의 개화자강정책을 자기 체제에서 진행시키기 위한 자발적인 개화 권유로 나타났다.

이와 같은 '탈아'적 노력으로서의 개화에의 진행을 일편 국내 정치 단위에서는 개화＝독립이란 형식으로 나타났으니 그것은 구체적으로 청으로부터 자주와 문명 개화의 이중임무를 표방한 것이었다(갑신정변, 1884년).

그러나 그와 같은 독립 개화에 대한 한민족의 노력에는 그와는 별개의 방향에서 결합된 일본의 세력이 은밀히 작용함으로써, 그것은 후일 개화의 진행과정에서 새로운 임무, 즉 자주라는 또 하나의 의식적 노력을 환기시키게 되었다. 그러한 문제는 주로 1894년 갑오경장을 통하여 제기되었다.

즉, 무력적 위협과 함께 강요된 개화·5조[3]를 받아들여 국왕의 '以新政治'를 위한 하향적 勅諭로서 시작된 갑오경장 체제는 그 출발에

---

1) 大江志乃夫《近代日本とアジア》東京, 三省堂 1968년 p. 95.
2)《日省錄》고종 17년 7월 26일조
3)《日省錄》고종 31년 6월 22일조

서부터 자못 개화에 대한 회의가 병행되고 있었다. 그것은 곧 외세의 작용으로 진행되려는 개화에 대한 회의로서, 자주개화에 대한 의식의 제기이기도 하였다.

즉, 경장 추진기구를 논의하는 국왕의 소견에서(1894년 6월 27일) 좌의정 趙秉世는 "이같은 어려움을 당하여 이러한 변경을 갖게 되었으니 그것은(온 백성이) 一心이 이루어진 후라야 가능할 것이다." 하였고, 左議政 鄭範朝도 "國家典章을 一朝更張함에는 반드시 善變한 연후에야 그 실효가 있을 것이다."라고 하여 경장이 그 개혁 자체만으로는 이루어질 수 없다고 開陳하였다.[1] 과연 경장 체제는 그 최초 의안에서 '청국과의 관계를 개정 조약하여 열국에 전권공사를 파견하는 것'을 우선 제시하였고[2] 이어서 '일본 정부가 힘써 우리의 固有自主를 保認하였으니 전권대사를 亟派하여 인호를 더욱 돈독히 할 것'을 제의하였다. 그리고 그 후미에는 '각 지방에 留駐한 日兵은 청병을 방비하려는 것이니 우리 士民은 相安無事할 것'[3]을 명시하였다.

이와 같이 청일 양 세력 간에서 진행되던 개화정책에 대하여 이와 같은 부외적 요인으로부터 벗어나 강력하게 자주적 추진을 결행할 것을 주장하는 여론이 나타나기 시작했다.

즉, 前刑曹參議 池錫永은

'壬辰之亂 丙子之盟에서 당한 능욕이 얼마이기에 자강과 禦侮의 방책에 不及하였다가 이렇게 외인의 指勸을 받게 되었는가? 우

---

1) 《日省錄》고종 31년 7월 27일조
2) 《日省錄》고종 31년 6월 28일 議案 제2조
3) 《日省錄》고종 31년 7월 1일 議案 6조 및 9조

리 민심에 병이 두 가지가 있으니, 하나는 청국을 두려워함이요 하나는 일본을 의심함이다.……백성이 일찍이 바라는 바는 이제 경장을 당하여 먼저 爲民雪忿할 수 있는 命이 있는 일이다.……'1)

라고 하여 개화 이전에 자강을 위한 君民一心을 부르짖었다.

이와 같은 개화에 대한 자주적 의식의 고양은 前承旨 申箕善의 상소에 더욱 잘 나타나 있었다.

'……일본이 우리의 자주를 권하고 우리의 개화를 가르친다 한다.……이제 異類外兵이 要隘에 據守하고 있어 생사안위가 그들의 장중에 있는데 다만 개국 연호만을 標하여 천하에 自高하는 것이 자주인가? 안으로는 변괴가 백출하고 법기가 蕩無한데도 다만 관제만 바꾸어 외국제에 效嚬한다고 하여 개화라 하겠는가?……무릇 개화란 公道를 恢張하고 이용후생의 자원을 개발하여 부국강병의 術을 다하는 것이다. 역사 이래로 외국에 제약을 받고 나라를 이룬 바 없고 인심과 중론을 어기고 신법을 행한 적이 없다. 저들이 과연 호의에서 나온 것이라면 우리에게 難行을 강요치 말 것이며 우리의 내정을 간섭치 말 것이다.……민심을 굳게 하고 시의를 참작하여 점차로 자주의 세를 공고히 하고 서서히 개화의 실을 거두도록 하라. 객으로 하여금 우리의 주권을 빼앗지 않도록 한 연후에 우리의 維新에 실효가 있을 것이

---

1)《日省錄》고종 31년 7월 5일조

다.……'1)

이것은 개화를 자주 독립이란 역사 상황에서 발전시킨 자주적 개화의식의 형성과정을 의미한다.

그러한 의식을 기반으로 비록 외세의 작용이 있기는 하였어도 경장체제를 추진하던 경장 그룹들도 개화 추진과 함께 조선의 독립을 太廟에 誓告하고 中外臣民에게 포고하게 되었다.2)

한편 이와 같이 개화 추진이 자주의식과 결합하는 과정에서 종전까지 위정척사와 같은 배타적 자주에서 서구를 배척했던 척사적 의식도 자주의식이란 형태로서 개화 과정에 합류되기 시작했다.

즉, 1895년 을미 衣制 改革 반대상소에서는,

'……인류를 금수로 떨어뜨리는 것을 능사로 삼으며 이름은 개화라 하니 그 개화는 사람의 국가를 覆亡시키는 개화이며……이름은 자주라 하나 나라를 들어 적에게 바치면서 문명을 강칭한다.……'3)

라고 하여 비록 척사적 배타의식이긴 하여도 개화 과정에 대한 자주의식을 선양하고 있었다. 또한 척사적 배타의식은 여기에 이르러 자주적 개화를 승인함으로써 개화의 방향에 새로운 요소로서 발전적으로 결합하고 있었다.

즉, 갑오경장을 추진했던 兪吉濬에 대하여 보낸 한 척사론자의 주

---

1) 《日省錄》고종 31년 10월 3일조
2) 《日省錄》고종 31년 12월 31일조
3) 《日省錄》권3 疏

장에서는 '법이 오래면 폐가 생기고 폐가 생기면 害民이 된다. 그러니 변화시키는 것이 진실로 옳은 일이요, 개혁시키는 것이 참으로 마땅하다.……'[1]고 주장한 다음 技藝術數에만 급급하여 외세에 趨附하는 경장을 비난하고 있었다. 그리고 이와 같은 자주적 개화의식에는 일편으로 전통적인 경장이론도 활용되고 있었다.

즉, 성리학적 본말사상에 기반을 둔 자기 중심적 경장이론이 1800년대 말에 활발히 등장되고 있었으니,

'……小變이면 小益 大變이면 대익……法久면 弊生, 폐생하면 해민, 해민이면 禍國, 이래서 君子가 급해진다. 그러나 그것은 반드시 人主가 學明修德해서 本源이 澄澈(자주성 확립)한 다음의 일이다. 그렇지 않다면 小更하면 小害, 大更하면 대해, 따라서 그것은 因循함만 같지 못하다.……'[2]

는 이론이 그 요지를 이루고 있었다.

### (3) 지성적 동원 단계와 민권사상

개화의식과 자주·독립사상이 결합하던 19세기 말기의 정치사는 개항 체제 이후 개항 추진세력(주로 관인)과 거기에 대항하는 척사 배타세력(주로 사림) 사이의 의식상의 갈등이 자주라는 새로운 실천임무를 통하여 접합하려는 단계였다.

이와 같은 갈등적 상황에서 나타난 민족의식은 동학운동 및 의병운동(을미)을 통하여 대중화되었다. 여기서 척외적 자주나 위정척사

---

1) 《勉菴集》 권16 書〈擬答兪吉濬書〉
2) 《重菴集》 권34 雜著〈更張問答〉

와 같은 의식 기반에 서 있던 양 민중운동은 그 동원 형식이 종교적 동원으로서의 성격을 지니고 있었다.

그러나 을미의병운동이 관인세력이 중심이 된 국가적 측면에서의 탄압으로 점점 쇠잔하여 가던 1896년경 지성적 동원을 통한 새로운 민족의식의 발동이 나타나기 시작했다. 그것의 일단이 곧 독립협회와 같은 새로운 민권운동사상으로서, 그것은 민족적 측면에서의 대중동원과 국가적 측면에서의 정치과정에의 참여를 함께 목적으로 하고 있었다.

이러한 민권운동사상을 표방한 또 한 주류의 근대적 민족의식의 성격은 당시 中樞院 議官 尹致昊의 상소로서 잘 알 수 있다.

'……우리나라의 協會는 독립으로써 그 기초를 삼고 忠愛로써 그 목적을 삼고 있으니……그것은 私設이 아니고 실은 公認이다.……신 등이 이제 敢言으로 得罪하는 한이 있어도 1인이 죽으면 10인이 따르고 10인이 죽으면 백천 인이 따라서 살은 즉 종사와 함께 榮하고 죽은즉 돌아가 선왕 在天의 영에게 귀의하겠다. 權(利)으로 논할 것 같으면 천자로부터 서인에 이르기까지 각각 정한 바가 있으니 六州를 동등히 하고 만국을 평행하는 것은 陛下의 權이요, 폐하의 신하가 되어 폐하의 국토를 지키고 乖政亂法하는 신하가 있어 종사에 해를 끼칠 때 그것을 彈覈聲討하는 것은 신하의 권리이다. 說者는 말하기를 민권이 승하면 군권이 損한다 하나 그것은 무식의 소치이다. 오늘날 민의가 없다면 정치법률이 潰損하고 禍機가 어디서 닥쳐올지도 모른다.……'[1)]

---

1) 《日省錄》光武 2년 9월 9일 조

이와 같은 민의를 요구하는 지성적 동원에 대하여 조정에서는,

'……대개 외국의 제도에는 협회가 있고 국회가 있다. 협회는 민인의 私設로서 공동 講談하는 곳에 불과하다. 국회는 국가 공립으로서 국민 이해를 의결하는 곳이다. 본국에도 민인들이 사설한 협회란 것이 있는 바, 그것이 개명 진보에 일조하기 위한 것이 아니지만 이제 政令을 평론하고 黜陟에 干與하려는 것은 원래 협회의 規는 아니다. 심지어 離次開會하거나 封章守闕하는 것은 비록 국회에도 이러한 권한은 없다.……'[1)]

고 냉담하게 대립하였다.

그러나 동년 9월 관·민공동회의 형식으로 소집된 민중대회에서는 인민참정의 초기 형식으로서 6개조에 달하는 人民獻議를 결의하여 정부에 요구하기에 이르렀다.[2)]

그 인민헌의 제1항은 '外國人寄附 배제'·'관민합동'·'專制皇權 堅固' 등인 바, 여기서 '외국인기부 배제'는 개화—외세의 갈등을 개화—독립의 자주적 차원에서 실천하자는 의식이며, '관민합동'은 종교적 동원 단계(동학·의병·척사운동)에서 대립되었던 국가적 측면과 민족적 측면을 합일시키기 위한 統合에의 의식이며, '전제황권 견고'는 개별 민족의 독립·자주를 전제로 하는 새로운 국가적 형성 과정에서 소요되었던 민족국가의식이었다.

여기서 민권사상을 실천하려는 지성적 동원 단계의 민족의식은 개화와 자주를 근대적 민족국가의 형성을 통하여 밝혀 주려는 근대 민

---

1) 《日省錄》光武 2년 9월 6일조
2) 《日省錄》광무 2년 9월 16일조

족국가의식으로의 발전 과정이었다.

그 결과 한국사 최초로 인민헌의 사항을 받아들여 의결하는 입법부 중추원의 의원(50인) 반수가 투표선거로 진출되는 의원선거제가 채택되었다.[1] 그리고 인민선거는 당분간 독립협회가 담당하여 시행키로 되었다.

이와 같은 민권사상운동에는 당시의 관인 엘리트들도 상당히 긍정적이었으니 議官 金嘉鎭은 '오늘의 국세를 공고히 하고 民志를 안정시킴은 오직 협회에 달려 있다'[2]고 지적하여 민권운동을 당시 민족의식의 주류로서 인정하고 있었다.

여기에 따라 외국에 趨附的 태도를 영단하고 국권과 國體의 자주성을 확인하려는 의식은 드디어 법률로서 입안되기에 이르렀다. 즉, 광무 2년(1898년) 10월 법률 제3호는 그 제1조에서 '관인 평민을 막론하고 외국인에 의뢰하여 국체를 손상시키고 국권을 상실시키는 자는 모두 본법에 적용 歸伏시킨다'[3]라고 명시하고 있었다.

따라서 19세기말 한민족의 지성적 동원을 통하여 나타났던 민권적 개화의식은 한편으로는 민족의 等質性과 근대 체제를 지향하려는 근대적 민족주의의 발현이었고, 다른 한편으로는 조선조의 정치적 독립을 표방하려는 근대적 민족국가의식이었다. 그것은 후일 1905년 국가적 측면에서 주권을 상실한 한민족이 동양적 세계관에서 벗어나 서구적 세계관 속에서 자신의 자주와 독립을 실현하려 했던 발전적 민족운동으로 전진하기 위한 자생적 한 과정이었다.

---

1) 《日省錄》 광무 2년 9월 19일 勅令 36호
2) 《日省錄》 광무 2년 10월 2일조
3) 《日省錄》 광무 2년 10월 9일 법률 3호

### (4) '만국 공법'과 서구적 세계관의 성립―義兵運動思想

1905년 을사조약을 통하여 국가적 측면에서의 자주권이 상실되었을 때 그것은 한민족의 민족의식에 커다란 전기를 설정해 주었다.

그것은 곧 개항 이후 30년을 진행시켜 온 개화 체제가 주권 상실로 종결되었다는 점에서, 이제까지의 개화와 자주라는 2대 민족의식의 조류는 개화로부터 자주로 그 주류가 넘어 오게 되었음을 의미하며, 그것은 또한 근대 정치사의 주역이 국가적 측면으로부터 민족적 측면으로 이행되었음을 의미한다.

그 결과 이 단계에 이르러 개화는 자주권 회복을 위한 민족운동의 주류 속에 부수하여 진행되기에 이르렀다. 여기서 당시의 민족운동이 위정척사를 부르짖던 주체적 정치 단위(사림)가 중심이 된 의병운동이었다는 점에서 의병운동사상을 통한 개화의식의 한계성이 일단 제기되지 않을 수 없다.

그러나 1905년 이후의 의병운동은 이미 국가적 자주권의 회복이란 국가적 측면에서의 역사 임무를 전제로 하고 있었고, 이와 같은 한민족을 주권국가로서 회복하여 주는 역사적 임무는 한민족을 국제사회에서 독립적 단위로서 부각시켜 준 임무와 직결되고 있었다. 여기서 그것은 국제사회에서 개별 국가의 병존을 염원하게 되고 그것을 실천하기 위하여 '만국 공법'[1]을 부르짖게 되었다.

즉 1906년 호남 의병의 倡義檄文에는,

'……동지들을 장려하여 次第로 북상하여 諸倭를 부르고 각국 공사 및 우리 정부대신을 회동시켜 크게 담판을 벌이려 한다. 그

---

1) 芳賀登《東アジア近代史の 研究》大塚歷史學會編(1967년) pp. 101~109 〈中國中華觀の 崩壞と萬國公法〉참조

리하여 작년 10월의 勒約을 繳收하여 소멸시키고, 우리의 국권을 侵奪하고 우리 生民을 虐害하였던 모든 前後 늑약들을 한결같이 만국공론에 붙여 버릴 것은 버리고 고칠 것은 고치려 함이다.……'[1]

라고 명시하여 의병운동의 궁극적 전거를 만국공론에 두고 있었다.

여기서 이미 서양은 배척의 대상이 아니요 공존의 대상이며, 주권을 전제로 개별 민족국가가 병존하는 국제사회는 민족대표 집단으로서의 의병운동이 참여하려는 새로운 국제질서였다. 그것은 국경 개념이 불명확했던 동양적 세계관의 붕괴를 의미하며 문화적 華夷論이 중심이었던 中華 世界秩序의 부인을 전제로 하는 것이었다.

이와 같은 중화적 세계질서 해체 과정은 한민족의 자주적 개별성을 인식하는 역사의식 재창조 과정과 동시에 진행되고 있었다.

'……우리나라는 高麗 이래로 이름은 비록 중국의 藩屬이었지만 그러나 토지며 인민이며 정치는 모두 우리의 자립이었고 우리의 자주이어서 조금도 저들의 간섭을 받지 않았다.……임진의 戰役에 비록 명의 구원이 있기는 하지만 그 回復全勝의 공은 모두 우리 군에게 있었다.……'[2]

이와 같은 민족의 자주성을 인식하는 역사의식 재창조 과정은 새로운 국제질서에 참여, 병존하기 위한 민족유신론으로 발전하고 있다.

---

1) 《日省錄》卷3〈倡義討賊疏〉
2) 《日省錄》卷4〈布告八道士民〉

'……우리 민족은 단 文治의 끝에 民氣가 萎靡하고……또 천하 대세를 통지하지 못하여 合變(개혁)할 수 있었음에도 불구하고(하지 못하고)……오늘날 우리 士民의 最先急務는 천하대세를 살펴서 기력을 自奮하는 데 있으니 그렇게 되면 의뢰 신망하는 마음을 버리고 頹惰萎靡의 버릇을 떨쳐서…….'[1]

그리고 그와 같은 민족의식은 민족의 동질성을 전제로 하는 근대적 민족주의 의식(동포주의)을 강하게 내포하고 있었다.

'……我 2천 만 동포형제여 一心合力 원기를 진작하여 왜를 망치고 삼천리 강토를 회복하여……억조창생을 구제하라.……'[2]
(漢南倡義所 檄文)

따라서 1905년 이후의 민족운동 사상은 자주권 회복을 위한 민족의식의 발동이었지만 그것은 한민족의 개별성과 자주성을 인식한 역사의식의 재창조 과정과 민족의 동질성에 기반을 둔 동포주의의 표방으로 근대적 민족주의 의식의 형성을 지향하고 있었으며, 또 그것은 中華的 세계관을 버리고 만국공법에 기반을 둔 서구적 세계관을 승인하였다는 점에서, 그것은 근대적 민족국가를 탄생시키기 위한 근대국가 의식이기도 하였다.

---

1) 《日省錄》卷4〈布告八道士民〉
2) 全南北警秘제126호 隆熙 2년 4월 12일조

## 4. 結 語

한민족의 近代化史에 새로운 계기로서 등장된 1876년의 수호조약은 개항=개화라는 등식을 그대로 성립시켜 주지는 아니했다. 그것은 개항이란 역사적 계기에 작용한 변화인자가 서구적 근대를 실천한 직접적인 서구가 아니고 우리와 동일 문명권인 일본에 의하여 대행되었다는 사실에도 기인했다.

그러나 개항이란 역사적 계기가 자기를 외부 사회로 열어 주는 역사 임무만이 아니고 자기를 그와 같은 국제사회에 대하여 국가(통일국가)로서 표현해 주는 임무마저도 병행하는 것이었다면[1] 이미 통일민족국가를 형성하고 있던 한민족에게서는 개항이 국가 형성과정과 연결될 수 없었다는 보다 근본적인 상황이 여기에 관련되어 있었다. 따라서 통일국가 형성이란 새로운 임무를 발견할 수 없었던 한민족에게는 개항이 오직 외부에 대하여 자기를 열어 주는 일방적 의미만을 지니고 있었으며, 그것은 이미 자본주의적 팽창 基調에서 疑懼對象으로 인식되던 서구사회로의 개통이었기에 자발적인 수용이 거부되었었다.

그것은 일본의 무력적 위협 앞에 비자발적 개항 결정을 낳게 하였고, 그 결과 한민족의 개화에의 계기는 서구에 대한 사실적 승인에서가 아니고 그에 대한 법률적 승인에서부터 이루어졌다. 그리고 서구에 대한 법률적 승인이란 소극적 계기에서부터 서구에 대한 사실적 승인이란 적극적 단계에 이르기까지(1905년 이후) 실로 30여 년이 소모되었다.

---

1) 丸山眞南,《日本の 思想》p. 9.

그것은 초기단계에서는 부정적인 개항 체제를 거부하려는 배타적 자주의식에서 출발하였다. 이와 같은 배타적 자주의식은 서구적 수용에는 직결되기 어려웠으나, 정치적 자주와 경제적 자존을 확보하려는 민족의식의 성장에는 긍정적이었다.

그러나 이와 같은 배타적 자주의식의 기반에서도 서구를 수용하려는 採西思想은 자율적으로 진행되었다. 그것은 산업기술에서부터 출발하여 군비·경제제도·정치제도 등으로 확대되었고, 그것은 드디어 서구적 세계관을 전제로 하는 근대적 민족국가 의식으로까지 전진하였다.

이와 같은 민족적 측면에서의 근대의식에로의 자율적 성장과정과 병행하여 국가적 측면에서의 개화정책도 이루어져 왔다. 그것은 1880년대의 서구 지식의 확대와 제도적 개혁으로부터 출발하여 甲申政變으로 발전하였다. 갑신정변은 서구적 지식 체계에 기반한 새로운 반항 엘리트적 정치 단위의 형성을 보이는 듯했지만, 그것은 지성적 동원을 통한 대중동원을 실현하지 못하고 상부사회 계층의 국가적 측면에만 집착하였던 관계로 개화 임무를 성공시키지 못했다.

여기서 국가적 측면에서 진행된 개화정책은 보다 보수적 성격으로 후퇴하고 그것이 외세의 더욱 적극적 작용으로 왜곡되려 했을 때(갑신경장), 민족적 측면에서 진행되어 온 배타적 자주의식이 여기에 작용하게 되었다. 그것은 개화와 자주와의 결합을 의미하는 것이었고 구체적으로는 자주독립이라는 근대적 민족국가 가치에로의 지향이였었다.

그러나 그것은 아직도 서구적 세계관을 전제로 하지 않은 동양적 국제질서 속에서의 근대국가에 대한 인식이었다. 이와 같은 근대국가 의식은 1905년 국가적 측면에서의 자주권을 상실하게 되었을 때,

자주권 회복을 통한 새로운 국가건립은 주권국가가 공존하는 국제사회(서구적 국제사회)에의 참여라는 발전적인 의미를 갖게 했다. 그것은 동일 문명권 내의 일본이 침탈해 간 주권을 회복하기 위한 만국공법에 대한 요구와 세계사의 새로운 주류로 등장된 서구에 대한 사실상의 승인이 결합되고 있었음을 의미한다.

여기서 한민족의 자율적인 의식의 성장을 통하여 진행되어 온 개화에의 방향은 주권상실 이후의 새로운 국가건설이라는 주권 회복과정을 통하여 그 궁극적인 근대 민족국가 의식으로 완성되어진 것이다. 일본의 경우 그들은 이미 1854년 개항에서 통일국가 형성이란 역사 임무를 맞이하게 되었고, 그와 같은 통일국가 형성이란 역사 임무는 그들의 근대화를 실천하는 직접적인 계기로 연결되었다.

일찍이 민족통일국가를 형성하고 있던 한민족은 한국 근대국가 건설이란 역사 임무를 개항의 계기에 얻지 못하였기에 그러한 개항 체제의 붕괴라 할 수 있는 20세기 초의 주권 상실기 이후에야 비로소 근대국가건설을 위하여 개화와 자주를 결합시킬 수 있었던 것은 불행한 아이러니였다. 여기에 또한 일본에 의하여 대행 중계된 개화에의 계기가 중화적 세계 질서에서 벗어나기 위한 '脫亞'的 노력을 지연시켰음을 지적하지 않을 수 없다.

여기서 한민족의 근대적 민족의식을 파악하기 위한 인식의 기점은 서구적 근대에 대하여 한국적 근대화의 특질을 더욱 중시하는 편에 두어야 하겠으니, 거기에는 서구를 수용하는 측으로서의 한국의 전통적 사상체계의 변용 과정을 설명하는 자율적 기조의 확인이 무엇보다 중요하다 하겠다.[1]

---

1) 이러한 태도에 대하여는 森本三之介編《近代思想の 萌芽》《現代日本思想 大系 1》東京, 筑摩書房 p. 11(1969년)

# Ⅳ. 한국사상의 자기 조명

## 1. 한민족과 그 사상의 주체성

— 역사의식에서 본 한국사상의 방향 —

### (1) 하나밖에 없는 主體(민족)와 活力(역사)

우리는 한민족이다. 그러한 민족은 우리가 좋다고 선택하여 얻어진 생명도 아니며, 또 주어진 현실이 어렵다고 홀연히 버릴 수 있는 주체도 아니다. 그것은 선택 이전에 이미 우리에게 주어진 생명이며 그 현실이 아무리 어려워도 우리만이 책임지고 지켜야 할 규범적 주체인 것이다.

여기서 주체성의 논의는 어디까지나 우리는 한민족이다,라는 한국적 身元에서 출발한다. 우리가 우리의 주체를 의식하고 주체성을 논의하는 신원으로서의 한민족은 우선 우리에게 다음과 같은 호소력을 지닌다. 그것은 바로 '한민족은 그 역사가 아무리 어려웠어도 4천 년 이상을 살아와 오늘에 살아남은 민족이다'라는 바로 그 역사의 호소력인 것이다.

우리는 이상의 주장에서 다음과 같은 세 가지 가치를 발굴해 내게 된다.

첫째는 '역사가 아무리 어려웠어도'로 표현되듯이 우리가 걸어온 역사의 길은 그 어느 민족의 그것보다도 훨씬 어려웠다는 사실인 것이다.

東北亞의 독자적인 문화민족인 東夷族이며[1] 한민족의 역사에 가해진 민족적 모순만도 대소 이민족의 침략을 합하여 천여 회에 달하고, 그것을 전면전쟁의 형식으로 막아야 했던 커다란 위기만도 실로 백여 회에 달하였다. 여기서 우리는 한민족의 침략의 要衝으로 노출되어 온 반도의 지정학적 불리나 남달리 역사의 여울목에서 왔던 역사적 상황의 불행만을 한탄하면 안 된다. 그보다도 오히려 동북아에 명멸하여 간 수많은 민족 가운데에서도 가장 우뚝한 주체문화를 가져왔고 그래서 우리의 그 우월 문화의 상징이 바로 주변 低文化民族의 공략의 지표가 되어 왔다는 주체적 자긍을 확인하여야 한다. 삼국 이래 수백 회에 달하는 왜구의 침략이 그러했고, 아시아의 북방민족과 주변 민족인 契丹・蒙古・女眞(만주족) 등의 침략이 또한 그러하였다.

여기서 우리가 겪은 역사적 시련은 우월한 문화민족의 주체적 자주 때문에 겪어야 했던 한민족의 부담 바로 그것으로 요약된다. 원래 우세한 한민족의 군사력 앞에서 저항을 하지 않고 화친하는 민족에게는 시련이 없고, 역사의 도전 앞에서 자기를 지키려는 자주에의 의지를 포기하는 민족에게는 그 도전 자체가 의식될 수 없는 것이다.

둘째는 '4천 년 이상'으로 표현되었듯이 한민족이 걸어온 4천 년 이상의 역사가 다른 어느 민족의 그것보다도 길다는 사실이다.

민족사의 경우 역사는 주체민족에게 활력을 계속적으로 재창조하

---

1) 역사의 모순은 흔히 그 대외적 모순(민족적 모순)과 그 대내적 모순(계급적 모순)으로 구분되는 바, 이 중 민족적 모순은 주로 민족에 대한 주체성의 위기(identity crisis)와 국가에 대한 정통성의 위기(legitimacy crisis)를 수반하게 된다. 따라서 민족적 모순 앞에서는 민족의 자기 신원(national identity)으로서의 주체성이 무엇보다도 중요한 것이다.

여 줄 수 있는 한에서만 자기 역사로 의식되고 기록될 수 있다는 특징을 지닌다. 따라서 역사는 그 역사의 주체인 주체민족이 자기 역사에 대하여 책임을 지고 역사의 주인노릇을 하여 온 그러한 역사만이 그 주체인 민족에게 활력을 줄 수 있는 것이다. 여기서 역사는 어려울수록 그 역사의 실천 주체가 누구였느냐 하는 역사주체의 문제가 더욱 절실하여지는 것이다.

그러기에 우리가 근대사 단계에서 입은 일제침략의 상처를 괴로워하는 것은 일제로 하여 입었던 민족적 시련이나 고난에 앞서 그 침략 동안에 우리 한민족이 한국사의 주체가 되지 못하고 침략자 異質主體인 일제에게 우리 역사의 주인노릇을 빼앗겼던 國史 실천 주체의 상실 때문인 것이다. 즉, 한민족이 한국사의 주인을 다른 민족에게 빼앗겨 그 다른 민족에 의하여 지배되어 온 역사는 그것이 36년이 아니라 3백60년이 되고 또 그것에 의하여 이루어진 번영이 36년의 괴로움, 그것보다 비록 훨씬 훌륭한 것이었다 하여도 그것들은 결코 한국사의 본래 주체인 한민족에게 아무런 활력도 줄 수 없다는 사실인 것이다.

여기서 우리는 역사주체로서 민족이 얼마나 소중한가를 깨닫게 되고 비록 짧은 그것이지만 36년 역사 단절을 한없이 괴로워하게 되는 것이다.[1] 이러한 입장을, 우리보다 기록된 역사의 연대가 다소 길다는 中國史로 옮겨 놓았을 때 그들의 역사는 부득이 우리보다도 짧은

---

1) 역사 주체의 단절에는 실천 주체의 단절과 서술 주체 단절이란 양면이 있다. 일제에 의한 우리의 역사 단절은, 곧 그 실천 주체의 단절은 우리가 역사의 주인 노릇을 36년간 일제에 빼앗겼기 때문이다. 비록 36년간이지만 일제에게 온 조선조에 대한, 아니 온 천 년에 대한 역사 서술의 붓끝을 빼앗겼기 때문에 온 조선조 5백 년, 아니 4천 년 역사 구석구석에까지 그 서술 주체 단절의 상처가 입혀져 있는 것이다. 그것이 바로 식민사관의 가장 본질적 제약인 것이다.

민족사로 수록되지 않을 수 없는 것이다.

즉, 중국사의 주체를 華夏 이래의 漢族으로 확인할 경우[1] 그들의 역사에서는 중국사의 주인에서 그 정통 주체인 한족이 밀려났던 주체의 단절이 너무나도 많았던 것이다. 북방민족에 의하여 통일되었던 隋나라 역사, 북방민족과 이민족들에 의하여 어지러웠던 5胡16國의 혼란, 북방민족인 몽고족에 의하여 漢族인 宋朝의 숨통이 완전히 끊겼던 13세기 이후 元나라 역사, 그리고 17세기 이후 만주족에 의하여 제압당한 淸의 역사 등등…… 따라서 이러한 역사들은 그것이 아무리 길어도 그 주체인 한족들에게 역사의 활력을 줄 수 없기 때문에 민족사의 활력에서 이같은 연대들은 당연히 제외되어야 하는 것이다.

중국의 황하유역에서 皇帝 이래로 시작된 중국사의 출발이 지금까지 4천 7백여 년을 기록하여 우리보다 다소 긴 연대를 보이고 있지만 그러나 거기에서 앞서 말한 이민족에 의한 역사 단절의 연대를 모두 제외하고 나면 오늘의 그들에게 남는 민족사의 활력은 불과 3천 년 미만으로 수록되고 마는 것이다. 따라서 그것은 4천여 년을 온통 한민족이란 이름으로 우리 주체가 지켜 온 우리 한국사의 활력과 결코 비교될 수 없는 것이다. 여기서 민족사의 입장에서는 우리 한민족의 역사가 가장 긴 역사라는 민족사의 활력과 자긍이 확인되는 것이다.

셋째는 한민족은 '오늘에 살아남은 민족'이다로 표현되는 민족의 영원한 활력에 대한 확신인 것이다. 민족은 그것이 사라질 때 그것을

---

1) 고대 중국의 華夏族에 대하여 고대 한국은 東夷族이라는 별개의 독자적 주체를 가지고 있다. 殷墟의 발굴에 의하여 더욱 확인된 이 민족사적 史實은 고대 아시아 문화권에서 東夷의 문화가 西夏의 문화로 영향을 주고 있었다는 夷夏東西說로 발전하고 있다.(傅斯年, 夷夏東西說, 慶祝 蔡元培 선생 65세 논문집 下冊 참조)

대신 살아 줄 수 있는 어떠한 대역도 없다는 점에서 그것은 유일한 주체인 것이다. 민족은 그같이 하나밖에 없는 유일한 주체이기 때문에 그것이 사라질 때 그것 앞에 쌓여져서 온 모든 가치가 함께 사라지게 된다. 그래서 민족 앞에서는 무엇보다도 살아남아야 한다는 생명의 활력과 생존의 가치가 가장 중요하게 된다.

가령 13세기 아시아를 석권하고 한반도에 침략해 들어와 우리에게 귀속 관계를 강요했던 저 막강한 몽고족들이었지만, 그들은 오늘날 이 지구상에 반쪽도 살아남아 있지 못함으로써 역사의 주체가 될 수 없었던 것이다. 우리는 여하튼 침략 앞에서 40여 년 저항을 하며 괴로움을 당하였지만 오늘날 끈질기게 살아남음으로써 청소한 역사의 주체가 되고 있는 것이다. 그것은 17세기 만주족인 對淸 關係에서도 마찬가지이니, 즉 17세기 우리를 침략해 들어와 우리에게 君臣 주종관계를 강요하였던 저 만주족들은 그 당시에는 아시아의 막강한 민족으로 그 氣를 다하였지만, 그러나 그들은 오늘날 이 지구상에 살아남지 못함으로써 조그만 역사의 주체도 이루지 못하고 있는 것이다.

여기에 대하여 우리 한민족은 그 17세기 침략 앞에서는 더없이 괴로웠고 강요된 군신 주종관계 밑에서 더없이 치욕스러웠지만, 여하튼 오늘에 살아남음으로써 더없이 떳떳한 오늘의 역사주체가 되고 있는 것이다. 여기서 우리 한민족에게서는 민족에게 더없이 귀중한 생존이란 활력이 역사적으로 확인되고 있으며, 이같은 민족의 생존에 대한 활력이 역사적으로 확인될 때 우리에게서는 오늘의 70년대 우리의 상황이 아무리 어려워도 우리는 살아남아야 하며 한편으로 또한 잘 살아남을 수 있다는 민족의 영원한 생존에 대한 의지와 신념이 솟아날 수 있게 되는 것이다.

민족의 바로 이 의지와 신념으로부터 오늘의 한민족(주체)을 그들이 걸어온 4천 년 민족사의 활력과 연결시켜 재창조시키려는 주체 이론이 출발하는 것이다.

여기서 민족이란 주체와 역사라는 활력은, 첫째 민족은 그것이 사라질 때 그것을 대신하여 줄 수 있는 어떠한 대역도 없다는 점에서 그것은 역사 앞에서 유일한 주체라는 사실과, 둘째 역사는 그것이 재창조되지 않을 때 어려운 민족은 그것이 살아갈 수 있는 그 어떠한 활력도 얻을 수 없다는 점에서 그것은 민족 앞에 유일한 활력이라는 주장에서 각각 긴요하게 만나게 되는 것이다. 따라서 이같이 하나밖에 없는 민족이라는 더없이 귀중한 주체와 그 민족의 하나밖에 없는 역사라는 더없이 귀중한 활력을 창조적으로 결합시키고자 하는 주체이론은 그러므로 민족이 살아가기 위한 가장 절실한 생존의 원리인 것이다.

### (2) 主體性 - 그 명분(자주)과 의지(행복)와 효율(창조)

주체성은 한마디로 민족이 살아가기 위한 생존의 원리로 확인되었다. 그러나 이때 생존의 원리에는 반드시 다음과 같은 전제가 선행되고 있다. 그것은 바로 살아가되 반드시 '나'라는 자기 주체로서 살아가야 한다는 조건인 것이다. 따라서 생존의 주체로서 '나'라는 개념은 주체성 이론의 출발이며 동시에 귀결을 이룬다. 물론 이같은 나라는 주체는 역사 앞에서 민족이란 주체로 동일화된다. 여기서 민족은 역사 앞에서 우리가 찾아야 할 영원한 自己 身元(national identity)인 것이다.

우리는 역사적으로 어느 민족보다도 일찍이 민족이란 자기 신원을 확인시켜 온 민족이었다. 東夷라는 고유한 문화적 주체에서부터 출발하여 단군이란 민족의 상징 체계에서부터 자기를 확인하여 온 시간만도 4천여 년이 되고, 나(個我)라는 주체를 민족이란 전체와 동일화시켜 역사 앞에 민족이란 통일된 주체를 완성시키고 이루어 온 통일된 민족사의 창조만도 천 년 이상 쌓아 왔다.[1]

그래서 우리 민족의 고유한 한얼사상 속에서는 하나(一)이며 온(숲 또는 大)이라는 그 가치 체계 속에서 민족은 하나의 주체이지만 그 민족 속에는 그의 성원인 모든 나가 통합되어 있다는 온 나(전) 또는 큰 나(대)로서의 민족적 자기 신원을 일찍부터 형성시켜 왔던 것이다. 따라서 민족은 자기가 쌓아 온 이 자기 신원을 지킬 때 비로소 자기라는 주체를 내세울 수 있는 것이다. 여기서 민족은 괴로워도, 또 그것이 비록 보잘것없는 것이라 하더라도 자기의 신원은 지켜야 한다는 규범이 나오는 것이다.

이것이 비록 괴로운 그것이지만 또는 보잘것없는 그것이지만 역사 위에 쌓여져 온 민족의 자기 모습을 계속 지켜야 한다는 데에서 바로 자주라는 주체성의 명분이 나온다.

우리는 고대에서, 4백여 년 밀려왔던 漢四郡의 문화가 좋다고 자기를 버리고 거기에 동화되어 버렸었다면 이미 이 민족의 고유한 자기 모습은 그 당시 상실당하였을 것이고, 또 통일신라기에 성행하였던 당의 귀족문화에 매료되어 자기의 그것을 버렸다면 우리는 이미 통일신라에서 자기 신원을 잃었을 것이며, 또 13세기 우세한 세력으로 밀려온 元의 힘과 문화적 영향 앞에 그대로 휘말려들어 자기의 얼

---

1) 통일 민족사를 민족의 대외적 통일(unification)과 대내적 통합(integration)이란 2단계로 구분시켜, 우리의 통일은 7세기였지만 그것이 완결되는 통합은 20세기(즉 3·1운동 등)에 와서 나타나기 시작하였다는 소극적인 평가는 그대로 승인될 수 없다. 왜냐하면 우리는 7세기 통일 단계에 이미 그 속에 민족적 통합력을 확보하고 있었으므로, 따로이 역사적으로 통합 단계를 이룰 필요가 없었기 때문이다. 우리는 여기서 천년통일 민족사에서 고려사 단계에서 이루었던 국경 개념의 확정 등으로 보인 근대적 민족의 자주의식(대외적 주권의식) 등을 발견할 수 있었다.

을 잃었더라면 우리는 이미 그 13세기에 자기 모습을 잃는 그 순간 민족의 자주라는 주체성은 단절당하고 말았을 것이다.

여기서 우리는, 민족 앞에 괴로웠지만 자기 모습을 지키게 하였던 자주에의 의지는 이같이 역사상 수없이 가해진 민족 단절의 위기를 뚫고 나올 수 있게 한 민족의 저력이었던 것이다.

그렇기에 우리에게 자기 모습을 지켜야 한다는 주체성의 명분은 단순한 명분이 아니라 자기를 살아남게 하는 주체의 활력으로 연결되는 것이다.[1]

즉, 밖으로부터 오는 우세한 힘이나 호화로운 충격 앞에서도 자기 모습을 꿋꿋이 지키게 하였던 그 민족적 신원은 4백여 년 계속된 한사군의 영향 앞에서 자기를 세우게 하였고, 후일에 개입된 당의 세력 앞에서도 자기를 지키게 하였으며, 백여 년 계속된 몽고족의 침략과 귀속 관계 앞에서도 자기를 쓰러뜨리지 않게 한 민족활력의 원천이 되었던 것이다. 우리의 주체성에서는 이 까닭에 19세기 말 팽창과 침략세력에 업혀져 온 서양의 물질과 일제의 풍요 앞에 끝까지 거부하며 괴로운 자기를 지켜 吾道와 我韓을 주장하였던 민족적 저항을 더욱 소중하게 평가하는 것이다.

그러나 주체성에서 강조되는 자기 신원이란 명분은 그것이 앞에서도 말하였듯이 단순한 옛모습을 바라보기 위한 민족의 自己 畵本은 아닌 것이다. 그것은 민족이 그리울 때 다시 적어 보기 위한 퇴색된 자기 사진이어서도 안 되고, 오늘의 주체 앞에 옛모습만을 강조하려

---

1) 주체성에 대한 영어적 표현이 'identity'라 하였을 때 그것은 자기라는 신원으로부터 나올 수 있는 활력이라는 점에서 무방한 표현이라 할 수 있다. 여기서 민족의 활력이 바로 주체성의 위기(identity crisis) 앞에 가장 직접적으로 대응하게 되는 이유가 있는 것이다.

는 복고적 자기 환상이어서도 결코 아니 된다.

여기서 민족은 진정한 자기 모습을 찾을 때 거기에서 현실을 살아갈 수 있는 자기 활력이 나온다는 재창조의 공식이 나오는 것이다. 따라서 주체성에서 강조되는 자주의 명분은 결국 민족의 자기 모습인 역사와 전통 위에서 재창조되는 주체의 활력을 지향하고 있는 것이다.

우리는, 13세기 몽고족의 침략 앞에 40여 년 저항해야 했던 심각한 주체성의 위기 속에 있었을 때 단군신화 이래 민족의 고대사가 민족사의 正史 부분으로 체계화되어 재정리되었던 승 일연의《삼국유사》를 얻었다. 여기서 민족은 어려울 때 자기가 담겨져 온 역사를 다시 찾게 된다는 역사의 의미를 알게 되고, 그리고 그보다 먼저 쐬어진《삼국사기》에는 빠져 있던 민족의 고대사 부분이 민족의 어려운 시련 앞에서 쐬여진《삼국유사》에는 절절이 정리되고 있었다는 사실에서 어려운 상황에서 역사가 요구되는 본질을 알게 되며, 또한 그 결과 그같이 遺事를 통하여 강조되고 정리된 민족의 고대사와 그 역사의식에서 40여 년 저항할 수 있는 민족의 실질적 저력이 나왔었다는 사실에서, 역사가 재창조될 때 민족에게 주는 활력이 어떠한 것인가를 아울러 확인하게 된다.

여기서 주체성에서 강조되는 자주의 명분은 다음과 같이 민족이란 주체의 재창조 활력과 연결되어진다.

민족 = (역사의 주체) →
자기 신원 (공간적 개별성)      4천년 역사 앞에 선
역사 = (민족의 활력) →         한민족 = 오늘의 주체 −
자기 생명 (장시간 영속성)

〈역사의 재창조〉→ 현실 추진력 ┌ 민족의 생존  = 주체성
                              └ 역사의 보존

이같이 주체성은 민족의 더없는 생존의 원리로 귀결되고, 그같은 생존의 원리는 비록 보잘것없는 자기지만 그 신원을 끝까지 자기라는 주체로서 지켜나갈 수 있는 민족의 공간적인 개별성[1]과, 아무리 괴로운 역사라도 그 역사를 끈질기게 끝까지 자기 생명력으로 지켜나갈 수 있는 역사의 시간적인 영속성으로 다시 연결되어진다.

그러나 민족에게서 주체성이 강조되는 것은 그것이 단순히 민족은 살아야 한다는 생존의 원리 때문만은 결코 아닌 것이다. 여기서 주체성은 민족은 살아야 하지만 그것도 보다 더 잘 살아야 한다는 개선과 향상의 의지로 전진한다. 그것은 곧 주체성이 확보하여 줄 민족의 행복에 대한 의지인 것이다.

따라서 주체성의 의지는 한마디로 민족의 행복으로 귀결된다.

모든 역사는 그것을 이루어 온 그 주체에서 얼마만큼 행복을 보장할 수 있느냐 하는 데서 그 역사의 규범이 출발된다. 春秋의 혼란을 三代나 至治로 회복시키기 위하여 中華의 大一統과 撥亂反正을 역사를 통하여 강조하였던 춘추사관도 그러하였고, 다소 왜곡되기는 하였어도 서구 근대사에서 가장 뒤늦은 자기 민족 게르만 민족의 역사 촉진을 위하여 주장되었던 소위 헤겔의 우월 민족 進步史觀도 이 점에서 마찬가지였다.

따라서 역사의 상황만큼 누가 행복해야 하느냐 하는 행복에의 주체 문제와, 누구 쪽으로 행복해야 하느냐 하는 행복에의 방향 문제가 중

---

1) 개별성(individualism)은 특수성(particularism)과 다르다. 특수성은 보통성(universalism)의 반대 개념이지만 개별성은 바로 이 특수성과 보편성을 함께 지니고 출발한다. 즉, 특수성(Das Bosondere)과 보편성(Das Allgemeine)을 함께 지니고 있는 개별성이기 때문에 개별성에서 출발되는 주체성은 自民族이라는 특수성이 강조되는데, 그것은 언제나 인류나 세계라는 보편성과 만날 수 있는 조화 가능성을 지니고 있는 것이다.

요시되는 분야도 없는 것이다. 역사에서 이같이 행복을 누리기 위하여는 반드시 그 주체가 전제되기 때문에, 우리는 바로 역사 앞에서 행복을 누려야 할 바로 그 행복의 주체로서 민족을 강조하게 되는 것이다.

우리는 오늘날 연간 국민총생산(GNP)의 성장률을 평균 10퍼센트 정도로 쌓고 있다. 그러나 통계에 의하면 총독정치의 착취가 가장 심하던 1930년대 한반도 내 그 성장률은 연간 13퍼센트 이상의 성장률을 보이고 있었다. 그런데로 우리는 오늘날 10퍼센트의 성장에서도 행복한데 13퍼센트의 성장이 있었던 1930년대에 지극히 불행하였던 이유는 무엇인가?

그것은 남의 밑에서 이루는 커다란 성장보다도 자기 힘으로 이루는 조촐한 성장이 더욱 낫다는 피상적 명분을 떠나, 우선 1930년대는 역사상 행복의 주체가 한민족이 아니었던 데 반하여 오늘날의 행복의 주체는 바로 일제가 아닌 우리 한민족이기 때문이라는 절실한 행복의 주체 문제로 귀결되는 것이다.

여기서 우리는 18세기말 일제가 한민족을 편리하게 하여 준다는 근대화의 명목으로 흰 옷(白衣)은 입지 말아라, 두루마기(周衣)는 벗어라 하고 생활개혁을 강요하였을 때(1894년 갑오경장 등) 우리는 그것이 편리한 것임을 알면서도 거기에 저항하며 자기의 전통(신원)을 지키려 하였던 것이다. 그것은 이미 침략정책의 일환으로 우리에게 내정간섭의 형식으로 강요된 생활개혁에서는 이미 역사에서 보장하려는 행복의 주체는 한민족이 아니라 침략자 일제였기 때문이며, 따라서 거기에서 이루어질 행복의 방향은 이미 한민족 쪽이 아니라 일제 쪽으로 설정되어 있었기 때문이다.

여기서 하나의 민족이 쌓아 온 역사의 모습은 그 민족이 이루어 놓은 문화와 생활전통에 담겨져 있음이 새로워진다. 따라서 일제의 강요에 의하여 우리의 생활전통이 他律로 파괴될 때 그 속에 담겨져 온 우리의 역사의 활력은 끊어지게 되고, 이 역사의 활력이 끊어지는 순간 그 위에서 이룩되어 온 민족이란 주체의 활력도 함께 끊어져 사라지게 된다.

따라서 우리가 불편한 흰옷을 벗고 편리한 색깔 옷을 입을 때 우리에게는 생활의 편리나 환경의 안락이 분명 올 수 있겠지만 그러나 한민족이 역사 위에서 입어 온 그 흰옷을 강제로 벗기움을 당하게 될 때, 한민족이 그 흰옷을 입고 쌓아 온 백의민족으로서의 전통은 사라지게 되고, 그 전통[1]이 사라지는 순간 한민족은 자기 활력을 잃어버리지 않을 수 없게 되는 것이다.

이같이 진정 역사 앞에서 행복을 누려야 할 주체가 바로 한민족이라 하였을 때 여기서 그 한민족이란 주체가 이미 사라진 후의 편리나 근대화는 그 어떠한 이유로도 합리화될 수 없는 것이다. 그래서 우리는 이같은 주체 없는 개혁과 강요된 근대화를 따르다가 국가적 자아가 사라지는 無國家(1910년 합방)의 비극을 체험하게 되었던 것이다. 한일합방과 그것에 의한 36년간 역사의 단절을 민족의 최대 불행으로 괴로워하게 되는 우리의 의식적 定向 그 자체가 이미 역사에서

---

[1] 傳統(tradition)은 민족이나 문화권이 쌓아 온 주체적 산물이지만 그것을 해석하는 데는 다음과 같은 서로 다른 두 측면이 있다.

첫째, 역사의 타율이나 민족적 모순으로 주체가 위기에 있을 때 전통의 의미는 보존(social conservation)의 원리를 의미한다.

둘째, 민족의 밖으로부터 오는 민족적 모순이 없어 전통에 대한 주체민족의 창조력이 발휘될 수 있을 때 그것은 주체민족에 의하여 자율적으로 改新 재창조될 수 있기 때문에, 이때 전통의 의미는 변화(social change)나 진보의 원리로 될 수 있다.

바로 행복의 주체는 어디까지나 우리 한민족이어야 한다는 주체의식의 한 산물인 것이다.

그러나 주체성은 그것이 민족이란 주체에게 역사 앞에서 행복을 보장시켜 줄 수 있는 행복의 원천일 뿐만 아니라, 한걸음 더 나아가 민족이란 주체에게 새로운 역사를 이루어 줄 수 있는 재창조의 활력으로 된다. 민족이나 문화권의 창조에서는 결코 절대 창조가 이루어지기 어렵기 때문에 이때 민족이나 문화권이란 창조의 주체는 거의 예외 없이 자기가 쌓아 온 그 역사를 기반으로 하여 자기 창조의 활력을 삼게 되는 재창조의 공식을 취하게 된다.

앞에서도 말하였듯이, 민족은 어려울 때 자기 역사를 저력으로 하여 그 활력을 찾는 것이 주체성이지만 이렇게 역사에서 찾아진 주체의 활력은 민족을 단순히 현실에서 보존시켜 고착시키는 활력이 아니라, 민족을 새로운 역사 속으로 전진시키는 재창조의 활력을 지니고 있는 것이다. 여기서 주체이론은,

첫째, 민족이 살아가기 위하여 반드시 찾아야 할 절실한 생존의 원리이며,

둘째, 민족이 보다 잘 살기 위하여 추구되지 않을 수 없는 적극적인 행복에의 의지이며,

셋째, 민족이 자기를 주체로 하여 넓은 세계사로 뻗어나가면서 보다 나은 미래사를 창조하기 위한 더없이 진취적인 재창조의 활력으로 요약된다.

## 2. 한국사상에서 본 大同主義

― 大同主義와 '한얼'사상의 본질 ―

### (1) 한민족의 윤리관에서 '主利'와 '主義'

1860년에 서구의 우세한 물리적 충격이 비서구적인 한반도로 밀려올 때, 그것을 거절하려는 한민족의 배타적인 저항의식을 바탕으로 다음과 같은 斥邪論이 나오고 있었다.

> '우리 東北(韓半島)의 기운은 陽으로서 義를 주장하는데(主義) 저들 西南(西歐)의 기운은 陰으로서 利를 주장하고 있다(主利). 그러니 우리는 여기서 우리의 道(문화)와 저들의 器(문명) 사이에 놓인 간격이나 우리의 義와 저들의 利 사이에 놓인 판단을 엄격히 하여야만 우리도 冠履倒置(주체성 상실)하는 禍를 면할 수 있고, 저들 또한 出谷遷木하는 福을 받을 수 있다.'(李恒老《華西雅言》권10 尊攘)

이상의 내용은 다음 두 가지로 압축된다. 즉, 첫째는 그 당시의 대서양관의 지식으로 한국과 서구의 차이는 主義(道)와 主利(器)라는 문화의 본질적인 차이이며, 둘째 그렇기 때문에 한국과 서구는 각각 자기 문화의 본질을 변질 없이 유지시킬 때 상호 행복하다는 자기 개별성에 대한 주장인 것이다.

그러나 여기서 우리에게 보다 중요한 내용은 바로 우리 조상들이 자기를 주장하려는 문화의 본질로서, '利를 배격하고 義를 주장하는'

주의를 내세우고 있었다는 사실이다. 즉 利를 주장하며 通貨通色을 강요하는 서구의 물리적 세력이 당시 한반도에 대한 상황적 충격이었다면, 본래부터 의를 주장하고 利를 배격하여 온 한민족의 '主義' 정신은 그러한 상황의 충격 속에서 조선조 자기를 붙잡을 수 있는 유일한 윤리적 에너지로 확인되고 있었던 것이다.

만약 이같이 이를 배격하고 의를 추구하는 '주의'의 윤리가 한민족을 유지시켜 온 민족적 자기 본질의 한 내용이었다면, 그같은 '주의'의 윤리가 소멸되어 갈 때 한민족은 부득이 자기 생명력의 상실이라는 주체성의 위기(identity crisis)를 당하지 않을 수 없었다. 그래서 '주의'를 주장했던 배타적 대서양관(척사론)은 그 '주의'라는 윤리를 자기를 지키는 마지막 보존의 에너지로 다음과 같이 절규하고 있었다.

'저들 서양은 스스로 세운 淫慾의 和가 뜻대로 뻗쳐나가 온 천하가 저들의 손아귀에 들어갔는데도 깨끗하게 보존되어 온 우리 青邱 하나만은 거기에서 벗어나 유지되고 있다. 그래서 저들은 우리를 저들 눈 속의 티로 알고 백방으로 구멍을 뚫으며 밀려오고 있다…….'(奇正鎭〈丙寅斥邪疏〉)

그러나 그같이 밀려오는 서구의 세력을 막지 못한 채 그 서구가 강요하는 세계사의 보편 속으로 편입되어 버린 것이 한국 근대사의 현실이었다면, 우리의 전통사회에서 그같이 자기의 본질로서 주장되던 '주의'라는 한국적 윤리도 부득이 역사의 이면으로 후퇴하지 않으면 안 되었던 것이 또한 사실이었다.

서구가 일방적으로 주는 역사 발전법칙에 압도되고 또 그것을 대행하는 일제에 의하여 자기라는 주체에 대한 상실마저 체험하였으며 그래서 아직도 서구의 우월이 주는 역사의 타율을 완전히 벗어나지 못하고 있는 우리라면, 우리는 진정 오늘날 저 傳統 斥邪論이 주장하였던 대로 이익추구를 본질로 하는 西歐 主利의 기질에 풍미되고 있는 것이 사실일 것이다. 그것은 곧 주리에 의한 주의의 후퇴를 의미하는 것이다.

이러한 입장은 동일한 서구사회를 그 기반으로 할 경우도 또한 마찬가지인 것이다. 즉, 벨(D. Bell) 등에 의하여 서구사회의 역사적 사회에서 이데올로기(ideology ; 즉 주의)의 종언이 주장되었을 때 그 뒤의 그들 역사적 상황을 설명하는 용어는 바로 '實利追求 時代'(즉 주리)로 연결되었었다. 이같이 우리가 오늘날 처해 있는 역사적 상황은 여하튼 이익추구라는 현실적 동기를 그 기반으로 하고 있다.

그러나 이같은 이익추구라는 현실적 상황을 승인하면서도 거기에는 적어도 한민족인 경우 다음과 같은 보다 심각한 문제들이 따르고 있음을 우리는 잊어서는 안 된다.

첫째, 이익추구라는 그같은 상황적 현실은 '주의'와 같은 한민족의 본질적 자기 윤리를 파괴하며 밀려온 타율적인 현상이기 때문에 그러한 현실에 부딪치는 한민족에게는 적어도 자기 동요라는 불안이거나 생소한 현실을 받아들여야 하는 아노미(anomie)가 부득이 수반한다는 점이다.

둘째, 그같이 주어진 이익추구라는 현실이 어디까지나 한민족에게 주어지는 상황일 뿐 그것은 결코 한민족을 유지하고 보존시키는 윤리 그것이 아니라면, 또 오히려 그러한 상황이 밀려옴으로 해서 '주의'라는 한민족의 자기 윤리를 파괴하고 있다면, 우리는 반드시 그러한 상황을 맞이하여서도 자기를 보존시킬 수 있는 다른 새로운 한민족적 윤리를 창조해야만 한다는 점이다.

그것은 역사주체로서의 한민족에 대한 보존력은 결코 상황 그 자체에서 나올 수 있는 것이 아니고, 그것이 구축하여 왔거나 또는 그것이 창조하는 윤리에 의해서만 확보될 수 있기 때문인 것이다.

여기서 우리는 주권국가의 병렬적 공존이라는 근대국가의 개념이 국가이익 추구 경쟁이라는 치열한 현실로 바뀌어 가는 오늘의 이 상황을 바라보면서, 어떻게 하면 우리의 국가이익을 최대화할 수 있느냐 하는 민족의 대외적인 경쟁 효율성을 모색하면서, 함께 이러한 상황에서 한민족 자신을 보존시킬 수 있는 진정한 에너지는 무엇인가라는 그 보존 윤리에 대한 사려를 쏟지 않을 수 없게 된다.

### (2) 근대국가의 국가적 이익—대내적 등질성과 대외적 개별성

해방을 계기로 한민족이 실천해야 했던 정치적 규범은 한마디로 근대민족국가의 완성이었다. 그것은 5백 년 왕조 질서에서 근대국가로 발전하려던 한민족의 노력이 제국주의 식민이란 대외적 모순으로 단절당하였던 것에 대한 역사적 임무의 회복이기도 하였다.

근대 민족국가의 발전 단계를 흔히 ① 그 대외적 확인(통일) ② 그 대내적 실천(통합) ③ 그 규범적 완성(동질성)으로 표현한다면 우리에게는 이미 서기 7세기경에 그 제1단계인 민족적 통일을 이루고 있었다는 역사적 사실이 제기되고 있다. 그것도 대외적인 통일만이 아니고 부분적으로는 그 대내적인 통합까지도 함께 실천하고 있던 大民族통일의 형식이었던 것이다.

그렇다면 왜 한민족은 세계의 그 어느 민족보다도 선행하여 민족국가의 기반을 쌓았으면서도 그 1천수백 년 후에 와서야 민족국가의 완성을 다시 민족사의 임무로 받아들여야 한단 말인가? 한민족에게는 민족국가의 완성에 실로 천여 년의 역사가 소모되지 않으면 안 된단 말인가?

그 하나의 個別史로서의 한국사를 전제로 할 때 그것은 절대군주의 통일에서 혁명 후의 통합에까지 불과 1세기 남짓밖에 소요되지 않았던 서구의 근대국가 실천 과정과는 너무도 차이가 있다.

물론 개별사적 입장을 전제로 할 때 서구 근대민족국가 발전모델을 근거로 하여서만 우리의 민족국가 발달과정을 역사적으로 설명할 수는 없다. 그러나 우리가 역사를 사회가치의 변화라는 진보의 측면에서 볼 때, 민족국가로 표현되는 서구 근대의 내용에서 적어도 다음과 같은 두 가지 정신을 그들의 중세에 대한 전진으로 승인할 수 있는 것이다.

그 하나는 중세의 보편을 깨고 나온 민족을 중심으로 하는 개별주의(individualism)요, 그 둘째는 그렇게 성립된 민족이란 개별 주체 안에서의 이질성을 다시 깨고 나온 통합주의(national integration)였다. 전자는 물론 통일의 단계요 후자는 물론 통합의 수행이었다.

또한 전자가 보편을 극복하고 나온 개별주의였다면, 후자는 그러한 개별주의 안에서 다시 완성한 대내적인 보편이었던 것이다.

서구 근대민족국가에는 이같이 개별주의와 개별주의 안에서의 보편주의란 두 가지 역사 임무가 담겨져 있었던 것이다. 그러나 그 가운데에서 서구 근대국가를 추진시킬 수 있었던 진정한 에너지는 보편을 깬 개별주의 그것이 아니요, 오히려 그 자기라는 개별(민족) 안에서 그들이 가질 수 있었던 보편 실천력(통합력), 바로 그것이었다.

그러나 서구의 근대민족국가에서 그들이 실천한 대외적 통일(개별주의)이나 그 대내적 통합(보편주의)은 모두 민족이 주체가 된

국가 상태에 대한 동일한 凝結力을 제공하고 있었다는 역사적 의미에서는 서로 일치하고 있다.

이러한 입장에서 우리는 우리의 근대사 실천 과제를 근대민족국가의 완성 단계로 연결지으면서 거기에서 표출되어야 할 국가이익이란 문자를 신중히 고찰할 필요가 있다.

이익이란 원래 그것을 누리는 주체에 대한 종속개념이다. 따라서 이익개념에서 중요한 것은 이익 그 자체가 아니고 이익을 담당하는 주체인 것이다.

이런 점에서 국가이익은 먼저 그 이익의 주체로서 국가개념을 전제로 하고 있다. 오늘날 근대국가에서 국가의 단위는 민족이란 주체로 직결된다. 이때 민족은 대외적으로는 하나의 주체로 표현되지만 대내적으로는 다수의 성원을 포괄하고 있다. 즉, 민족개념은 대외적으로는 개별주의이지만 대내적으로는 보편주의인 것이다.

여기서 국가이익이란 개념은 그 주체로서의 민족이 가지는 개별성과 보편성이라는 두 측면과 연결되고 있다.

본래 이익이란 개별적인 주체를 전제로 하는 向目的 개념(für Sich)이다. 이런 점에서 국가이익도 하나의 주체민족이 자기 아닌 다른 민족에 대하여 주장하려는 하나의 향자적 趣向을 지니고 있다.

그러나 이같이 하나의 주체민족이 다른 민족과의 사이에서 추구하려는 국가이익은 그것이 국민적인 등질성이 확보된 근대국가에서는 곧 그 성원의 행복으로 직결된다. 이것이 근대민족국가에서 주장되어지는 국가이익의 대의인 것이다.

즉, 완성된 민족국가에서는 국가이익은 하나의 국가라는 개별성에서 벗어나온 민족이라는 보편성과 연결된다. 이같이 보편성과 연결되는 이익의 개념은 곧 우리의 전통문화에서 강조되어 온, 義의 내용이었던 것이다. 즉, 19세기 중엽 서구의 일방적 物理力이 밀려나왔을 때 우리 조상들이 자기를 '主義'로 주장하여 저들을 '主利'로 물리쳤던 것은 우리의 주체적 이익을 포기한다는 의미가 아니었고, 우리가 주장하는 목적(즉 利)은 온 조선인으로 하여금 異質의 피해를 받지 않도록 하는 보편적 이익, 그리고 서구의 부당한 이익추구를 거절하는 義(즉 실리)라는 점에서 '義'로 표현되는 국가이익이었던 것이다.

따라서 근대민족국가를 전제로 하여 주장하는 우리의 국가이익론에서는 利(개별성)의 개념이 義(보편성)의 개념으로 직결된다.

즉, 하나의 국가가 자기를 위하여 주장하는 이익이지만(爲己) 그것이 온 민족의 행복으로 직결된다는 점에서 그것은 곧 利他인 것이다. 이타라는 보편성을 민족 안에 담을 수 있는 근대국가의 위기적 노력(국가이익)은 그렇기에 그것은 근본적으로 전제왕조의 국가이익과는 다른 성격을 가지고 있다.

즉, 李珥의 경장론에서 보이고 있듯이, 만약 국가이익으로 추구되는 내용이 국왕과 국왕을 둘러싼 권력장치인 소수의 '幸民'에게만 연결된다면 그것은 이미 국가이익이 간직해야 할 이타적 보편성을 상실하게 된다.

여기에 국가이익을 논의하면서 반드시 그 역사적 상황으로서 근대민족국가적 발전 단계를 강조해야만 하는 우리의 규범적 이유가 있는 것이다.

따라서 우리가 주장하는 국가이익론은 어디까지나, 그같은 근대민족국가의 발전 위에서 추구되는 국가이익인 것이다. 하지만 오늘날 우리의 상황이 완전히 성숙된 근대민족국가의 단계가 아니라면 국가이익이 반드시 그같이 추구되리라는 보장은 물론 없는 것이다.

그러나 만약 우리의 국가이익을 그같은 방향으로 추구하려는 노력이 있다면 그것은 그 자체가 우리의 오늘의 상태를 보다 완전한 근대국가로 발전시키는 역사적 추진임무를 逆으로 수행하게 된다.

여기서 우리의 건전한 국가이익 추구론은 그것 자체가 우리의 근대국가 실천 에너지의 한 양상이라는 또 하나의 규범적 의미를 지니고 있다.

국가이익을 논의하는 국가적 상황으로서 그같이 근대민족적 내용이 전제된다면 우리가 논의하는 국가이익의 문제에서 검토되어야 할 우리의 민족국가적 상황은 과연 어떠한 것인가?

### (3) 韓國史에서 政派 개념과 국가관—국가 이익을 중심으로

18세기 중엽 물리적으로 우세한 서구의 충격(천주교 등 서구의 영향)이 한반도로 밀려왔을 때 그것을 일대 국가적 위기로 보아 저항하고 나왔던 한민족의 배타적 대서양관 속에는, 다음과 같이 자기를 주장하는 내용 속에 그 국가관이 비치고 있었다.

> '밀려오는 西學(서양세력)은 단지 이단이 오도를 해하는 데 그치지 않을 것이니 그것을 그대로 두면 宗國(또는 종사)을 위하여 심히 우려되지 않을 수 없다. 우리가 밀려오는 賊(서양)을 물리치는 것만이 오직 吾黨을 구할 수 있는 길인 것이다.······'
> (正祖 辛亥 年間의 벽위사상)

즉, 이 단계에서 한민족의 국가관은 종국(또는 종사)과 같은 동양적 1차 사회조직으로 설명되고 있으며, 한민족의 자기라는 신원에 대하여도 '오당'과 같은 근대민족 개념 이전의 성격으로 의식되고 있었다. 그것은 국민적 통합과 의식의 등질성을 전제로 하는 근대적 민족국가의 국가관과는 확실히 거리를 가지고 있다.

그것이 바로 서기 7세기경에 민족통일을 이루었으면서도 20세기에 들어선 오늘에 와서도 근대민족국가 단계를 논해야 하는 한국사적 고민이기도 하지만, 다른 한편으로 이러한 국가관과 연결되는 국가이익은 그것이 그대로 민족적 보편성으로 직결될 수 없다는 제약을 가지고 있는 것이다.

여기서 우리의 국가 이익론은 어떻게 하면 국가 이익이 바로 그 국가란 이름 밑에서 온 국민을 실질적으로 동일화시킬 수 있느냐 하는 국민국가론이 먼저 제기되는 것이다. 그것의 要諦는 평범하지만 한편으론 국가의 대내적 통합에 의한 국민적 등질성의 高揚과, 다른 한편으로는 민족의 성원인 個我가 항시 그 가치를 온 민족 그것과 동일화시킬 수 있는 민족개념의 확충 문제로 다시 돌아오게 된다.

우리는 여기서 서구 근대혁명의 계기에서 성립되었던 '全身分(Etat)'을 의미하는 뜻으로서의 국가개념을 여기서 다시금 음미하게 된다.

즉, 서구의 근대 前期 절대군주에 의한 민족적 통일은 있었으나 아직 신분 3계층(승려·귀족·시민)에 의하여 국민적 통합은 이루어지지 않았을 당시 그들에게도 각기 그들이 속한 신분(Etat)에 대한 귀속의식으로 전국민적 민족개념은 성립되어 있지 않았다. 따라서 그 당시의 서구인에게는 신분이익이나 계급이익은 있었으나, 국가이익과 같은 온 국민적 이익기반은 아직 의식되고 있지 못하였던 것이다.

그래서 로크(J. Locke)는 그 당시의 상황에서 국왕의 이익과 상반될 수 있는 개인이나 시민의 이익을 고민한 다음 그같은 이익의 분리를 일단 시민 쪽으로 옮겨 놓음으로써 합일시키려는 주장을 그의 市民政府論에서 폈던 것이다.

그러한 노력들이 성숙하여 결국 서구의 근대혁명은 하나의 민족 안에 分層되어 온 3身分(trois etats)을 하나의 신분(Etat)으로 합일시키는 방향에서 근대 국민국가(Etat nationale)를 형성시켰다.

이때의 국가(Etat)개념은 각각 상이한 3신분을 통합시킨 全身分(Etat)이란 뜻을 지니고 있다. 우리의 경우 그같은 민족국가(Etat nationale)의 개념에서 필요한 2개의 내용 중에서 하나의 통일된 민족으로서의 민족의 개념(nation)은 일찍 가지고 있었지만 그것을 하나의 통합된 전 신분으로 의식케 할 수 있는 국가의 개념은 일찍이 발전시키지 못하였던 것으로 해석될 수밖에 없다.

즉, 우리는 7세기 신라에 의한 삼국통일에서부터 민족통일의 역사를 맞았었지만 국내적으로 더욱 강화된 骨品制度에 의하여 고대 귀족국가적 모순을 극복하지 못하였었다.

이같은 고대 귀족국가라는 역사적 모순을 극복하기 위하여 新興階層(豪族)에 의한 새로운 歷史段階(고려)가 출발되었지만 반항 엘리트로 출발한 그들 호족들마저 다시 새로운 중세귀족으로 고착화되어 버림으로써 고대 통일국가의 대내적 모순을 해결하지 못하였던 것이다.

이같은 역사의 지체는 중세귀족의 모순을 극복하기 위하여 등장된 신흥 士大夫 계층들이 다시 조선조 양반 지배세력으로 상승 귀족화해 버림으로써 또 한 번 되풀이되고 있었다.

그것은 곧 민족국가의 출발 단계인 통일은 그렇게 일찍 성취하였으면서도 그것의 완성단계인 국민적 통합은 그렇게나 더디지 않을 수 없었던 불행한 한국사 지체의 한 측면이기도 한 바, 그것은 한편으로는 통일 이후 한민족이 실천한 각개의 역사 단계에서 민족이란 이름으로서의 진정한 국가 이익을 추구하여 보지 못하였던 제약의 한 결과이기도 하다.

여기에 비례하여 우리의 역사에는 일찍이 성숙한 政派의 개념을 가지고 있었다. 물론 이같은 정파의 개념은 사림과 같은 정치 단위(political unit)의 형성, 國是와 같은 통치이념의 성숙 등 分類史의 입장에서 본 한국정치사의 조기 전진성과 연결되고 있다.

그러나 그와 같은 정파는 역사상으로 한국사에 가해지는 국외적 충격이 감소되어 한민족의 민족적인 대외 항쟁력(당시의 국가적 이익)이 약화될 때 상대적으로 활발하였다는 사실에서 그것은 본질적으로 한민족의 국가 이익추구와는 상당한 거리를 지니고 있었던 것이다.

사실 조선조 초 對明 關係의 안정으로 그 대외적인 국가 이익추구의 노력이 소극화되었을 때 정파의 투쟁은 심화되었던 데 반하여 그 중기 이후 兩亂을 통하여 대외적으로 조선조 자기의 국가적 이익을 수호하려는 노력이 적극화되었을 때 상대적으로 정파의 투쟁이 완화되었던 것을 우리는 알고 있다.

이같이 조선조의 예에서와 같이 한국사의 정파의 개념에서는 정치적으로는 유교적 이념에 기반을 둔 국시(일종의 국가 이익을 확보해주기 위한 명분)와 연결되면서도 그 정치적 활동의 결과는 그들 정치단위(관인이든 사림이든) 사이에 분배될 현실적인 사회가치(social values)로 직결되고 있었기 때문에 사실상 정파의 이익이란 국가적 이익과 상충할 수밖에 없었던 것이 사실이다.

그래서 李珥의 朋黨論 속에서는 朋黨의 투쟁으로 피해를 입는 民利(즉 국가 이익)를 탄식한 다음 '그래도 한가닥 공론이라는 것이 남아 있어 그것이 민리를 求安해 주고 있다'고 주장하고 있었던 것이다.

### (4) 정파를 초월하기 위한 민족적 규범

이익이 결국 개별적 주체가 추구하려는 向自的 의지의 하나라면, 언제나 주체의 보존을 제일의적 생명력으로 삼고 있는 모든 개별적 존재에게서는 그 이익추구의 경향을 부인할 수도 없고 또 부정하여서도 안 된다. 그 개별성의 주체가 개인이든 국가이든 또는 중간 집단이든 마찬가지이다.

오늘날 서구의 정치 모델에서는 정치과정을 거기에 참가하는 이익 집단의 수와 그 활동을 중심 개념으로 하여 설명하고 있기도 하다.

그러나 우리가 여기서 분명히 해야 할 것은, 그같이 정치과정에서 요구로 표현되는 이익의 結成을 중심으로 설명하고 있는 오늘날 서구 대중사회의 배경에는 이미 개인의 이익을 온 국민적 이익으로 동일화시킬 수 있었던 국민적 통합에 대한 근대적 경험을 이미 몇백 년 동안 쌓아왔다는 사실인 것이다.

따라서 역사상 그같은 근대적 국민통합에의 경험을 실질적으로 쌓아 오지 못한 우리의 경우 서구의 그같은 이익 중심의 정치분석 모델은 그 사정이 현격히 다를 수밖에 없다.

또한 오늘날은 그같은 등질적 경험을 갖고 있는 서구사회에서마저도 정치상황에서 이익개념에는 큰 혼란을 겪고 있다.

즉, 듀베르제(M. Duverger)가 정치를 갈등과 조화라는 양면으로 다시 놓고 정치의 방향을 조화 쪽에서 새삼 강조하고 나오고 있는 것은(69년 그의 《정치학 입문》에서) 바로 정치 안에서 성취되어야 할 이익 조화의 심각성을 의식하고 있는 데서 기인하고 있는 것이다.

여기서 오늘날 국민적 통합과 정치과정에서의 이익의 문제는 새로운 상황에서 심각히 다시 제기되고 있다.

그러나 우리에게는 정치과정에 요구를 투입시키는 이익집단의 문제보다도 그 정치과정을 조정하고 따라서 통치과정에로 연결되고 있는 정치집단이나 그 정치집단에의 分派(정파)가 이익의 주체가 되는 상황이 보다 심각하게 제기되고 있다.

원래 인간이 자기 아닌 동일한 다른 사람을 다스려야 하는 데서 출발하는 정치현상은 그것 자체가 실천적이고 규범적인 것이다.

따라서 어떠한 정치형태도 궁극적으로는 '萬人皆福의 善'이라는 윤리적 기반을 잠시도 버릴 수 없으며, 그렇기에 그것과 관련되는 정치권력은 항상 일반적이고 포괄적이며 또 전국적인 성격을 가지게 되는 것이다.

여기서 만인적 행복이나 전국적 善(政治)을 표방하면서도 실질적으로는 부분적 사회가치라는 상황과 결부되는 주체인 한 그것의 개별적인 이익추구는 결코 있을 수 없다는 정치 大義로 돌아오게 된다.

그것은 곧 정파로 인한 이익추구는 할 수 없고, 그런데도 만약 정파는 근본적으로 이익추구의 속성을 버릴 수 없는 것이라면 정치에서 정파란 존재는 지양되어야 한다는 내용을 말해 주고 있다. 그것은 결코 이익추구의 부인이나 정파 존재의 부정이 아니며, 오히려 정치라는 일반 가치(義)와 派爭이라는 부분 이익(利)과의 준엄한 분리인 것이다.

그래서 戰國의 혼란을 극복하려 했던 중국의 정치철학에서는 그 의와 이의 논리를 우선 정파에서부터 적용하였던 것이다.

그것이 곧 '정파들이 위아래로 서로 자기들의 이익만 위하여 투쟁할 때 그들이 살고 있는 온 나라는 망하고 만다(上下交征利 以國危矣)'라는 맹자 정치론의 首章 내용이었던 것이다.

우리는 특히 유교가 전국적인 통치이념으로 채택되었던 조선조에서 정치와 학문에 서 있던 지식인(사림)들이 정치라는 이름을 자기들 신분의 이익추구로 결합시킨 관인 귀족으로 타락해 버림으로써 나타났던 국력과 民利(즉 국가 이익)의 손실을 쓰라리게 들어오고 있는 것이다.

그렇다면 우리의 경우 오늘의 상황에서 정파 초월의 민족적 대의는 무엇이란 말인가?

그것은 한마디로 민족이란 이름 아래서 다시 쌓을 수 있는 한국사적 이념의 재생산인 것이다. 그것은 곧 4천 년을 함께 살아왔다는 역사의식과 민족적 응집력을 그 기반으로 한다.

이런 점에서 우리는 근대적 국가 이익 관념을 위하여 서구적 근대혁명의 모델을 반드시 모방해야만 하는 것도 아니고, 또 그들이 이룬 외형적인 신분타파에 의한 국민통합을 우리가 근세초에 이루지 못한 것을 구태여 비탄만 할 것도 아니다.

왜냐하면 우리에게서 만약 민족이란 이름에서 추구되는 국가적 이익의 확보가 일찍이 있었더라면 우리의 4천 년 역사 에너지의 존속은 결코 불가능하였기 때문이다.

이런 점에서 우리는 한국사의 전개에서 비록 외형적인 신분모순을 지니고 있었으면서도 그것을 초월하여 대내적으로 묶어 준 결합 윤리가 얼마나 깊었던가를 볼 수 있는 것이다.

일찍이 삼국 중 신라의 國學에서 五經三史 가운데 특히 *孝經*과 *論語*가 강조되어 거기서 쌓여진 *忠*·*孝*의 윤리가 화랑과 같은 민족적 응집력으로 나왔을 때, 그것은 곧 삼국의 통일과 대외항쟁과 같은 고대국가의 국가 이익을 충실히 수행하였던 것이다.

이때 한민족 충·효는 고대국가 단계에서 민족이란 단위 안에서 실천한 '利他'와 '爲己'의 결합이었던 것이다.

민족을 단위로 할 때 이타와 위기의 일치는 오늘날의 민족국가에서도 여전히 요구되는 민족적 윤리인 것이다.

이같은 민족적 윤리를 우리는 역사를 통하여 번번이 계승하여 왔으니 대외적 침략(민족적 모순)이 있을 때마다 거기에 저항하여 乙支文德 이후의 義兵의 정신에는 그 '의'라는 윤리 속에 대외적으로 자기 민족의 이익을 추구하기 위한 훌륭한 국가 이익추구 에너지를 확보하고 있었으며, 이런 점에서 18세기 서구의 충격이 밀려올 때 그것을 저항함으로써 국가 이익을 추구하려 하였던 한민족은 자기의 이익을 '주의'라는 윤리적 관념으로 표현하였던 것이다.

### (5) '한'은 '하나'인 동시에 '온'

우리는 여기서 민족이란 대의 밑에서, 실질적으로 추구된 국가 이익이란 역사 에너지를 재발견하여야 한다. 이때 대의는 이타를 통하여 자기를 민족과 결합시킬 수 있는 진정한 민족적 위기인 것이다.

따라서 '忠君愛民'은 조선조의 사림이 국난 앞에서 민족적 이익을 위하여 부르짖은 민족 안에서의 이타의 윤리요, '愛己愛他'는 安島山이 국권회복이란 국가적 이익 앞에서 부르짖은 한민족 안에서의 이타의 윤리였다.

여기서 우리는 다음과 같은 두 가지를 배우게 된다. 첫째는 우리 한민족은 민족에 가해지는 대외적인 모순이 심각할 때마다 자기를 보존할 수 있는 민족적 에너지를 온 국민적인 국가 이익추구를 통하여 훌륭히 확보하였다.

그것이 곧 4천 년 민족사를 유지시킨 실질적인 추진력이란 점이며, 둘째는 그같이 민족사에 담긴 추진력을 적극적으로 재창조할 수 있는 민족이라는 자기에 대한 애정만이 오늘의 우리 상황에서 국가이익을 최대로 할 수 있는 민족적 규범이라는 점이다.

우리에게서 한민족이란 자기에 대한 애정이 깊어질 때 민족이 걸어온 역사는 오직 하나이기 때문에 그 성원인 만인의 개별 이익은 민족이란 하나의 이익으로 합일될 수 있고, 또 민족이 걸어갈 역사도 앞으로 영원할 것이기에 성원인 자기의 이익은 영원한 민족의 이익을 통하여 한없이 연장될 수 있는 것이다.

여기서 원래 한민족의 '한'은 '하나', 'ㅡ 즉 개인'인 동시에 '온'(全, 즉 민족)을 의미하는 데서 출발하였던 우리의 민족적 속성이 오늘의 국가이익을 추구하려는 우리의 가슴속에 다시 새삼스럽게 절감되어지고 있다.

## 3. 한국사상과 조선조의 정치문화

― 조선조인의 대외 의식을 중심으로 ―

### (1) 한국사상에서의 정치문화의 의미

인류의 집단생활을 설명하려는 여러 측면 가운데서 특히 문화란 개념은 매우 중요한 의미를 지녀왔다. 그것은 우선 문화가 인류 아닌 다른 동물의 집단에는 존재하지 않는다는, 말하자면 문화현상이 인간 특유의 창조적 현상이라는 간단한 이론 때문이기도 하다. 문화가 이같이 인류만의 특유 현상이라면, 그것은 불가피하게 인류가 있는 곳엔 어디에나 문화가 있게 마련이라는 인간집단에 대한 문화 편재현상을 뜻하게 된다.

한편 이러한 인간 문화 편재현상의 주요원인은 한마디로 창조이다. 이러한 창조는 물론 그 창조의 주체를 전제로 한다. 문화현상이 이같이 어느 한 문화의 일방적 확산에 의존하지 않고 각기 그것을 담당하는 개별적 주체의 창조에 淵源하기 때문에, 비록 인류에게 편재하는 문화이긴 하지만 그 문화의 색깔은 근본적으로 동일할 수 없다. 엄밀히 말하여 문화에서 우리는 그 창조 주체의 수만한 문화유형을 그려 볼 수 있다.

이러한 개별 집단의 문화 창조현상을 기초로 하고 역사를 그것의 추진 에너지에서 파악하려 한 것이 바로 A. 토인비의 문화권 이론이기도 하다. 이미 알려진 이러한 문화권 이론을 일단 기반으로 하여 여기에 그 문화의 개별적 창조 주체를 다름아닌 민족이란 단위로 상정해 본다면, 여기서 提議하려는 정치문화란 틀은 어디까지나 한민족의 개별적 상황으로 직결된다. 이때 한민족적 상황이란 그 시간적 계열에서는 바로 한민족의 역사적 상황을 의미하게 된다.

그렇기 때문에 우리에게 정치문화는 우선 한국이라는 '고장'을 기반으로 하고 한국의 역사라는 시간적 문맥을 떠나 생각할 수도 없다. 정치문화란 안목에서 고장의 개념을 일단 앞세울 때 오늘날 서구가 그 문명의 우월한 추진력을 발휘하여 그것을 전세계적 질서로 일방적으로 보급화하려는, 소위 서구문명에 의하여 제시된 세계적 수준이나 모델에 그대로 휘말려들지 않기 위하여 보여 준 한민족의 공간적 독자성이 강조되지 않을 수 없고, 또 그 시간적 문맥을 내세울 때 역사적 연속 위에서 中化(중국), 洋禍(서구), 倭毒(일본)과 같은 이질문명이 주는 압력에 꿋꿋이 저항하여 온 한민족의 시간적 고유성이 찬양되지 않을 수도 없다.

정치문화의 그같은 성격은 오늘날 사회과학 분야에서도 그대로 인식되고 있다. 사실 정치문화란 용어는 과학이란 개념 다음으로 서구 정치학사(사회과학자)들이 애용하여 온 시간적 총아였다. 그것은 근본적으로 정치현상(사회현상)을 정치(사회)체계라는 일반 모델로 단일화하여 설명하려 할 때 거기에서 빠지기 쉬운 기층사회의 개별 현상을 포착하기 위한 보완 개념이었다.

1960년대 초 후진지역을 설명하기 위한 일반 모델을 상정하여 후진국 정치론이 미주학자들에 의하여 활발히 제의되었을 때, 거기에는 이미 그들에 의하여 지나치게 강조되어 온 과학의 일반화 주장에 대한 경험적 반성이 선행되고 있었던 것이다. 여하튼 이러한 후진국론이 결국은 선후진 지역을 각기 별개의 현상으로 파악하여 개별의 법칙으로 설명하려는 의도라면 거기에서 우리의 입장은 다음과 같은 사항을 쉽게 유추할 수 있게 된다.

즉, 선진국을 구분짓는 基線의 하나가 근세 이후 우세한 서구적 질서라면 후진국의 개념은 응당 비서구화적 질서에 머무르지 않을 수 없다. 이때 서구화란 현상을 근세 이후 세계의 주인역을 담당한 서구가 강요하여 온 자기 질서의 일방적 보편현상으로 파악한다면, 후진국이란 개념에는 그같이 밖에서 주는 부당한 단일화 현상에 저항하여 왔다는 흔적으로 표현되어 마땅하다.

이러한 이유로 해서 G. 알몬드는 그의 후진국 정치론에서 후진국의 정치문화를 특히 강조하지 않을 수 없었고, S. 아이젠스타트는 신생국 연구에서 특히 범하기 쉬운 오류로서 전통의 무시를 지적하지 않을 수 없었다.

이상과 같은 입장 때문에 여기서 제기하려는 한국 정치문화에 대한 논의는 근본적으로 한국 정치현상의 일단을 한민족이라는 정치단위의 개별적 특수현상에서 파악하려는 의도를 내포하게 된다. 그것은 첫째 근대 서구문명이 던져 준 세계적 수준에 일찍이 뛰어들어 동일화되지 못하였던 정치문화(비서구화)를 부끄러워하려는 입장이 아니라 오히려 그것을 거부하였던 민족적 입장을 이해하려는 방향에서이며, 둘째 서구의 모델로 이미 평가가 내려진 선후진의 개념에 대하여 세계가 반드시 서구사의 율동에만 따르지 않는다는 역사의 특수발전법칙을 내세움으로써 한국과 같은 후진국의 개념에 포함되어야 할 또 다른 의미를 찾아보려는 저의와도 연결된다.

### (2) 정치문화의 평가기준(근대성과 전근대성)

우리는 흔한 장소에서 한국 정치문화의 전근대성에 대하여 수없이 들어왔다. 이 점에서 우리 정치문화의 근대성에 대하여 논의한 학자는 극히 드물다.

여기서 문제점은 전근대적인 것으로 파악되는 정치문화 그 자체에 있는 것이 아니고 전근대적인 정치문화를 아주 비관적으로 내려 깎으려는 부정적인 평가 태도에 있는 것이다. 그렇다면 우리에게서 근대성과 전근대성이 가지는 의미는 각각 무엇일까? 그것은 과연 상충하게 마련이며, 어느 하나를 택하였을 때 다른 하나는 부득이 捨象되어 버려야만 하는가?

근대란 가치는 아직까지는 서구적 생성 개념이다. 여기에 대하여 전근대는 서구라는 동일한 역사 주체를 전제로 할 때는 바로 근대 이전 단계를 가리키기에 그것은 역사적 계열에서 각기 시간적 선후관계를 맺는다. 그러나 그것을 서구와 동일한 역사주체가 아닌 한국이란 상황으로 옮겨올 때 그 의미가 그대로 전달될 수는 없다. 오늘날 우리에게는 근대라는 개념을 부득이 서구라는 내용과 합치시켜야 한다는 태도로 해서, 서구화되지 않은 비서구적 내용은 모두 쉽게 전근대란 개념 속에 포함시키는 경향이 농후하다. 우리에게서 비서구적 상태로 전승되고 있는 내용은 한마디로 전통이다. 여기서 우리의 전통적 질서는 근거도 없이 전근대적 상황으로 곧장 동일화되고 있다.

그러나 우리의 전통질서와 서구의 근대질서는 그 사이에 어떠한 우열도 사전에 승인되어서는 안 되고, 단순한 공간적인 거리만이 인정되어야 하는 개별적인 두 개의 상황에 불과하다. 그것이 서구=근대라는 무리한 공식을 통하여 전통(비서구)→서구화란 형식이 전근대→근대란 형식으로 동일화된다는 것은 한마디로 부당하다.

서구라는 동일한 역사주체에서 보았을 때 전근대사 단계의 모순을 극복한 것이 바로 근대적 상황이기 때문에 전근대와 근대 사이에는 확실히 역사 진전의 선후 관계가 성립하여 마땅하다. 이러한 역사발전의 선후 관계가 역사주체를 달리하는 한국과 서구라는 횡적인 관계에 하등의 예비적 고찰도 없이 그대로 적용될 수는 없는 것이다.

따라서 서구적 안목을 근거로 하여 우리의 정치문화를 쉽게 전근대적이라고 평가하는 데에 따르는 이상과 같은 무리를 우리는 먼저 상기해야만 되겠다. 여기에 아울러 함께 고찰되어야 할 내용이 바로 역사의 개별적인 발전법칙이다.

한국사가 반드시 서구사와 동일한 발전법칙을 거쳐야 한다는 보장이 없는 한 한국사가 현재 서구의 근대사 단계에 해당하지 않는다 해서 그것이 반드시 서구의 근대에 후진하는 전근대사 단계로 규정지어야 할 아무런 이유도 또한 없다. 한국과 서구가 별개의 역사주체란 점은 소위 서구세력이 밀려오던 19세기 西勢東漸의 상황에서 우리 조상들에 의해서 이미 명시되고 있었다.

즉, 1866년 병인양요를 전후한 〈禦洋論〉에서,

'우리는 陽方이요 洋(서구)은 陰方이다. 우리는 인륜과 명의를 존중하는 主義요, 저들은 貨色만 추구하는 主利다. 이제 한번 서로 교통하게 되면 우리의 良俗은 땅에 떨어지고 삼천리 赤子들은 生路가 막히게 된다'(金平默〈禦洋論〉)

는 주장은 단순한 외국인 恐怖症(geno-fovia)만은 아니다.

그러한 조상들의 척양 태도로 해서 우리 후손들이 오늘날 서구와 같은 안락을 누리지 못한다는 조상 탓이 한편으로 가능할지는 모르나, 다른 한편으론 자기 문화의 고유 영역을 주장하려 한 조상들의 바로 그 의식으로 해서 한국은 서구와 다른 별개의 역사주체임이 승인될 수 있었고, 또 그것이 승인됨으로 해서 우리는 지금 우리의 전통질서가 반드시 서구의 전근대 역사 단계에 해당한다고 볼 수만은 없다는 주장이 가능해지는 것이다.

사실 19세기 한국사에 새로운 변수로 등장한 서구라는 충격은 그것이 夷狄이나 금수라는 관념적인 화이사상을 떠나서도 그것이 내포하는 부정적인 이질성이 충분히 지적될 수 있었다. 그 가운데에서 특히 실감이 나는 경제적인 측면을 보면,

'저들의 財貨는 淫奢奇玩(奢侈品)한데 우리의 그것은 民命이 달린 토산품(필수품)이다. 저들의 재화는 手에서 생산되어(工製品) 日計로도 有餘하다. 우리의 그것은 토지에서 생산되어(농산품) 歲計로도 부족하다. 일계(1일 생산량)로서 세계(1년 생산량)를 접한다면 저들이 어찌 넉넉해지지 않을 수 있으며, 유여한 것과 부족한 것이 교역한다면 우리가 어찌 곤궁하지 않겠는가?……'(《日省錄》고종 3년 10월 19일 李恒老 상소)

라는 주장으로 민족적 炯眼을 보여 주고 있다.

서구를 배우고 따르지 않으면 당장 못살게라도 될 듯이 생각하는 오늘의 현실에서 바라볼 때 이상과 같은 주장은 확실이 愚昧한 반동으로 보일 수 있다. 그러나 당시 서구가 우리에게 역사의 무거운 부담을 강요하며 밀려오던 부정적인 역사 상황에서는 그러한 저항·배타가 오히려 역사의 활력이었음도 우리는 잊어선 안 된다.

이런 점에서 오늘날 우리의 정치문화 형성에 전승된 역사의식이나 전통의 부분이 결코 전근대로 타기될 수만은 없다.

### (3) 정치문화에서 전통이란 요소

우리 정치문화의 전통적 요소로서 흔히 조선조 5백 년의 儒敎型 정치문화가 거론된다. 15세기 말 한반도에 조선조라는 새로운 왕조를 건립한 신흥 엘리트들이 대부분 儒子들이었다는 사회신분적 이유와 또 새로 형성된 정치권력에 정통성의 명분을 제공한 것이 바로 유교적 가치질서였다는 점에서 유교는 이미 조선조의 강력한 통치 이데올로기 형태로서 정치문화의 一義的 내용을 형성하고 있었다.

그러나 해체 과정에 들어간 5백 년 老王朝가 봉건질서라는 대내적 모순과 서구의 충격이라는 민족적 모순을 막지 못하고 쓰러졌을 때 거기에 형성되었던 그러한 유교적 정치문화도 함께 지나간 역사의 한낱 부정적 유산으로 소극화될 수밖에 없었다. 우리가 오늘날 바라보는 전통형 문화에 대한 눈에는 바로 이같이 지난 역사에 대한 부정적 소극화 경향이 항상 수반되고 있는 것이다.

그러나 우리는 역사적 사실에 대한 불이행을 정치문화에 대한 부정으로 그대로 일치시킬 수는 없다. 특히 그 史的 불행이 한말의 경우와 같이 밖에서부터 주어지는 타율적 현상에 기인했을 때 거기에 저항한 자체의 정치문화가 그것과 함께 부정될 수는 더욱 없다.

우선 우리의 유교형 정치문화부터 살펴보자. 그것은 우선 평화 지향형 문화로 특징지어진다. 유교에서 정치는 教化며 교화는 賢者의 德治와 文教로써 그것은 민중의 자발적 동화를 전제로 했다. 조선조에서 그렇게나 강조되던 王道는 바로 이같이 治者에 의한 힘의 최소 원리와 민중에 의한 동화(동의)의 최대 원리를 기본으로 하였다. 그래서 치자인 국왕에게는 일반 통치형식인 視事(廟務)와 똑같이 자기의 현명을 닦는 경연이 함께 강조되어 왔다.

이같은 유교문화의 평화 지향적 성격으로 해서 문관 우위원칙이 나왔고, 국난을 당하였을 때도 유자의 處義는 적극적 討賊보다는 殉節이라는 自請의 의리가 앞섰다. 한말 의병에서도 유자는 擧義하였지만 그것은 어디까지나 힘에 의한 군사적 결단에 목적이 있었다기보다는 오히려 대의와 여론을 환기하여 臣民의 의리를 다하려는, 말하자면 군사적 대항이면서도 힘의 경제(economy of power)에 철저히 따르고 있었던 것이다.

이러한 평화 지향주의와 지배자의 권력은 최소에 머물러야 한다는 권력 관계론적 입장이 쉽게 결합하여,

'왕은 백성이 없다면 지배할 대상(使)이 없으니 자기만 넓히고 타인을 좁혀서는 안 된다. 匹夫匹婦가 자기를 다 발휘할 수 있어야 왕(民主)은 그 공을 이룰 수 있다.'(書傳咸有一德)

는 爲民政思想을 낳았던 것이다. 이런 점에서 조선조는 專制王朝라는 외형에도 불구하고 그 정치문화에는 오늘의 안목에서도 부끄럽지 않은 민주적 전통을 담고 있었던 것이다.

다음으로 유교적 정치문화는 人本主義的 가치를 추구하는 데서 발견된다. 그것은 환경의 개선보다는 인간성의 개조를, 타인과의 경쟁보다는 자기의 수양을 각각 더욱 존중하려는 가치 정향과 연결된다.

그것이 조선조의 역사를 사회경제사보다는 정치문화사 쪽으로 더욱 치중하게 만든 이유의 하나이기도 한 바, 우리는 여기서 환경의 편리만을 추구한 서구의 경제사적 중심이 '이것은 내 것이니 남은 결코 손댈 수 없다'는 철저한 有者萬能의 합리성이었는 데 반하여 인간의 품성을 추구하는 우리의 정치사적 중심은, '모든 것을 다할 수 있는 권력을 가진 지배자도 불쌍한 下民에게 차마 하지 못한다(不忍之心)'는 철저한 與民共樂의 合情性이었음을 함께 비교할 수 있어야겠다.

이 점에서 유교적 정치문화가 부국강병을 이루지 못하게 한 이유라고 해서 단순한 파멸의 이념으로만 돌려서는 안 된다.

이러한 평화 지향적이고 정치 조화를 중심으로 하는 우리의 전통문화가 밖에서부터 오는 외래문명의 쓰라린 상처를 입지 않았던들 오늘에 미치는 역사적 불행은 훨씬 적었을 것이다. 따라서 우리가 오늘날 느껴야 할 불행은 전통문화 그 자체가 주는 제약이 아니라 그 전통문화가 옳게 전승되지 못하고 일그러져 온 바로 그 불행 때문인 것이다. 물론 여기서 전통의 전승이 민족문화의 모든 과거형식을 조금의 변화도 없이 그대로 墨守함을 의미하지는 않는다. 그러나 전통의 전승에서 빼놓을 수 없는 최소의 조건은 모든 사회변화가 주체민족의 자발적 요구에 기반해야 한다는 變化 意志의 자율성이란 점만은 분명하다. 이러한 자율성은 물론 자기 민족에게 유리하다는 주관적인 긍정성을 전제로 한다.

그런데 19세기 이후 우리의 전통문화가 일그러질 때 한민족의 주관적 자율성은 전혀 배제되고 있었다.

이러한 입장은 한국사 최초의 서구적 제도와의 결합인 개항(1875년)의 계기에서,

> '이번의 講和가 우리의 입장에서 자주적으로 하는 것인가? 그렇지 않으면 무력에 畏怯하여 부득이 하는 것인가? 자주적이라면 우리의 입장을 위하는 길이지만 외겁하여 하는 일이라면 당장은 姑息일지 모르나 앞으로 저들의 무궁한 욕심을 어떻게 막아내겠는가?'(《日省錄》고종 13년 1월 〈五不可疏〉)

라는 주장으로 나왔다.

하나의 민족을 주체로 할 때 그러한 非自主는 곧 민족적 불이익으로 직결되기 때문에 그러한 주장은 다시,

> '更張이 본래 좋지 않을 수 없고 變法이 또한 나쁜 것이 아니다. 그러나 이제처럼 本末이 바뀐 상황에서는 大變보다는 小變이 새롭고 소변보다는 無變이 더욱 이롭다.'(1880年代 〈更張問答〉)

는 주장으로 발전하였던 것이다.

이러한 주장들은 우리의 전통문화에 충격을 준 서구라는 변수의 성격을 살필 때 그 타당스런 근거가 더욱 뚜렷해진다. 근대라는 명목 아래 서구가 효율적인 산업력을 얻었을 때 서구는 그것과 함께 출발한 개별 민족국가에게 막강한 군사력을 함께 부여하였다. 그같이 물리력을 갖춘 민족국가들이 개별 국가의 병렬적 무한경쟁이 허용되는 소위 근대 국제질서 위에 서서 '가진 것이 있으면 있는 그만큼 힘을 발

휘할 수 있다'는 강자에게 최적인 경제원칙을 주장하고 나올 때 그것은 필연적으로 자국 중심의 팽창주의를 주장할 수밖에 없었다.

그것은 문화권 이론을 중심으로 할 때는 서구의 우월을 세계화하려는 서세동점 현상으로 설명되지만, 개별 민족국가를 대상으로 할 때는 불평등의 제도화라는 제국주의 공식으로 표현된다.

이러한 불평등의 강요가 우리에게 전통 파괴＝근대화라는 허울좋은 명분의 실질적인 내용이었기 때문에 그것은 저들에게 지극히 유리하지만 우리에게는 지극히 불리하다는 모순을 지니고 있었다. 여기서 한민족문화의 보전은 동양문화권의 최후의 보류로 생각하여 자신의 운명을 찬서리 몰아치는 가을날 마지막 남은 한 알의 씨앗과 과실(碩果不食)로 표현한 조상들의 문화 위기의식은 그만큼 정당한 민족적 이유를 내포하고 있었다.

이러한 관계가 한일관계로 압축되어 자기 전통 질서를 주장하려는 한국에 대하여 허울좋은 근대(서구) 질서를 강요하는 일본의 입장으로 나타났다. 문화의 이해가 중심이 되던 交隣秩序(傳統秩序)에서 문화가 우월하던 한국이 누려 왔던 민족적 유리는 군사력과 경쟁이 지배하는 서구 질서로 바뀔 때 물리력이 우세한 일본으로 옮겨갈 수밖에 없었기 때문이었다. 그 결과 1876년 한국사 최초로 근대화란 공식으로 맺어진 개항 체제는 약 30년 후 1910년에 자주권 상실이란 민족적 불리로 귀결되었던 것이다.

그 결과 자기 전통문화에 가장 철저하게 定向된 한 유자 의병장의 주장에서,

'일본은 西法으로 나라를 얻었고 조선은 서법으로 나라를 잃었으니, 세상에서 서법이란 禍를 가장 많이 입은 것은 바로 조선이

구나.'(柳麟錫《宇宙問答》

라는 탄식이 나타날 수 있었던 것이다. 따라서 우리가 여기서 주장하려는 정치문화의 전통형은 그것이 단순히 외래에 대하여 자기를 墨守하였다는 폐쇄적 배타주의에서가 아니고, 그것이 불리한 역사 상황에서도 민족적 유리를 고수하려 했다는 자율성 때문인 것이다.

이러한 전통문화가 지녔던 민족적 자율성은 오늘의 정치문화와 종적으로 연결시킬 때 그것은 바로 역사의식의 재창조 형식을 취한다. 이러한 입장에서 오늘의 한국 정치문화 형성기반에 관한 논의는 무엇보다도, 거기에 작용하고 있는 역사의식 형태로서의 시간적 요소에 대한 고찰이 특히 중요한 의미를 지닌다.

### (4) 정치문화 형성 기반으로서의 역사의식
① 對明 受惠意識—순종형

조선조 정치문화의 대외적 표현은 우선 대명 관계에서 집약되어 왔다. 그것은 구체적으로 조선조의 건국 이후(1492년) 청나라와의 굴욕 관계가 이루어지기까지(1637년)의 약 1백50년간에 해당하지만, 대명 은혜의식 속에 깊이 뿌리박혀진 자발적 순종형은 실질적으로 조선조 5백 년 정치문화 전반에 貫流하고 있었다.

이러한 순종형 대외의식은 한마디로 은혜에 기반한 윤리적 명분에 근거한다. 그렇다고 그 대명 사대의식이 화이사상과 以小事大가 결합한 비속한 순종만은 아니었던 것이다. 그것은 적어도 조선조 대명 관계의 상호우호라는 구체적 사실과 연관된다.

그것의 하나는 우선 조선조 건국에 대한 명의 승인에서 연원한다. 그것은 흔히 朝貢事大 형식으로 이루어졌다.

즉, 李成桂가 즉위한 다음날인 태조 元年 음 7월18일 조선조는 都評議使司 大小臣僚, 閑良, 軍民의 이름으로 명의 禮部에 대하여, '洪武 25년 7월 12일 恭愍王妃 安氏의 명으로 혼미한 瑤(恭讓王)를 폐하고 門下侍中 李成桂가 生靈에 은택을 입히고 사직에 공이 있다 하여 中外民心이 일찍이 귀부함으로 만민이 모두 이에 推戴코저 하오니 굽혀 輿意를 살피사 일국의 민생을 편안케 해달라'는 誥命을 요청하였던 것이다.(《太祖實錄》태조 원년 7월) 이에 대하여 명은 태조 2년 2월 '조선이란 칭호는 아름답고 또 그 유래가 깊으니 그것으로 이름하여 쓰게 하라'는 국호를 제정하여 보냈고, 수년 후인 태종 원년 9월에는 조선국왕을 승인하는 정식 고명과 金印을 내렸다.

이러한 사대 우호관계는 조선왕조의 가장 큰 주체성의 위기였던 임진왜란시(1592~1598)의 명의 내원을 통하여 더욱 심화되었다. 약 1세기 전 조선조의 건국에 뒤이어 다시 입은 명으로부터의 그러한 우호적 은혜에 대하여 우리의 조상들은 우리의 생명을 다시 이어준 東土再造之恩으로 느끼고 있었다.

'龍蛇의 役(壬辰亂)에 神宗皇帝가 우리의 土字를 再造해 주었으니…… 東韓千里에서 草木昆虫의 微에 이르기까지 그 어느 것이 帝德의 내림이 아니겠는가?'《華書雅言》권10)

이러한 受惠意識은 당시 국제관계를 지배하고 있던 소위 禮라는 형식과 결합하여 그 보은의 衷心이 大報壇(明太祖・神宗・毅宗 : 1704년)과 萬東廟(神宗 : 1717년) 奉祀로까지 나타났다.

이상과 같은 내용은 우리가 흔히 事大라는 이름으로 수없이 비판하여 온 그것과 합치한다. 그러나 우리는 조선조의 대명 관계에서 표현된 순종형 문화를 단순한 사대라는 이름으로 타기할 수만은 없는 것이다.

그것은 조선조의 입장에서 긍정될 수 있는 현실적 이유와 양국 관계를 맺어 주고 있던 성실한 의리(名分)라는 이유 때문이다.

첫째, 은혜의 내용은 조선조의 입장으로 보아서는 자주성을 의미하고 있었다. 즉, 건국에 대한 국제적 승인은 誥命이란 형식에도 불구하고 조선조의 국가적 개별성과 독립성에 대한 선언이었다.

'高麗(조선)는 山海를 隔해 있어 우리 중국이 다스릴 바 아니다. 국민을 敎化(정치)하는 것도 그들의 자유이니 …… 중국의 邊境을 침해하지 않고 사신이 왕래한다면 그 나라의 복이다.'
(太祖 원년 11월 명 태조의 詔書)

라는 내용이 바로 조선조를 승인한 명의 기본적 태도였다. 이와 같은 기본적인 태도가 임란을 통하여 침략에 의한 조선조의 주체성의 위기를 회복하여 주기 위한 來援의 우의로 재확인되었을 때 그것은 양국 관계를 이어주는 깊은 信義로 굳어지게 되었다. 이때 신의는 조선조의 국가적 자주에 대한 신의를 말하며, 그 신의의 기본내용이었던 국가적 자주라는 가치가 바로 순종형 대외 수혜의식을 지배한 현실적 이유였던 것이다.

그러한 신의로 명을 大明으로, 神宗을 義主로 보답하게 되었고, 대륙에 막강한 淸이 등장하였을 때는 이를 神洲陸沈이라 하여 저항하였으며, 그러한 청이 군사력에 의한 강제 주종관계를 요구하였을 때는 지난날 명과의 자주우호를 회상하여 그 명에 대한 江漢의 뜻과 西歸의 정을 계속 보내고 있었다.

② 對淸受辱意識—적대형

중국대륙에서 명이 청으로 왕조가 바뀌었을 때 그것을 우리 조상들은 천지가 뒤집힌 것이요, 冠과 신발이 바뀐 변화(天地飜覆 冠履倒置)로 느꼈다. 그것은 우선 再建의 은혜 속에 맺어진 전왕조 명에 대한 국가적 신의 관계 때문이었다.

그러한 청이 다시 군사력으로 주종 관계를 강요하였을 때 우리의 조상들은 더없는 굴욕을 느껴 三田渡 降伏 이후의 상태를 왕조의 피비린내나는 파국으로(天地腥羶) 표현하였다. 여기서 대외 의식은 청을 대상으로 하여 적대관계로 돌변하였다. 그러한 적대의식은 정치적으로는 北伐滅淸과 같은 적극적 반항 행태로도 나왔고, 문화적으로는 청의 그것을 薙髮左袵으로 몰아 배격하는 排淸運動으로도 나타났다. 그리고 그러한 배청운동은 오히려 한말에까지 계속되어 丁丑年(1637년) 城下에서 맺어진 대청 주종관계는 강압에 의한 盟約(要盟)이니 그것은 언제고 파괴할 수 있다는 굳은 집념을 보여 주었다.

이같이 동일한 한민족이란 주체가 대외 의식에서 보여 준 순종형과 적대형이라는 너무나 먼거리를 설명하는 데에는 종전과 같이 華(明), 夷(淸)라는 관념적 문화의식만으로는 부족하다. 여기에는 반드시 역사적 현실이라는 구체적 내용과 한민족의 민족적 입장이라는 주체적 요인이 설명되어야 한다.

관념적 화이를 떠날 때 대명·대청 관계는 각각 조선조의 자주성을 승인한 대명 우호와 조선조에 자주성을 부인한 대청 적대로 집약된다. 이때 의식의 주체로서의 한민족의 주체적 요구는 바로 민족적 자주라는 가치로 직결된다. 화이를 떠난 이러한 민족적 가치 때문에 우리는 쉽게, 만약 명이라도 우리의 자주성을 승인하지 않았더라면 하는 가정과 청이라도 만약 우리의 자주성을 승인하였더라면 하는 가정을 생각해 볼 수도 있다.

그러한 가정을 앞에 놓고 볼 때 한말 유림의 의병에서 나타난,

> '조선조 이후 이름은 비록 명의 藩屛이었지만 그 정치와 인민과 토지는 모두 우리의 자주였고 자유였다.'(布告八道士民)

라는 주장과 자국권 회복을 위하여는 청과의 군사적 동맹마저도 추진하려 했던 의병장의 형태에서 많은 시사를 얻을 수 있겠다.

그것은 최근 20세기 상황에서도 똑같이 느낄 수 있다. 문화의 중심과 주변의 차등을 인정하려는 문화권 이론(華夷)에서 볼 때 서양은 일본보다도 더 먼 荒外域이건만 해방 이전의 일본에 대한 적대의식과 해방 이후의 미국에 대한 순종의식은 각각 주권의 침탈과 해방의 선물이라는 민족의 구체적 이해관계와 연결되는 것이다.

③ 대서양 위기의식 — 반항형

19세기 후반 서구라는 또 하나의 변수가 한국사에 충격을 가해 오자 조선조의 정치문화는 대서양 의식이라는 또 하나의 형태를 보이기 시작했다. 이때 서구는 이제까지 한번도 체험해 보지 못한 이질 질서라는 점에서 우선은 疑懼心이 앞섰지만 그것이 최초로 부딪쳐 본 구체적 형식이 병인양요와 같은 물리적인 힘의 일방적인 도전이었기 때문에 대서양 의식도 부득이 대항 적대의식으로 나타날 수밖에 없었다.

> '지금 江都에 침입한 洋冠를 앞에 놓고 交・戰 양설이 있다. 洋賊을 공격하자는 주장은 國邊人의 말이요, 양적과 화합하자는

주장은 賊邊人의 말이다. 물리치면 邦內를 보전할 수 있지만 화합하면 인류가 모두 금수로 떨어진다. 그래서 종사 위급의 화가 호흡에 박두하고 있다.'(《華書雅言》卷10)

이상과 같은 위기의식은 척사배양 운동으로 나타났다.

'오늘날 서양의 화는 청의 그것보다 배나 된다. 양적이 침입하면 천리가 멸하고 인류가 끊기고 生民魚肉의 화가 洪猛보다도 더 심하다. 우리는 이제 遠物(洋物)을 귀히 여기지 말아 服食器用에 토산물이 아니면 사용치 말고 아울러 이국의 물화를 商賈通貨치 말도록 엄단해야 한다.'(《重菴集》洋禍)

이같이 19세기 대서양 의식에 나타난 반항형도 서양이라는 변수가 주는 구체적인 민족적 모순에 기인하기 때문에 폐쇄적 배타의식으로만 돌릴 수는 없다. 더구나 그것을 서양은 더 멀리 있는 이적이기 때문에 그만큼 더 배척해야 한다는 화이사상의 단순한 강화로만은 더욱 볼 수 없다.

우선 1860년대 서양은 영국에 뒤이어 미·불이 제2차로 경제적 도약 단계를 끝마쳐 경제적 팽창주의를 그 기반으로 하고 있었다. 따라서 그것이 주는 민족적 모순은 한마디로 경제적 위기 문제였다. 여기서 반항의식은 민족의 경제적 자존이란 가치를 중심으로 발전하였다. 여기서 '서양과 한번 교통하게 되면 삼천리 吾王赤字는 불과 2, 3년 내에 지탱할 수 없게 된다'는 척사론자의 주장이 나오게 되었다.

앞에서도 보았듯이, '손으로 생산하여 日計로도 有餘한 것(洋貨)과 토지에서 생산되어 歲計로도 부족한 것(國産貨)이 교역된다면 우리가 어찌 어렵게 되지 않겠느냐?'는 보호 무역론도 거기에는 따랐다.

따라서 거기에는 오늘의 서양이 전일의 淸虜보다 그 화가 수십 배 더하다는 주장이나, 서양이 이적 가운데에서도 가장 심한 最醜의 것이라는 주장에 대한 현실적인 이유를 제시하고 있었다.

'병·정의 대청관계는 주로 名義에 관한 것이었다. 저들의 뜻은 오직 중국의 주인을 僭稱하여 우리를 臣妾으로 삼으려는 것이어서 財帛에 대한 무한한 욕심은 없었다. 오늘의 서양은 이름은 단지 통상이라 하나 한번 通和하게 되면 日用相接에서 우리의 풍속을 파괴하고 우리의 生路를 滅絶하는 화가 無所不止할 것이다.'(1876년 〈京畿江原 儒生 絶和疏〉

그들은 여기서 이미 대서양 관계를 화이의 문제가 아니고 생존에 관계되는 人獸의 문제로 명시하고 있었다.

따라서 상시 서양이란 변수가 한민족의 주체성의 위기라는 부정적 상황을 불러일으키지 않는 관계로 맺어졌다 하더라도 당시 한민족의 대서구 의식이 단순한 문화적 화이사상 때문에 그렇게 또 반항형으로 되었으리라는 주장은 타당할 수 없겠다. 그보다도 더 깊은 민족의 현실적 이유가 있었기 때문에 1860년대 대서양 척사를 부르짖었던 유림들도 19세기 초 반항의 대상을 일본으로 돌린 의병운동에서는 서구를 공존의 대상으로 쉽게 긍정할 수 있었던 것이다.

④ 해방 이후의 정치문화—受惠意識 再現의 문제

해방을 계기로 서구는 과거와 같은 반항의 대상이 아니고 해방이란 민족적 선물을 가져다 준 은혜의 대상으로 반영되었다. 이때 해방이란 의미는 바로 한민족의 자주권을 부정하여 온 36년간의 민족적 모순에 대한 극복이었다는 점에서, 민족적 자주란 가치를 특히 부각시켜 온 역사의식의 문맥에서 볼 때 그것은 수혜의식을 부활시킬 수 있는 충분한 소지를 지니고 있었던 것이다.

여기서 해방 이후의 정치문화는 광복이란 가치와 함께 서구의 능률을 전적으로 수용하는 서구화의 정통성 위에서 바쁜 걸음을 걸어왔다. 광복과 서구 수용이란 복합적 정치문화에서 초기에 등장시킨 정치 엘리트가 바로 李承晩이라는 인격이었다.

그러나 이승만에게는 건국 이후 새로운 민주화를 담당한 機能 엘리트를 그 권력장치에 확보할 수 있는 정치자원이 없었다. 여기서 부득이 대치하여 확보한 일제 잔재 관료를 중심으로 한 인적 구성이 갖는 모순과 자신의 인격 형성에 작용한 환경이 주로 소년시절에는 유교적 그것이었다는 데에서 유래한 권위주의 등으로 해서 국민들이 달려가려는 정치문화의 호흡에 모두 부응할 수는 없었다.

정치문화와 권력 엘리트 사이에 놓인 이와 같은 모순은 주로 해방 이후의 환경에서 정치사회화 과정을 거친 학생이란 일종의 아노미 이익 표명집단을 통하여 동요되었다(4·19). 그러나 이같은 아노미 이익표명집단의 대중동원 형식을 통하여 보여 준 정치환경의 동요는 기존 정치문화에 포함된 모순을 완전히 해결해 주었다기보다는 오히려 다음과 같이 정치문화에 새로운 양상을 제시해 주었다.

그것은 우선 서구형의 일방적 수혜의식에 대한 반성이다. 해방 후 한국의 정치문화가 일방적 서구 수용형식을 취하였을 때 거기에는 근본적으로 해결되어야 할 이중구조가 도사리고 있었다. 그것은 평면적으로는 해방 후 정치문화는 일방적인 서구 수용형식으로 달려간 데 반하여 일반적으로 후진국의 해방은 서구로부터의 自由 逸脫을 의미한다는 사실에서 제기되는, 말하자면 서구에 대한 수용과 일탈 간의 모순이었다. 그러나 그것은 시간적으로는 1860년대 이후 그렇게나 배타의 대상이 되어 오던 서구가 불과 1세기 미만에 전적으로 수용되어야 한다는 데서 오는 의식간의 갈등이 그렇게 쉽게 해결될 수 없다는 데에서 오는 갈등이었던 것이다. 이러한 입장 때문에 해방 이후에도 전통 질서에서 정향된 일부 노인층에서는, '외적은 물러갔으나 서역이 다시 猖獗함'을 탄식하고 있었다.

여하튼 이와 같은 해방 이후의 정치상황의 구조적 갈등으로 해서 1960년대 이후 정치문화는 다음과 같은 두 가지 방향을 새로이 모색하고 나왔다.

그 하나는 서구 수용의식의 내면화 경향이다. 이 내면화에는 민주화를 포함하는 서구적 가치에 대한 의식화가 전제로 되는 바, 여기에는 해방 이후의 정치문화에서 사회화된 새로운 세대의 성숙과 그렇게 성숙된 세대가 관료를 포함한 일제 식민지하에서 사회화된 기성세대에 대하여 도전하며 밀고나오는 반체제적 민주화가 중심을 이루고 있었다. 따라서 그것은 서구수용의 효율적인 일면을 의미한다.

다음으로 다른 한 방향은 서구 수용의 자주적인 측면으로 나타났다. 그것은 해방 이후 10여 년 간 서구수용에 나타났던 沒我的 태도에 대한 반성을 내포한다.

그것은 수혜의식에서 은혜 그 자체가 중요한 것이 아니고 그 은혜에 의하여 보장될 민족적 가치가 중요하다는 데 대한 자주적 반성에 기인한다.

4·19나 5·16 이후 특히 민족이란 뉘앙스가 강조되었던 일련의 환경이 그것을 말해 준다. 그것은 결국 역사적인 한민족의 대외적 태도에서 크게 강조되어 왔던 민족적 자주에 대한 역사의식이 해방 후

10여 년 간의 대서구 수혜의식 속에 재정착되어 가고 있음을 말해 준다.

### (5) 結語

한국 정치문화의 형성 기반을 그 역사적 문맥을 통하여 잠시 정리하여 본 이 글은, 여기에 이르러 잠정적으로 한민족의 역사의식은 그 어떠한 것도 역사적 현실에 대한 자율적인 선택의지였다는 결론에 머무르려 한다.

그리고 그러한 자율적 의지는 언제나 대외적으로 자주라는 독립에의 가치를 大宗으로 삼았음을 말할 수도 있겠다. 따라서 역사적으로 객관화되었을 때 너무 지나치게도 보이는 순종형이나 적대형이지만 그것은 언제나 민족적 입장에서는 스스로 선택한 최선의 형식이었다는 주장도 여기서 가능해진다.

여기서 서구문화의 보편화가 전세계적인 오늘날 해방 이후 새로이 성숙해 온 순종형 대서구 수혜의식이 자칫 그 수혜의 주체로서의 민족을 망각하게 될 때 그것은 조선조에서보다도 더 심한 몰아적 사대형으로 전락될 가능성이 크다는 교훈을 받을 수 있겠다.

이러한 교훈과 반성은 전일 명에 대한 구체적인 의리 때문에 막강의 청에게 근본적으로 대적하였던 역사의식으로 해서, 오늘의 자유중국에 대한 우호 때문에 오는 중공에 대한 대적의식의 문제에도 새로운 검토를 가하게 한다.

똑같이 일본의 새로운 등장에 대한 대일 감정의 문제도 역사의식에 기반한 전일의 대왜의식에 대한 분석이 여기 아울러 요청되기도 한다.

한국의 오늘날 서구형 정치문화는 서구가 이미 근대라는 이름으로

룩한 세계 수준에 편입하려는 운동으로 연관된다.

그 서구문명의 본질은 물리적 힘인 산업력에 기반하는 바, 그러한 산업력이란 가치를 기준으로 했을 때 우리와 저들과의 사이에는 이미 선후진이라는 절대 간격이 놓여져 있다. 여기서 우리가 소위 강자에게 가장 유리하다는 사회경제적 측면만을 강조하려 할 때, 우리는 가면 갈수록 우리와 저들 사이에 벌어진 간격을 더욱 메울 수 없게 된다는 운명에 놓여 있다(선후진 격차의 심화에 대하여는 이미 1964년 유엔 개발무역회의에서 결론).

여기서 한국과 세계, 기대와 충족 사이에 놓인 간격을 줄일 수 있는 최선의 방법은 자기가 지배할 수 없는 세계적 객관이기보다는 자기가 지배할 수 있는 자신의 의지이다. 이런 점에서 정치현상에서 가치와 의식 상황을 포함하고 있는 정치문화를 그 주체민족의 역사의식이란 시간적인 개별성과 연결시켜 심화시키는 작업은, 우리에게 특히 중요한 의미를 지니고 있는 것이다.

## 4. 한국사상과 한민족의 통일(其一)

— 역사의식으로 본 민족통일의 규범 —

### (1) 통일을 논의하는 우리의 상황

우리에게서 통일은 논의이기 이전에 이미 염원이다. 그렇게 통일을 염원하는 주체는 말할 것도 없이 4천 년 이상을 살아와 오늘에 살아남은 '우리들' 한민족이다.

그러나 그렇게도 통일을 염원하는 한민족이 그 통일을 논의해야 하는 상황은 어디까지나 그 한민족이 통일을 위하여 서 있는 70년대라고 하는 엄연한 오늘의 현실인 것이다. 여기서 통일 논의는 일단 우리가 그 통일 문제를 제지시켜야 하는 70년대라고 하는 상황으로부터 우선 출발하게 된다.

그런데 우리가 논의해야 할 70년대라고 하는 현실은 우선 그것이 4천 년을 살아온 한민족사 가운데 가장 어려운 상황이라는 특징을 지니고 있다. 여기서 통일 논의는 4천 년 민족사에서도 가장 어려운 오늘을 해결하여야 한다는 괴로운 역사의 진통으로 그 초점이 맞춰지고 있다. 그렇다면 과연 70년대는 진정 4천 년 민족사에서도 가장 어려운 현실이며, 4천 년 민족사에서 가장 어렵다는 민족의 그 제약은 어디서부터 온 것일까?

그것은 한마디로 4천 년 역사 가운데서 최초로 입은 역사의 단절 뒤에서 우리가 살고 있다는 역사 단절의 비극에서 제기되며, 또 그것은 그같은 단절 뒤에 회복된 우리의 상황이 하나의 민족이 두 개의 현실로 살아가고 있다는 민족분단의 제약으로 연결된다.

여기서 통일 논의는 역사 단절의 비극과 민족분단의 고통이라는 가장 근원적 제약 앞에서 그것을 뛰어넘기 위한 가장 본질적인 민족의 규범으로 심화된다.

우선 역사 단절의 비극을 살펴보기로 하자. 우리에게 있어서 근대로 넘어오는 길목에서 겪어야 했던 제국주의의 희생으로 인한 역사의 臆塞은 그것이 4천 년 역사에서 한민족이 최초로 입었던 역사의 단절이었다는 점에서 무엇보다 심각하였던 것이다. 그것은 우선 한민족이 자기의 역사인 한국사의 주인노릇을 하지 못하였다는 점에서 역사 실천 주체의 단절이었고, 또 그것은 역사의 주인인 한민족이 자기의 지나온 역사에 대하여 자유로 서술할 수 없음으로 해서 한편으로 그것은 역사 서술 주체의 단절이기도 하였던 것이다.

여기서 1910년으로부터 1945년에 이르는 비극의 36년간은 4천 년 역사에서 한민족이 최초로 겪어야 했던 역사의 단절이었다는 특징을 지니며(물론 그것은 앞으로 다시 있을 수 없기에 마지막 단절이기도 하다), 그리고 그같은 역사의 단절은 한민족이 자기 역사의 주인 노릇을 하지 못하고 일제에 빼앗긴 것이 36년간이기 때문에 역사 실천 주체의 측면에서는 36년간의 단절이지만, 한민족이 자기 역사를 자기가 서술하지 못하고 일제에 붓끝을 빼앗김으로써 잃어버린 역사는 온 조선조 5백 년 아니 4천 년 역사 구석구석이기 때문에 역사 서술 주체의 측면에서는 수백 년 수천 년간의 역사의 단절로 심화되고 있었던 것이다.[1]

여기서 그같은 역사의 단절 뒤에서 살아야 하는 오늘의 한민족은 그같은 단절 이전에 살아왔던 우리의 어느 조상들보다도 보다 어렵고 보다 무거운 역사의 부담을 짊어지고 있는 것이다.

AD 4, 5세기경까지 계속된 漢四郡의 영향으로 고대국가 단계에서 우리 조상들은 자기를 지키고 자기 문화의 주체를 지키기 위하여 괴로워하였지만, 그러나 역사는 우리의 문화의 자주적 저력으로 漢

---

1) 우리의 민족사관에서는 원래 역사의 실천주체와 그 서술주체를 엄격히 분리시켜 왔었다. 여기서 삼국시대의 역사는 그 실천 주체가 삼국시대에 살다 간 우리의 조상들이었지만, 거기에 대한 서술은 반드시 삼국이 지나간 고려시대에 와서《삼국사기》나《삼국유사》로 나타남으로써 그 서술주체는 고려시대의 조상들로 분리되었던 것이다. 그것은 다시 고려시대에 대한 역사는(그 실천주체는 고려의 조상들) 조선조에 와서《고려사》나《고려사절요》로 서술되었으며(서술주체는 조선조의 조상들), 여기서 조선조 5백 년의 역사는 그것이 지나간 다음 단계의 역사에서 서술되어지기를 기다렸건만, 그 서술의 붓끝이 바로 일제침략자로 연결됨으로써 일제에 의하여 서술주체를 빼앗김으로써 잃어버린 역사는 온 조선조 5백 년이요, 그것은 나아가 4천 년 온 역사의 구석구석이라는 비극으로 심화되었다. 그것이 바로 일제의 식민사관에 의하여 민족사에 입혀진 심각한 倭傷의 흔적인 것이다.

化를 물리치고 오히려 漢을 우리 쪽으로 韓化시킴으로써 우리는 여전히 국사의 주인노릇을 할 수 있었고, 그래서 역사는 단절되지 않고 더욱 면면히 계승되었던 것이다. 또 13세기 저 북방의 막강한 몽고민족이 쳐들어와 부득이 고려의 현실은 사위나라(駙馬國) 복속관계로 이루어졌지만, 그러나 역사는 근본적으로 고려의 국가적 독립을 견제로 하는 對元 仕親관계와, 고려의 주인은 어디까지나 우리의 조상 고려 先人들이 담당하는 역사의 주체에서 13세기 역사에서도 한민족은 단절이 아니라 오히려 굳건한 자주적 계승을 이루었던 것이다.[1]

그것은 17세기 對淸의 비극에서도 마찬가지였으니 비록 34도의 굴욕은 조선조의 대외관계를 군신 주종관계로 묶었었지만 그러나 한반도의 역사적 주인은 여전히 조선조 선인들인 한민족이 담당하고, 청의 영향을 물리치려는 적극적인 북벌의 자주정신과 또한 청을 문화적으로 한민족 쪽으로 향화시켰던 민족적 자주의 위력에서 여전히 역사는 한민족의 역사였던 것이다.

따라서 4천 년 역사에서 최초로 겪어야 했던 일제침략에 의한 역사의 단절 뒤에서 살아야 하는 오늘의 우리는, 그 역사적 상황이 아무리 어려웠어도 단절되지 않은 역사 위에서 살 수 있었던 우리의 어떤 조상들보다도 한없이 어려운 현실 위에 서 있는 것이다. 그것은 민족이란 주체는 궁극적으로 그 민족이 걸어온 역사의 활력을 재창조하여 얻을 때에만 살아 갈 수 있다는 주체이론 때문인 것이다.

즉, 민족은 그것이 사라질 때 그것을 대신 살아 줄 수 있는 그 어떠

---

1) 麗末 백여 년에 걸친 반원지항이 곧 排元 自主의 의식에서 출발된 신흥 조선왕조의 새 역사 단계를 이루었다. 여기서 중세적 麗朝의 저력은 근세적 조선조의 창조력으로 연결됨으로써 역사는 계승되고 재창조되었던 것이다.(여기서 조선조의 건립을 對明 事大에서 포함하는 것은 잘못된 사관의 일단인 것이다)

한 대역도 없다는 점에서 그것은 역사 앞에 하나밖에 없는 유일한 주체이지만, 그러나 그같이 하나밖에 없는 민족이란 주체가 살아가기 위하여 더없이 그 활력이 요구될 때 거기에 활력을 줄 수 있는 유일한 생명력의 원천은, 또한 그 민족이 쌓으며 이룩하여 온 자기 역사밖에 없다는 점에서 역사는 또한 민족에 대한 유일한 활력원인 것이다.

여기서 민족은 하나밖에 없는 유일한 주체이기 때문에 그것은 어떠한 경우에라도 살아남아야 한다는 생존에의 가치가 승인되는 것이며, 그렇게 살아가야 할 민족에 대한 궁극적 생명력은 바로 그 민족이 걸어온 하나밖에 없다는 점에서 역사는 언제나 민족 앞에서 재창조되어 보존되어야 한다는 역사의식이 확인되어지게 된다.[1] 바로 이 점에서 역사 단절의 비극 뒤에서 살아야 하는 오늘의 한민족에게는 우리가 살아가기 위하여 그 역사 단절의 공백을 뛰어넘고 천년 역사의 正統을 오늘의 민족현실과 연결시켜야 할 역사 재창조의 사명이 절실하게 요구되고 있는 것이다.

그러나 역사가 재창조되기 위해서는 역사 속의 주체와 오늘의 주체가 하나로 동일화될 수 있는 역사의식의 등질성[2]을 반드시 그 전제로 한다. 그런데 우리에게는 단절 이전의 역사와(1919년 이전의 민족

---

1) 민족과 역사를 주체성으로 연결시킬 때 다음 공식이 성립한다.
   민족(역사의 주체) = (공간적) 개별성 ┐
   역사(주체의 활력) = (시간적) 영속성 ┘ 재창조
   민족의 현실 추진력(역사) = 민족의 생존
   역사의 영원한 주체(민족) = 역사의 보존
   민족 의지 ┐
   역사 의지 ┘ 주체성

2) 중국 민족은 이것을 역사의 大一統(春秋史觀)으로 주장하지만 우리에게는 이미 한얼思想(한=하나(一), 온(全・大), 한(中・極)을 통하여 민족사의 순결과 등질성이 확보되어 왔었다.

사) 단절 이후에 회복된 현실(1945년 이후의 民族狀) 사이에 너무나도 큰 이질적 간격이 가로놓여 있는 것이다.

그것은 한마디로 단절 이전의 역사가 한민족이 하나의 민족으로 이룩하여 온 통일된 민족사였던 데 반하여, 단절 이후에 회복된 현실은 하나의 한민족이 서로 다른 두 가지 현실로 살아가야 하는 분단된 민족상이라는 비극으로 요약된다. 여기서 우리에게 분단은 그것이 한민족의 의지에 관계없이 밖으로부터 밀려온 역사의 타율 현상이라는 점에서의 비극보다도, 또 그것은 하나의 역사 앞에서 두 개의 역사주체가 경쟁하고 있다는 민족의 갈등현상이라는 비극에서보다도 더 궁극적으로는, 분단된 민족의 현실은 통일된 민족으로 이룩하여 온 통일민족사의 활력을 보존 재생산할 수 없다는 역사 미회복의 비극에서 더욱 심각하여지는 것이다.

이같이 분단된 현실은 통일된 민족사와의 사이에 등질성이 없기 때문에 한민족에게서 분단이 있는 한 민족사의 정통성은 회복될 수 없고, 그 분단을 극복하지 못하는 한 4천 년 민족사의 저력은 그것이 아무리 훌륭해도 오늘의 민족의 활력으로 결코 재창조될 수 없는 것이다. 여기서 우리에게 분단이 있는 한 민족사는 완전히 회복된 것이 결코 아니다. 따라서 20세기 초 역사의 단절로 민족의 비극이 시작되었다면 그 20세기 중반 그 단절이 회복되는 듯하면서 다시 온 종전 후 민족의 분단에서 그러한 비극은 계속 심화되고 있는 것이다.

여기서 우리가 그 역사의 단절을 뛰어넘어 오늘의 현실을 4천 년 민족사와 연결시켜야 할 역사 자율의 회복 임무 속에는 당연히 분단된 민족의 생명력을 통일된 민족사의 의식 속에 결합시켜야 할 민족 자립의 회복 임무를 내포하고 있다. 우리는 민족이 살아가기 위한 절실한 활력을 위하여 민족사의 회복을 갈구하고 있다. 그러나 그같은 역사의 회복은 궁극적으로 그 역사의 주체인 민족의 회복에서만 완결될 수 있다는 점에서, 우리에게 민족의 회복을 의미하는 통일은 역사 회복의 전제요, 민족생존의 大原인 것이다.

여기서 통일은 그것이 무엇이냐 하는 논의이기 이전에 우리가 이루어야 할 역사의 규범(역사의 회복)이요, 우리가 이루지 않고는 살 수 없는 민족의 염원(민족의 회복)으로 주장되는 것이다.

(2) 통일의 민족사적 규범

통일은 그 자체가 이미 근대사의 위대한 추진력이었다. 서구의 근대는 정치사적으로 한마디로 근대 민족국가에서 출발하고, 그것을 대표하는 역사적 상징은 바로 민족주의였던 것이다.

그런데 이같이 민족주의로 상징되었던 서구의 근대 민족국가의 출발은, 한마디로 하나의 민족이 하나의 국가단위의 주체로 승인받을 수 있었던 민족의 통일에서부터 그 기틀이 마련되었던 것이다. 여기서 근대국가를 설명하는 정치사는 다음과 같이 역사적 3단계를 그리고 있었다. 즉,

첫째, 민족의 통일(unification) : 민족의 대외적 확인

둘째, 민족의 통합(integration) : 민족의 대내적 성립

셋째, 민족의식의 등질성(homogeneity) : 민족의 의식적 확립

등인 것이다.

이같은 역사 단계를 서구 근대사에서 찾을 경우, 저들은 중세의 보편과 神·人 주권의 兩劍論을 깨워 주던 절대군주에서부터 민족의 통일은 시작되어, 이것이 불과 1세기도 되기 전에 시민혁명을 거쳐 국민적 통합을 이룬 다음에 재빨리 그 위에서 국민의식의 등질성을 확보한 다음, 그것을 기반으로 근대 세계사 앞에서 수백 년간 역사의

큰 주류를 큰소리치며 걸어오고 있는 것이다.[1]

이같이 통일은 서양의 근대사에 위대한 출발을 약속하였고, 그래서 그 통일이 준 근대사의 에너지 위에서 서양은 세계사 앞에서 민족국가의 주류를 잡아왔던 것이다. 여기서 우리는 한민족 앞에서 민족국가로 상징되는 근대라는 이름보다도 우선 그것이 이루어 온 통일이라는 민족사의 상징을 먼저 상기하게 된다. 즉, 그것은 한민족이 역사상 그 어느 민족보다도 일찍이, 즉 AD 7세기(668년)에 이미 이루었던 민족통일의 성취에서부터 주장되는 것이다.

따라서 한민족에게는 통일된 민족으로서 쌓아 온 통일된 민족사의 역사 축적이 1천 수백여 년에 이르고 그것은 서구인들이 이룬 민족통일의 경험에 실로 천 년 이상이나 선행한다. 이같이 서구에 선행하여 일찍이 이루어 왔던 한민족의 엄연한 통일민족사의 경험은 서구를 우세하게 강조하는 오늘의 근대의 개념 앞에서라고 해서 그것이 퇴색당할 수 없고, 또 장근 백여 년 간 강력하게 밀려오는 서구 근대국가의 세력 앞에 한민족이 일시적으로 불행하였다고 해서 그것이 결코 무력하여질 수 없는 것이다.

흔히 근대 정치사에서는 서양의 근대민족국가는 그 출발인 통일에서부터 그 완결인 통합에 이르기까지(따라서 근대의 前期가) 불과 1백 년도 소요되지 않고 진행되었건만, 한민족의 민족사는 비록 그 통일은 서구 민족국가에 천여 년을 선행하면서도 그 민족국가의 완결에 해당하는 국민적 통합은 3·1운동 등과 같은 20세기 초에 와서나

---

1) 서구사의 시대 삼분법은 절대군주에 의한 민족국가의 통일로부터 근대로 잡으나, 다시 시대 사분법에서는 절대군주에 의한 후일을 근세(근대의 전조)로, 그리고 시민혁명에 의한 국민적 통합 단계를 근대(근대의 후기, 즉 협의의 근대)로 각각 잡고 있는 것이다.

이루어짐으로써 결국 한민족의 근대민족국가는 서구의 그것을 따라 갈 수 없었고, 그래서 한민족사에서는 시간적인 지체가 있었다는 停滯論을 지적하기도 한다.

그러나 서구사와 똑같은 발전법칙을 걸어야 한다는 보장이 없는 한, 그래서 한민족은 한민족의 독자적인 역사 발전법칙을 걸어와야 했던 우리의 통일민족사를 서구가 제시하는 통일·통합의 모델을 놓고 그 지체와 정체를 논할 수도 없거니와, 그보다도 더 중요한 것은 비록 서구의 모델로 본 통합 단계가 우리의 통일민족사에서 뚜렷이 보이지 않는다 해도 통일민족 이후로 천여 년간 쌓여져 온 그 통일민족사는, 그대로 오늘의 우리에게 활력을 줄 수 있는 역사적 민족 재창조의 기반이라는 점에서 통일 이후 민족사 그 자체는 우리에게 더없이 소중한 것이다.

즉, 천 년 이상 쌓여져 온 우리의 통일민족사는 동일한 통일 상태로 무수히 반복되어 온 정체된 통일 상태의 연속만은 결코 아니었다.

통일된 고대국가인 통일신라가 그 말년에 귀족 에너지의 타락과 외세인 당 문화의 영향 등으로 더 진행할 수 없이 쇠잔했을 때, 민족사는 끊이지 않고 호족 등과 같은 새로운 신흥계층을 통하여 다시 한국적 중세엔 고려조 수백 년의 역사를 발전시켰으며, 이같은 중세적 고려조의 활력이 다시 그 말기에 이르러 북방민족의 침략과 중세귀족의 모순으로 다시 어려워졌을 때, 민족사는 또다시 사림과 같은 새로운 신진계층을 만나 더욱 활발한 근세 수백 년의 창조력을 발양시켜 왔던 것이다.

즉, 이같이 우리의 통일된 민족 사천 수백 년 동안은 그 역사의 스스로의 활력을 통하여 그것이 어려울 때마다 그것을 극복하고 새로운 역사 단계를 이끌어 갈 신흥 역사주체(호족이든 사림이든)를 창조해 냈으며, 그 결과 우리의 통일된 민족사는 그 동일한 통일민족이란 상황 속에서도 한국적 고대·중세·근세를 연결하는 역사의 면면한 발전을 추구해 왔던 것이다. 여기서 통일된 민족사에서 바라볼 때 통일신라·고려조·조선조는 단순한 왕조의 교체가 아니고 통일된 민족사의 계속적인 확대 내지 전진이라는 한국적 민족국가의 변증법적 완성 과정이었던 것이다.

여기서 우리는 고려사 단계에서 이미 통일의 역사는 고구려의 舊疆恢復을 위한 徙民政策·북진정책 그리고 후삼국의 유민들에 대한 동포주의·유민정책 등을 통하여 민족의 강력한 대내적 결합력, 즉 민족의식의 성장과정을 발견하게 되며, 다시 그것은 조선조 단계에 이르러 국경 개념의 확정과 국가적 주권의 대외적 승인을 통하여 근대국가에서 가장 중요한 요건이었던 국경 개념을 전제로 한 민족적 자주와 주권국가로의 발전을 완결시켰던 것이다.[1]

즉, 우리의 통일된 민족사는 9세기(즉 고려조의 출발)에 이르러 민족의식을 통한 민족의 대내적 통합 단계의 역사를 실천하였으며, 그렇게 쌓여진 수백 년의 역사 에너지는 다시 14세기에 이르러(즉 조선조의 출발) 국경 개념을 전제로 한 근대국가의 주권 개념의 발전으로 그 역사를 전진시켰다. 여기서 우리가 논하려는 통일 논의 앞에서 우리의 통일민족사는 다음과 같이 떠날 수 없는 규범적 교훈을 남긴다.

---

1) 여기서 근세 조선조의 대명 관계는 排元親明의 사대관계가 아니고 비자주적 服屬關係(對元)의 극복 → 자주적 국가의 승인관계(對明)라는 구체적 역사의 전진이었던 것이다. 여기서 당시 대명 관계를 연결시켰던 소위 선명의 내용을 밝히지 않을 수 없게 된다.
'……高麗(朝鮮) 限山隔海 天造東夷 非我中國所治……聲教自由 果能順天意 合人心……實彼國之福也…….'(《太祖實錄》권2, 元年 11월 甲辰)

즉, 가장 간단하게 우리가 살아온 이 彊域, 즉 압록·두만강으로 연결하는 우리의 국경 개념은 우리 조상들이 AD 7세기에서 통일을 이룬 이래 실로 7세기 이상의 노력과 의지를 들여 이루어 놓은(15세기 완성) 역사적 산물인 것이다. 우리는 가장 담백하게 우리의 조상들이 17세기 이상이나 걸려 이루어 놓은 이 국경 개념을 그 어떠한 명분이나 현실로도 바꿀 수 없다는 결론을 얻게 된다.

그런데 우리에게 분단의 고착화는 궁극적으로 현재의 분단선을 기준으로 한, 새로운 국경선의 획정을 의미하고 그것은 조상들이 7세기 이상의 노력으로 이룩하여 준 압록·두만강으로 연결하는 역사적 국경 개념에 대한 근본적 변경을 의미한다. 그러나 이같은 국경 개념의 변경은 그것이 압록·두만으로 연결된 우리의 강역을 결과적으로 축소시키거나 민족의 일부를 분리 단절시킨다는 현실적 비극 외에도 다음과 같은 본질적 제약을 내포하고 있다.

즉, 그것은 압록·두만강으로 연결된 그 역사적 국경선이 파괴될 때 그것을 이루기 위하여 7세기 이상이나 들여져 온 민족사의 의지는 함께 사라지며, 또 그것의 기반 위에서 실천되어 온 우리의 5세기 이상의 민족사의 에너지도 함께 파괴된다는 사실인 것이다. 여기서 우리는 그 어떠한 명분으로도 새로운 국경 개념의 변경을 의미하는 분단의 고착화를 승인할 수 없고, 그래서 통일은 어떠한 경우에라도 이루어야 할 민족사의 규범으로 확인받게 되는 것이다.

우리는 흔히 민족이라는 주체를 오직 하나밖에 없는 유일한 주체임을 강조한다. 물론 민족은 그것이 사라질 때 그것을 대신 살아 줄 수 있는 그 어떠한 대역도 없다는 점에서 마지막 주체요[1] 유일한 주체이

---

1) 역사의 주체에는 국가적 측면(etatism)과 민족적 측면(nationalism)이라는 양면이 있다. 우리의 4천년 한국사는 그 국가적 측면에서는 때로 그 주체의 제약과

다. 여기서 민족은 더없이 소중한 것이고, 그래서 그것은 어떠한 경우에라도 살아남아야 한다는 생존이란 가치가 확인된다.

그런데 우리 한민족이란, 주체요 민족의 통일을 이룬 이래 천 년 이상의 역사적 경험을 통하여 이루어 온 역사적인 주체로, 역사적인 生成이다. 따라서 그것은 그것을 생성시키고 완성시켜 온 통일된 민족사를 버릴 때 결코 살아남을 수 없는 운명적 주체인 것이다.

따라서 우리에게 민족의 분단은 흔한 상식의 차원으로 여겨지듯 민족의 半存이다. 半生도 결코 되지 못하고 민족의 파괴, 민족사 에너지의 상실이라는 비극으로 직결된다. 여기서 우리는 45년 해방을 통하여 민족이란 생명에 回生의 계기가 마련되었을 때 36년 단절을 뛰어넘고 1910년 이전의 생명으로 회복하는 회생의 사명이 간절하였던 것과 똑같이, 오늘날 두 가닥 생명으로 분단된 현실 앞에서는 그 분단된 생명력을 본래의 통일된 역사적 생명으로 회복시키는 것이 무엇보다 간절하다.

그렇기에 우리에게서 통일은 민족의 재결합이란 상황적 의미를 지나 민족사의 에너지를 다시 회복한다는 진정한 역사 회복의 생명과 직결되고 있는 것이다.

### (3) 통일의 주체와 그 활력

민족의 통일은 민족적 자주와 밀접한 상관관계를 이루고 있다. 민족적 자주에는 자주에의 의지와 자주에의 능력이 함께 포함되듯이, 민족의 통일에도 통일에의 의지와 통일에의 능력이 함께 요구되고 있

---

단절도 있었지만 민족적 측면에서는 그 주체의 단절이 한번도 없었다는 특징을 지닌다. 이같이 국가는 비록 사라져도 민족은 살아 있었다는 역사의 에너지에서 우리의 통일에의 저력이 나오는 것이다.

다.

그러나 통일을 전제로 하는 한 통일에의 의지와 통일에의 능력은 상호 밀접히 연관된다. 즉, 통일에의 의지 없이 통일에의 능력은 결코 이루어질 수 없고, 또 통일에의 의지가 전제되지 않은 능력이 있어 통일을 이룬다 해도 그같은 통일은 무의미한 것이다. 여기서 통일에 있어서 가장 중요한 것은 통일에의 의지라는 민족적이며 주체적인 활력이다.

한민족의 경우, 통일에의 의지는 민족사의 기본적 저력이었음이 역사적으로 확인된다. 일찍이 단군신화를 비롯하여 고대 설화사상에서는 個人(백성)이 함께 모여 君長(국왕)을 추대하고 결합하는 親和的 동포주의를 보이고 있었으며[1], 이것은 다시 부족국가 단계에서 유민을 흡수하고 부족을 통합·확대하기 위한 蘇塗思想으로 발전하여 나왔던 것이다.[2]

이같은 동포적 친화력은 신라에서 전원일치 합의제인 화백제도와 사회적 공통 결합의 형식이었던 두레(圓 또는 衣)제도를 발전시켰던 것이니, 바로 이같은 민족적 친화력이 기초가 되어 한민족은 어느 민족보다도 일찍이 그 통일을 이룰 수 있었던 것이다. 따라서 통일에의 의지는 한민족의 민족적 속성이요 역사 에너지의 저력이었다.

그러나 역사에 담겨져 온 이같은 통일에의 에너지라 하더라도 그것이 오늘의 한민족에게 주체적으로 재창조되지 않을 때에는 그것은 어

---

1) 단군의 神政은 '國人 立以爲君'으로 설명되고, 삼국 시조의 설화들도 촌장회의의 결의로 이루어졌으며, 그것은 후일 南堂會議·都堂會議와 같은 민족의 合議體를 제도적으로 탄생시켰다.
2) 蘇塗는 부족 공동생활의 친화력을 표시하는 의례였으니, 비록 죄인이라 하더라도 蘇塗에 들어왔을 때에는 불문에 부치고 포섭하는 그 정신에서 이미 민족적 동포주의와 통합력이 발견되고 있었던 것이다.

디까지나 역사상의 의지였을 뿐 오늘의 한민족의 통일에의 능력은 결코 될 수 없는 것이다. 여기서 우리는 통일에의 의지와 통일에의 능력으로써 오늘의 한민족이란 주체와 그러한 주체가 재창조하여야 할 역사의식을 제기하게 되는 것이다.

역사의식이 주체민족에 의하여 재창조될 때 그것은 반드시 주체민족이 쌓아 온 역사의 양에 정비례하게 마련이다. 여기서 4천 년 이상의 역사를 가진 민족의 에너지와 그것을 천 년 미만 가진 민족의 에너지는 결코 같을 수 없다. 이같은 예가 바로 오늘의 분단이란 동일한 현상을 앞에 놓고서도 결코 한민족의 통일의 문제와 독일민족의 그것이 같을 수 없다는 주장으로 나타나게 되는 것이다.

즉, 오늘의 독일민족에서는 하나의 민족이 두 개의 국가 상태로 나누어 살게 되는 분단의 고착화 내지 국가분단의 기정사실화를 체험하면서도, 한민족에게서는 동일한 분단이면서도 분단의 극복, 통일의 실천을 주장할 수 있는 것은 바로 오늘의 현실 앞에서 두 민족이 갖는 통일에의 에너지가 각기 다르기 때문이며, 또 그같이 두 민족이 갖는 현실적 통일의 에너지가 각기 다를 수 있는 것은 오직 한 가지 이유, 즉 그 두 민족들이 각기 걸어온 통일된 민족의 역사가 서로 다르기 때문이다.

즉, 우리 한민족은 AD 7세기에 통일을 이룬 이래 통일된 민족으로 쌓아 온 통일민족사가 천 수백 년에 이르는 데 반하여, 독일민족의 그것은 서구에서도 가장 민족통일이 늦어져 비스마르크(Bismark) 이래 겨우 이룬(1871년) 통일의 역사가 불과 1백 년밖에 되지 않는다. 여기서 역사의식이 재창조될 때 그것은 현실 주체민족의 활력과 정비례하는 것이라면, 천 년 이상의 통일된 역사를 가진 한민족과 그것을 1백 년 미만 가진 독일민족이 각각 갖는 오늘의 통일 에너지는 결코 같을 수 없는 것이다.

따라서 우리는 오늘을 살기 위하여 역사를 회복하고 그러한 역사의 회복은 분단된 오늘의 현실을 통일로 이루어져 온 민족사로 회복시켜야 하는 민족의 회복으로 직결되지만, 한편으로 그같이 역사를 회복하고 민족을 회복시켜야 할 통일의 의지와 통일의 실천을 위하여는 다시 통일된 민족으로 살아온 민족사를 다시 찾아 오늘의 통일의 활력으로 재창조하는 역사의식의 재창조를 이루어야 하는 것이다.

그것이 바로 민족의 주체적 활력이며 여기에 주체성의 논의가 이루어지는 것이다. 그것은 역사적 활력이기 때문에 오히려 우리에게 역사의 타율 현상으로 주어진 분단을 극복할 수 있는 것이며, 또 그것은 주체적 활력이기 때문에 국제정치나 현실의 여건이 주는 통일에 대한 불리한 상황도 뛰어넘을 수 있는 것이다.

원래 역사의 주체인 민족은 그것이 살아가기 위하여 그 활력을 다른 민족으로부터 빌려 올 수도 없고 바꿔 올 수도 없다. 따라서 민족은 궁극적으로 그 활력을 스스로 창조할 수밖에 없다. 그러나 민족에게서 창조는 헤겔(F. Hegel)도 이야기하였듯이, 결코 無에서 有라는 절대 창조가 있을 수 없기 때문에 그 창조의 전제로서 주체적 기반을 요구하게 되는 것이다. 이 주체적 기반이 바로 민족이 쌓아 온 역사적 기반인 것이다.

따라서 민족은 그 가는 길이 어려울 때 거의 예외없이 자기 민족이 걸어온 역사를 다시 찾아 그 정리된 역사의식 위에서 뛰어오르는 역사의 재창조의 공식을 취하게 된다. 우리 한민족은 이 글 冒頭에서도 지적되었듯이, 4천 년 역사 가운데서도 가장 어려운 오늘의 70년대에 서 있는 것이다.

4천년 내 가장 어려운 상황이란 바로 4천년 내에 처음인 민족사의 단절(일제침략에 의한 식민사) 위에 살고 있다는 사실 때문이며, 우리가 서 있는 현실이 통일된 민족사에서 벗어나 하나의 민족이 두 개의 현실로 살아가고 있다는 분단의 현실 때문인 것이다.[1] 그런데 오직 하나밖에 없는 주체인 한민족, 그것도 4천여 년을 끊임없이 살아온 한민족은 오늘의 현실이 아무리 어려워도 살아남아야 한다는 생존에의 의지를 이미 그 민족사의 규범으로 담고 있는 것이다.

따라서 한민족이 그같이 살아가기 위하여 민족사를 재창조하는 주체적 노력이 필요하다면, 또 그같이 민족사를 재창조하기 위해서는 역사의 단절을 뛰어넘고 오늘의 현실을 단절 이전의 민족사와 연결시키는 역사의 회복이 필요하다면, 그리고 그같은 역사의 회복은 궁극적으로 오늘의 분단된 민족을 민족사의 주체였던 통일된 민족으로 회복시키는 민족의 회복에서 완결되는 것이라면 민족의 회복을 의미하는 통일은, 바로 70년대 한민족이 살아가기 위하여 절실히 요구되는 생존에의 원리인 것이다.

따라서 통일은 우리에게 민족사를 회복하기 위한 역사적 규범인 동시에 민족이 살아가기 위한 절실한 생존의 活源인 것이다.

통일 앞에서 우리가 이같이 민족의 주체를 생각하게 되는 것은 통일 이후의 역사주체는 오직 하나뿐이라는 역사의 정통성 때문이다. 역사 앞에서 주체는 원래 하나이다. 따라서 통일의 주체가 누구냐 하는 것은 결국 통일 이후의 역사주체가 누가 될 수 있느냐 하는 역사의 주체로 직결된다.

통일 이후의 역사주체는 한마디로 민족사의 정통성을 이어받아 확

---

1) 13세기 蒙古의 침략이 어려웠다 하지만 당시의 조상들은 역사가 단절되어 있지 않음으로 해서, 직접 재창조할 수 있는 3천여 년의 민족사의 저력이 연결되고 있었던 것이다.(그것은 승 일연의《삼국유사》로 잘 나타나 있다)

보할 수 있는 민족의 주체성을 그 근본으로 한다.

우리에게 주어진 분단의 모순은 결국 하나의 민족 앞에 나타난 두 개의 국가적 현실이며, 이같은 두 개의 국가적 현실 사이의 경쟁과 갈등은 한마디로 통일 이후의 민족사의 주체가 누가 되느냐 하는 주체성의 경쟁으로 요약된다. 여기서 민족이라는 身元과 활력을 표시하는 상징은 바로 주체성(national identity)이요, 국가적 신원과 활력을 표시하는 상징은 곧 정통성(legitimacy)이다.

따라서 대한민국이란 우리의 국가적 정통성이 한민족이 걸어온 민족의 주체성과 더 깊이 연결되어 민족사의 활력을 재생산할 경우에는 통일의 주체는 자동적으로 대한민국이란 현실의 주체로 연결될 것이 분명하다. 그러나 여기에는 비록 상상이기는 하지만 저 북한의 질서가 이 민족의 주체성에 더 깊이 파고들어 그 주체성의 활력을 저들 쪽으로 확보할 경우, 통일의 방향은 바라든 바라지 않든 저들의 정통성으로 합일될 수밖에 없다는 경계도 당연히 포함되는 것이다.

여기서 한민족에게 통일은 역사회복과 민족회복을 위하여 반드시 실천하여야 할 생존에의 원리이며, 또 그것은 한번도 단절 없이 이룩되어 온 천 년 이상의 통일민족사의 저력에서 볼 때 그것은 기어코 실천될 수 있는 자주에의 활력인 것이다.

## 5. 한국사상과 한민족의 통일(其二)

— 세계사에서 본 통일 민족사의 새 좌표 —

### (1) 통일, 언제나 절실한 민족적 규범

민족에게서 분열은 최대의 모순이다. 따라서 통일은 민족이 지녀야 할 최고의 합리이다. 여기서 통일은 개별 민족의 영원한 규범으로 승인된다.

근대국가의 주체로 민족이 등장하고 난 후 그 민족이 주체가 된 근대사의 발전은 대략 다음과 같은 3단계를 거쳐 왔음은 이미 널리 알려진 사실이다.

첫째는 민족의 통일(national unification)이요, 둘째는 민족의 통합(national integration)이며, 셋째는 민족의 등질성(national homogeneity)이 그것이다.

여기서 통일은 민족이란 주체에 대한 대외적 표현이며, 통합은 민족이란 주체가 지녀야 할 대내적 생명력이며, 등질성은 민족이란 주체가 확보하여야 할 최종적인 가치인 것이다.

西歐史의 경우 절대군주는 그것이 자아낸 국내적 모순(계급적 모순)에도 불구하고 그것에 의하여 이루어진 통일민족국가란 역사적 가치 때문에 근대출발의 作因者로 찬양되고 있다. 여기서 통일은 곧 근대국가를 추진시키는 가장 기본적인 상징인 것이다.

근대국가가 이같이 통일을 거쳐서야 이룩되는 역사추진의 한 양상이었다면 통일은 확실히 근대사를 추진시키는 원초적인 에너지의 한 형식임에 틀림없다.

이런 점에서 홉스는 《리바이어던》을 써서 영국의 왕가적 통일세력을 더욱 촉진시켰고, 마키아벨리는 그의 《군주론(Il Principe)》을 통하여 '플로렌스' 지방을 중심으로 하는 그의 조국 이탈리아의 통일을 주장하였다. 그것은 서구에서 가장 민족통일이 늦었던 독일에서 더욱 강화되어 민족통일을 촉진시키기 위한 헤겔의 '자민족 우월사상'까지 나왔던 것이다.

이같이 통일은 자민족의 에너지를 갈구하는 근대 지성들이 다같이 강조하고 나왔던 근대 민족사상의 최대 규범이었던 것이다.

통일이 확실히 근대민족국가 에너지였음은 가까운 근대 일본의 역사에서도 증명된다. 즉, 1854년 저들이 근대사 질서로 편입됨을 의미하는 저들의 開國(神奈川美·日親善條約)은 그것이 서구질서로 문을 여는 개국 내지 개화라는 의미에서보다도 오히려 그것이 수백 년 幕府秩序로 분열되어 온 일본을 통일민족국가로 발전시키는 계기(즉 왕정복고에 의한 유신)가 되었다는 점에서 일본의 근대사에 새로운 추진력을 제공할 수 있었던 것이다.

개국에 담겨진 그같은 통일이란 역사적 계기에 대하여 저들은 솔직히 다음과 같이 인정하고 있다.

즉, 개국은 자기(일본)를 국제적 질서로 문을 열어 주는 것을 의미하는 동시에 그것은 자기를 하나의 통일국가로서 국제사회에 표현해 주는 것이었다.'(丸山眞男《일본의 사상》)

통일은 그같이 일본의 근대사를 추진시키는 원동력이었지만 그것은 팽창하였을 때 드디어 한민족의 통일을 파괴하는 역사의 모순으로 작용하였던 것이다.

즉, 1905년 제2차 한일협약에 의한 한민족의 국가 상태의 정지는 사실 천여 년을 유지시켜 온 민족적 통일 상태(AD 669)에 대한 파괴를 의미하며, 그같은 침략이란 모순으로부터의 회복이 1945년 종전 후의 질서에서 다시 민족분열이라는 남북현상으로 연결되었을 때, 우리 한민족은 지금 20세기이며 반세기 이상의 근대사에서 통일이란 민족사의 에너지를 잃어 오고 있는 것이다.

여기서 우리는 우리의 통일염원을 단순한 남북분열이라는 상황적인 모순에서만이 아니고 침략(통일의 파괴)과 해방(분열)의 연결에서 나타난 반세기 이상의 통일의 逆現象이라는 역사적 모순에서 더욱 절실하게 의식하게 되는 것이다.

① 통일 개념은 민족국가의 통합과 등질성을 포함

통일을 저해하여 온 그같은 시간적인 불행은 확실히 통일을 지향하는 오늘의 한민족에게는 가장 심각한 역사적 모순이 아닐 수 없다. 통일은 근대 민족국가 발달의 초기적 제1단계에 해당되지만, 그러나 그 통일에서 출발되는 근대 민족국가의 발달은 통합과 등질성의 확보라는 그 이후의 역사단계가 있을 때 비로소 완성된다.

여기서 광의로의 통일개념은 민족국가가 실천하는 통합과 등질성이란 가치를 함께 포괄하게 된다. 즉, 통합과 등질성이 달성될 때 비로소 통일 개념은 완성되는 것이다.

그런데 통합이나 등질성은 주체민족의 민족적 체험을 통하여 이루어지는 정치문화의 한 산물인 것이다. 정치문화 그것은 곧 정치 현상의 시간적 연속 위에서 쌓여지는 역사적 생성인 것이다.

이같이 정치문화와 연결되는 입장에서 우리의 통일 문제를 고찰할 때 4반세기 이상을 고착하여 온 분열 위에서의 민족적 체험은 우리의 통일이 마지막으로 귀착하여야 할 민족의 등질성이란 지표에서 볼 때 확실히 심각한 적신호가 아닐 수 없다. 분단된 상황에서 고착되어 가는 민족적 체험의 이질화! 우리는 여기서 AD 7세기 고대국가 단계의 민족사(삼국시대)에서 비록 삼국 정립이라는 국가적 분립은 있었어도 한반도에 무르익은 한민족의 문화의 등질성 때문에 그렇게나 일찍이 통일을 이룩할 수 있었던 역사의 前鑑을 다시 한 번 절실하게 사모하게 되는 것이다.

여기서 우리는 오늘의 한민족의 통일 좌표의 설정을 부득이 국가라는 상황으로부터 민족이란 주체로 옮겨 놓지 않을 수 없게 된다.

이같이 민족이란 주체를 상정할 때 우리의 분단은 한민족이 스스로 쌓아 올린 역사 자율의 한 결과가 결코 아니고, 밖으로부터 밀려오는 역사의 他律 現象의 한 부산물이었던 것이다. 즉, 분단은 침략·조약과 같은 역사적으로 한민족을 괴롭혀 온 소위 민족적 모순의 한 형식이었던 것이다.

우리는 여기서 역사의 타율 현상으로 주어진 분열이란 모순을 극복하기 위하여 부득이 민족이란 자기 주체에서 발휘될 수 있는 자율 에너지를 강조하지 않을 수 없게 된다. 민족의 자율 에너지는 그 민족이 쌓아 온 역사 에너지에 대한 활발한 재생산을 의미한다.

세계의 어느 민족보다도 일찍이 대 민족통일을 이룩하였던 우리의 역사적 사실(AD 669)을 다시 상기하면서, 오늘의 분열이란 타율 현상을 극복할 수 있는 통일에의 좌표를 여기서는 우선 그 역사의 재창조에서 올 수 있는 한민족의 자기 역량이란 요인에서 설정하기로 한다.

여기서 통일에의 규범은 국가 현상보다도 민족이란 체험으로 심화시키게 되고 거기에 영향을 주는 국가적 상황이란 역사적 타율보다도, 그것을 벗어날 수 있는 민족적 역량이란 역사의 자율 문제에 더욱 집착하게 된다.

그러나 대전 후 국제정치의 상황적 산물로 주어졌던 우리의 통일 문제를 오늘의 이 순간에 주어지고 있는 또 하나의 국제 상황적 요인들이나 그 의미를 잃지 않은 채 접근할 수는 없는 것이다. 여기서 오늘날 그 국제 상황적 요건들에게 새로이 형성되어 가고 있는 한반도의 새 질서 문제가 제기되는 것이다.

### (2) 통일 좌표의 전제로서 논의되는 새 질서 문제

우리의 통일을 위하여 논의되는 새 질서 문제는 어디까지나 분단이

지속되어 오고 있는 한반도적 상황을 그 전제로 한다. 그러나 분단 그 자체가 이미 국제적 상황의 한 산물이었던 만큼 오늘의 한반도의 새 질서 논의에서도 결코 거기에 미치는 국제적 상황이란 대외적 변수는 捨象될 수 없는 것이다.

한반도의 새 질서에 직결되는 국제적 상황은 물론 지금까지 한반도의 정치문화에 독자적으로 작용하여 온 미·소라는 양극 독립 변수의 동요에서 출발된다. 그것은 종전 후 4반세기 이상을 끌고 왔던 한반도에 있어서의 미·소 양분적 국제정치 기능의 후퇴를 의미한다.

여기서 1945년 종전과 함께 미소에 의하여 '잠정적 군사 작전상'이라는 이유 없는 명분으로 이룩된 남북분단(38선 획정)으로 비롯되어 온 민족분열이란 모순에 대한 재검토가 시작되는 것이다. 따라서 새 질서에 기반한 통일에 대한 재검토는 여기서 자연히 종전 후의 양극 체제의 성격과 그것의 동요가 의미하는 역사적 성격을 상호 연관시키는 작업에서부터 출발하게 된다.

① 양극화는 개별주의와 보편주의의 산물

종전 후 양극 체제는 역사적으로 볼 때, 한마디로 개별주의(individualism)와 보편주의(universalism)를 조화시키지 못한 갈등의 산물이었다. 그것은 1·2차 세계대전이란 근대 서구사의 지나친 개별주의와 모순의 폭발과 기본적으로 연결되고 있었다.

즉, 1·2차 세계대전을 통하여 민족국가라는 근대 개별주의를 주장하는 근대사의 방향이 국가간의 불평등을 강요하려는 제국주의 모순으로 확인되었을 때, 그것을 치르고 난 종전 후의 국제질서는 한결같이 그러한 개별주의의 모순을 극복하기 위한 새로운 보편주의에의 모색으로 치닫게 되었다.

그러한 노력이 국제연맹(L.N.)이나 국제연합(U.N.)이란 신판 국제주의 형식으로 표현되어 왔던 것이다. 그러나 그러한 국제주의가 종전 후의 새로운 세계질서를 완전히 인도할 수 없었던 데 바로 그 종전 후 양극화라는 국제질서의 성격은 부각되었다.

따라서 양극화는 종전 후 개별주의와 보편주의라는 갈등적 두 양상 사이에서의 산물인 것이다. 그것은 근대라는 개별주의의 모순을 극복하기 위한 종전 후의 모색이 바로 근대 이전의 중세와 같은 철저한 보편으로만은 회복할 수 없었다는 사실에도 기인하지만, 여하튼 그 결과는 그 양극 질서에 들어가야 했던 非西歐의 신생국들에게는 개별주의(미·소가 각기 주장하는 양극) 속에서의 보편(양극 중 어느 한 질서 속에서의 안정)이라는 역사적 제약을 안겨 주었던 것이다.

이같이 자기를 내세우려는 미·소 양극의 개별주의를 바탕으로 하여 이루어지는 양극 체제라는 불완전한 보편주의의 가장 집약적인 희생의 하나가 바로 한반도의 분단이란 민족적 모순으로 나타났다. 여기서 한국의 통일을 한민족 민족주의의 출발이라는 개별주의에서 파악한다면 종전 후 한반도의 분단은 바로 미·소 등 강대국의 우월이 여전히 주장되는 불완전한 국제주의(세계의 양극 질서화)의 갈등 속에서 한민족이 주장하여야 할 개별주의(민족주의)가 희생되어 온 것으로 해석된다.

그렇다면 종전 후 국제질서에서 나타났던 개별주의와 보편주의의 갈등은 무엇을 의미하는가?

우선 국제정치 상황을 국제주의, 지역주의 및 민족주의라는 3개의 범주에서 파악할 때 종전 후의 양극화 질서는 여하튼 그 外現에서 국제주의(U.N.)와 지역주의(SEATO, NATO)라는 개별주의 이상을 표현하고 있었다. 그러나 그 양극화 체제는 바로 미·소라는 개별주의가 강조되는 세계질서의 보편화였다는 점에서 이미 역사적인 제약을 안고 있었다.

그러한 역사적 제약이 이제 4반세기를 거쳐 드디어 동요를 맞이하게 되었고, 그것이 국제적인 상황에서는 소위 다극화란 현실로 나타나고 있는 것이다. 따라서 오늘의 국제적 다양화 현상은 국제정치 현상에 새로운 개인주의가 그 역사 원리로 등장하였음을 의미한다.

그러한 개인주의의 구체적 형식을 바로 민족주의란 새로운 물결로 파악할 수 있다면 그것은 바로 민족주의 추진 에너지의 기본적 요건인 한민족의 통일 문제에는 확실히 긍정적인 환경임에 틀림없는 것이다. 여기서 우리는 우리의 통일 좌표를 바로 한반도의 새 질서란 역사적 환경과 연결시켜 논의하게 되는 것이다.

② 한반도는 다원화 世界에서의 중심 장소이다.

오늘의 한반도의 새 질서 문제는 그것이 국제적으로는 민족을 중심으로 하는 새로운 개별주의의 등장을 의미한다는 상황적인 긍정 외에도, 적어도 한반도를 중심으로 할 때 그것은 다음과 같은 역사적인 긍정이 또한 가능한 것이다.

그것은 곧 한국 근대사가 걸어온 역사적 문맥에서 정리될 수 있는 다음과 같은 연역에서 근거한다. 즉, 19세기 한국에 밀려온 소위 西勢東漸 현상은 서구의 우월을 주장하려는 불평등의 강요였던 것이다. 그것은 한민족에 가하여진 민족적 모순의 한 형식이었음에 틀림없었다.

한국사에 가해지는 그같은 모순은 그것을 대행하는 일본의 帝國主義에 의하여 드디어 국가적 상실(그것은 통일의 상실과 직결)로 나타났다. 그리고 그러한 모순은 그 국가적 상실을 회복한 해방 이후의 질서 속에서도 양극화라는 미소 중심의 세계화를 통하여 여전히 부분적으로 계속되어 왔다.

한국 근대사에 가해진 침략을 이같이 통일 상태의 정지로 보고 또 해방 후에 나타난 양극화 질서를 통일에의 제약으로 해석할 때, 19세기 이후 非西歐에 가해진 서구의 영향이 근본적으로 후퇴함을 의미하고 있는 오늘의 多元化는 확실히 통일에의 긍정적인 상황으로 해석될 수 있는 것이다.

이같이 근대사에 가해진 한국통일에의 제약을 세계사의 주체라는 역사의 장소이론에서 보면 또한 다음과 같이 정리된다.

즉, 근대사의 세계적 중심은 서구(Occidental)의 중심인 英・佛 등이었고, 그 근대사가 모순으로 폭발하던 제1・2차 세계대전 당시에는 그 장소가 서구의 인접(獨・伊에 일본이 가담)이었으며, 종전 후의 양극질서에서는 그 장소가 바로 똑같이 서구의 가장 먼 주변인 미・소였던 것이다.

여기에 대하여 오늘의 다원화는 일단 서구권 밖에 있었던 일본과 중국의 등장이라는 사실과 연결된다면 그것은 근본적으로 그 장소가 일본과 중공이 들어 있는 동북 아시아로 옮겨 가고 있음을 의미하는 것이다. 따라서 그 동북 아시아의 새로운 세계사의 두 핵 사이에 들어 있는 우리 한반도는 여하튼 우리가 원하든 원하지 않든 다원화 이후의 세계사 질서에서 그 중심의 장소로 승인되지 않을 수 없는 것이다.

③ 통일 논의와 대한민국 정통성과의 관계

그 세계사의 중심의 장소로 등장되고 있는 한반도의 가장 근본적인 역사적 상황을 통일이라는 과제로 직결시킨다면 다원화 이후의 새 질서는 이러한 의미에서도 한민족의 통일에 또 하나의 긍정적인 논의 기반을 제공하고 있는 것이다. 그것은 곧 양극 질서의 접합이라는 모순으로 빚어진 한반도의 분석이 그러한 양 질서의 기반인 동시에, 물러갈 때 그리고 그 양 질서 속에서 벗어나는 한국적 脫圈이 세계사의 중심 장소로 등장될 때 비로소 제거될 수 있다는 너무도 당연한 논리인 것이다.

그러나 이상과 같은 새 질서 속에서의 통일 논의에서는 다음과 같은 몇 가지 문제점들이 결코 간과될 수는 없는 것이다.

즉, 새 질서에서의 통일 논의가 아무리 민족이란 측면을 그 주체로 하지만 그 통일 논의의 범위는 대한민국이란 국가적 측면의 정통성에서 결코 벗어날 수 없다. 이런 점에서 통일에 대한 규범은 민족이란 주체에서 초연하게 설정되어야 하지만 통일에 대한 논의는 대한민국이란 기본 질서 위에서 쌓여 온 정치 정통성에서 결코 멀리 떠날 수 없는 것이다.

통일 논의에서 이같이 대한민국이란 국제적 측면이 捨象될 수 없기 때문에 오늘의 새 질서 문제에서는 바로 다음과 같은 내용들이 지적되지 않을 수 없는 것이다.

첫째, 한반도의 새 질서에 영향을 주고 있는 국제적 현실이 앞에서 보았듯이 서구(미국)의 후퇴와 아시아에 있어서의 새로운 국제정치 변수인 '중국'의 등장으로 연결된다면, 그것은 한마디로 대립하고 있는 남북한의 균형에서 대한민국에 불리한 방향으로 설정되는 상황의 전개를 의미한다.

둘째, 미국의 아시아로부터의 후퇴가 중심을 이루는 오늘의 국제적 다원화는 사실상 종전후 공산주의와의 대치라는 현실에서 너무나 깊숙이 국제정치에 파고든 미국의 정책에 대하여 그들의 전통적인 외교정책인 고립주의에서 가해지는 비판적인 역작용의 하나라면, 그것은 공산주의와의 대결에서 오늘의 한반도의 남북분단을 현상태에서 고착시킬 수 있는 가능성이 미국의 정책 목적에 보일 수 있다는 점이다.

셋째, 새 질서 속에서의 한반도의 통일이 결국은 중국과 일본이라는 두 변수를 전제로 한다면, 이 두 개의 변수가 한국의 통일에 대하여 가지는 역사적인 부정성이다. 일찍이 중국대륙이 통일세력으로 안정되었을 때마다 있었던 반도의 침략이나, 삼국시대 이래로 실로 천 회 이상에 달하였던 왜의 침략 등은 모두 한민족의 통일 상태에 가하여졌던 민족적 모순이었기 때문이다.

오늘의 한반도의 통일이 결국은 한민족의 민족사에서 이루어지는 역사의 한 내용이라면 역사적으로 그같이 한민족에게 민족적 모순으로 작용하여 온 바로 그 두 변수 사이에서 한반도의 통일 문제를 논의하여야 한다는 것은 확실히 역사적인 상황의 한 제약이 아닐 수 없다. 우리는 여기서 19세기의 밀려오는 서구 열강세력을 대행하여 한반도에 독점적으로 작용한 일본이란 세력이 결국은 천여 년 이상(669~1910) 지속되어 온 한민족의 통일 상태에 대한 파괴를 의미하는 국가적 상실을 안겨 주었던 역사의 비극을 오늘의 통일 논의에 대한 하나의 타산지석으로 느끼게 된다.

### (3) 이제까지 논의되어 온 통일론에 대한 검토

이제까지 논의되어 온 통일 논의의 일반적인 특색은 한마디로 그 국가적 측면이 강조되는 통일론이었다. 종전 후 분단 상태가 바로 이데올로기의 갈등에 기반한 국가 상태의 대립으로 고착되어 왔기 때문에 그 국가적 측면이 강조되는 통일 논의도 자연히 각기 자기의 정통성을 고집하는 정책이란 성격을 벗어날 수 없었다.

따라서 통일 염원이 집약되는 정치 과정의 한 투입력으로서보다는 주로 정부나 정당 엘리트의 이데올로기에서 나오는 통치 과정의 한 산물(즉 정책)로서 이루어져 있었다. 그것은 우리의 통일 논의에 대한 한 제약을 의미하는 것이다.

이제 그러한 통일 논의를 종전 후 한반도에서 이루어져 온 정치사적 현실과 연결시켜 보면, 첫째는 전후 처리를 위하여 잠정적인 군사 목적에서 이루어진 분단이 48년, 국가라는 정치적인 분단으로 고착된 것은 한민족의 의지를 외면한 역사의 타율 현상으로 이루어졌다는 사실이며, 둘째는 그와 같이 분단을 고착시킨 타율 현상에서의 주된 변수는 소위 유엔의 권능과 공산 세력의 도전이라는 두 가지 요인이라는 사실인 것이다.

① 유엔의 기능은 공산 세력의 도전으로 약화되고 있다.

이러한 현실에서 '한반도에서 유일한 합법정부'로서 승인받고 출발하는 (1948년 12월 유엔총회) 대한민국과 거기에 도전하는 소위 '조선민주주의 인민공화국'이란 공산 세력의 분립으로 나타났다. 그러나 유엔의 권능과 공산 세력의 도전 사이에서 나타난 48년의 이같은 정치적인 분립은 53년 소위 휴전협정을 통하여 다시 군사분계선이란 군사적 목적에서 고착되어졌다.

여기서 유엔의 권능과 공산 세력과의 공방 사이에서 이루어지는 통일에의 국제적 환경은 근본적으로 오늘의 한반도의 통일을 실천하는 데 있어 넘을 수 없는 제약을 이미 지니고 있었던 것이다.

우선 1947년 9월 23일 제2차 유엔총회에서 채택된 한국 독립에 대한 결의의 내용을 보면,

㉠ 선거에 의하여 선출된 한국민 대표들을 본 문제심의에 참여하도록 초청한다.

㉡ 공정한 선거를 감시할 목적으로 한국 전역을 통하여 감시 협의할 권한이 부여되는 유엔임시한국위원단(9개국)을 설치한다.

㉢ 한국에서 1948년 3월 31일 이전에 동 위원단의 감시하에 총

선거를 실시한다.

　㉣ 선거 후 가급적 조속히 국회를 소집하여 정부를 수립한다.

　㉤ 정부는 수립되는 즉시로 위원단과의 협의하에,

　(가) 자체의 국방군을 조직하고

　(나) 가급적 조속히, 가능하면 90일 이내에 점령군이 한국에서 완전 철수하도록 조치한다.

등이었다.

따라서 그 속에는 한국민의 선거에 의한 자기 정부수립이라는 자결권과 군사적 점령상태의 종지라는 대외적 독립이 보장되어 있었다.

이같은 유엔의 결의에 따른 선거에 의해서 성립되고 또 그 유엔에 의하여 국가적 승인을 확보한 대한민국은 여기서 유엔 감시에 의한 인구비례 남북총선거를 그 통일방안으로 내세우게 되었다. 그러나 그것은 대한민국이 성립되기 이전에 주장될 수 있었던 한민족의 自決에 의한 건국의 방안으로서는 지극히 합리적이었을지 모르나, 이미 대한민국의 성립이 민족의 분단이란 현실 위에서 이루어지고 또 그후 그러한 대한민국의 정통성에 도전하는 공산세력이 민족내의 정치세력으로 형성되어 오고 있는 현실에서는 그것을 흡수, 극복할 수 있는 통일 방안으로서는 역시 제약이 있었던 것이다.

② 현상 打破論과 현상 維持論

여기서 통일 방안은 유엔이란 국제적 환경에 의하여 이미 획득된 대한민국이란 정통성을 주장하려는 현상 유지적 입장과 그것을 부인하려는 현상 파괴적 입장으로 양분되어 왔다.

그 결과 북한에서의 통일론은 언제나 국가적 측면에서의 정통성의 결여를 메우기 위하여 민족적 측면의 강조와 현상 파괴적 주장을 소위 자주와 진보라는 美名으로 위장하였던 것이다.

즉, 47년의 유엔의 한국독립결의안을 반대하며 최초로 나왔던 북한의 통일 방안에서는 다음과 같이 주장되고 있었다.(48년 4월 30일—그것은 5월 1일 소위 정권수립 직전임)

㉠ 외국 군대의 즉각 동시 철수.

㉡ 全韓政治會議를 소집하고 민주주의적 임시정부를 수립할 것.

㉢ 동 임시정부는 일반·직접·평등·비밀투표에 의한 통일한국의 입법기관의 선거를 실시하고 이에 의하여 헌법을 제정하고 통일민주정부를 수립할 것.

㉣ 남한 단독선거를 단연 반대한다.

그러한 주장은 물론 분단을 전제로 하였을 때의 통일방안이기보다는 그것을 전제로 하지 않고 생각하는 하나의 건국의 방안이었던 것이다.

그러나 이같은 저들의 건국의 방안은 이미 유엔에 의하여 남한에 설치될 정부의 정통성을 파괴하려는 정치적 목적의 산물이었음은 두말할 것도 없는 것이다.

여기에 대하여 대한민국만이 한반도의 유일 합법정부임을 강조하는 대한민국의 통일방안은 어디까지나 대한민국의 수립이라는 건국의 法統을 중심으로 통일론을 전개시켰다.

즉 1948년 8월 15일 미군정의 종결을 이은 정부의 수립에서 대한민국은 다음과 같이 국토통일에 대한 제조치를 선명히 하였다.

(가) 대한민국은 그 헌법에 규정된 바 전 한반도에 대한 주권을 가진 유일 합법정부이며,

(나) 국토통일은 선거가 보류된 북한에서 하루 속히 민주적 선거를 통하여 남겨 놓은 1백 석의 의석을 채워야 하며,

(다) 북한 수복은 북한동포들의 자발적 의사에 의거할 것이지만

그러한 자유의사가 계속 공산주의에 의하여 억압받을 경우에는 대한민국에서는 북진이라는 주권회복의 권한이 있는 것이다.

여기서는 건국(대한민국의 수립)이 통일에의 제1차적인 권능이 되고 따라서 통일은 대한민국 주권에 의한 失地 回復이란 의미를 지니고 있었다. 이러한 대한민국의 주권의 정통성 때문에 동란 직후 북한의 수복지구에 대한 대한민국 행정권의 自動行使가 주장되었고, 통일을 전제로 하였을 경우 북한에서의 유엔 감시하 선거는 환영하나 남한에서의 새로운 선거는 불필요하다고 주장하였다.(1950년 제6차 유엔 총회에서의 林炳稷 외무장관 발언)

### (4) 결론

여하튼 주권의 회복을 전제로 하는 그같은 통일 방안은 6·25동란을 계기로 하여 주권회복의 방식을 '헌법절차에 따른 통일'에서 '무력에 의한 통일'로 전환시켰던 것이다. 그러나 이와 같은 '무력에 의한 통일방안'은 동란 후의 한반도의 통일을 평화적으로 해결하려는 참전국간의 외교적 모색이었던 1954년의 제네바 회의에서 다음과 같이 나타났다.

즉 참전 연합국들의 입장은,

① 유엔의 한국 문제 취급의 권한과 자격을 인정하여야 하며 유엔이 문제 해결의 주동적 역할을 하여야 한다.

② 통일한국정부는 남북한 비례대표제에 따라 진정한 자유선거에 입각하여야 한다.

③ 유엔군은 통일 독립된 민주한국의 수립에 의하여 유엔의 사명이 완수될 때까지 한국에 계속 잔류한다.

여기에 대하여 '대한민국은 북한만의 선거로 잔여 의석을 채우는 것이 원칙이지만 북한주민이 원한다면 전국 총선거도 받아들일 수 있다'는 내용으로 집약되는 14개 統韓方案을 제시하였던 것이다.

그것의 중요한 내용은,

① 유엔 감시하에 대한민국 헌법절차에 따라 남북한 자유선거를 실시한다.

② 대한민국의 현 헌법은 선거 직후 서울에서 개회될 전한국 입법부에 의하여 개정될 수 있는 바 그러한 경우를 제외하고는 계속 그 효력을 유지한다.

③ 통일한국의 영토보존과 독립은 유엔이 계속 보장한다.

기간에 논의된 중립화 통일론이나 다른 평화통일론을 제외한다면 바로 이상의 '제네바 14개 통일 방안'은 대략 오늘까지 정부의 공식적인 통일 방안의 골자를 이루고 있는 것이다.

그러나 오늘날 계속해서 유엔의 기능에만 일방적으로 의존하는 통일 방안은 유엔기구 자체가 본래의 사명과 임무를 저버리고 강대국들의 정치적 흥정처로 전락한 감이 없지 않은 현실에 비추어 재고할 문제라 아니할 수 없다.

따라서 우리의 통일은 우리 민족이 보다 자기 주체적인 차원으로 옮겨져야 한다고 본다.

다시 말해서 한반도의 새 질서는 근본적으로 한민족이 자기를 자기 책임 위에서 해결해야 한다는 무거운 역사적 과제가 지워지고 있다는 현실을 직시하고, 자결·자립·자주의 투철한 민족정신에 입각하여 대내적인 동질성과 대외적인 주체성의 확보라는 대한민국의 국가적 정통성의 민족적인 확대를 강력히 추진해 나아가는 데 귀결된다고 할 것이다.

## 6. 한국사상에서 바라본 정치사적 좌표

— 민족사로 본 오늘의 새 의미 —

### (1) 1970년대—그 야누스(Janus)적 이면성

여기서 1970년대를 설명하기 위한 공간적 상황은 어디까지나 한국이다. 한국을 공간적 장소로 설정할 때 거기에 대한 시간적 상황은 두말할 것도 없이 한민족이 걸어온 역사적 상황에서밖에 추적해 볼 수 없다.

이제 우리가 처한 상황적 입장을 그 정치사적 측면에서 고찰해 보려는 본 논문은 따라서 우리가 처한 현실적 입장을 역사적으로는 1970년대라는 시간적 縱軸 위에 일단 잡고 그 1970년대가 주는 시대사적 의미를 다시 그것에 작용하고 있는 세계적 상황이라는 공간적 橫軸과 연결시켜 규정해 보려는, 글자 그대로 오늘의 한국을 설명하기 위한 입체적 분석방법(configurative analysis)에 해당된다. 그러한 뜻을 여기서는 잠정적으로 '史的 座標'라는 제목으로 표현키로 하였다.

이제 그와 같이 설정되어 시간과 공간이라는 양 측면에서 부여될 한국사적 의미는 물론 오늘의 우리의 어려운 현실을 정확히 의식함으로써 우리가 대처하고 처방하여야 할 현실 추진 에너지를 확보하려는 민족적 규범을 전제로 한다. 그것은 시간적으로는 오늘을 제약하는 현실의 艱難을 극복하기 위하여 민족이 걸어온 역사적 의미를 다시 더듬어 거기서 활력을 구하려는 역사 再創造의 의미와 연결되고, 또 그것은 공간적으로는 오늘날 우리에게 주어지는 상황적 혼란이나 민족적 모순이 아무리 크다 하더라도 그것에 대한 최종적인 해결은 그 제약을 짊어져야 할 역사주체(한민족)의 自意識的 책임에서밖에 구할 수 없다는, 말하자면 상황 속의 주체로서 한민족이 스스로 버리려는 자기 긍정과도 연결된다.

따라서 이러한 민족적 규범에는, 첫째 시간적으로 아무리 어려운 상황이라도 그것이 역사적으로 규정·확인되었을 때는 그것을 짊어지고 극복해야만 한다는 민족의 간난에 대한 스스로의 책임이 포함되며, 둘째 그와 반대로 현실적 상황이 우리에게 유리하다 해서 우리는 무슨 짓을 해서라도 잘 살면 된다는 현실적 姑息은 용인될 수 없다는 자주에의 紀律이 함께 포함된다.

1970년대를 그 공간적인 상황에서 볼 때 그것은 확실히 한민족에게 새로운 시련을 몰아다 주는 부정적인 의미가 너무도 짙음을 부인할 수 없다. 그러나 그것에 대한 시간적인 상황은 그것이 일률적으로 부정적일 수만은 또한 없다. 여기서 우리의 1970년대를 규정짓는 공간과 시간이란 두 측면은 확실히 야누스적 이중성을 띠고 있는 것이다. 이때 이 1970년대가 한민족에게 그려 주는 긍정과 부정이란 상반되는 양면성 가운데 그 긍정적인 측면을 정확히 간파하여 그것을 창조적으로 활용할 수 있는 유일한 방법은, 오직 그러한 현실의 담당주체인 한민족의 대담하고 용기 있는 역사의식에서만 구해질 수 있다는 전제에서 우리의 1970년대 역사적 좌표를 논하려는 본 논문은 출발하고 있다.

① 국제적 상황—다원화에의 거센 물결과 자주에의 무거운 책임

1970년대 한민족의 공간적 상황을 설명하기 위한 큰 틀은 우선 그 국제정치적 상황에서부터 출발될 수밖에 없다. 국제적 상황에서 1970년대는 확실히 그것을 그 이전의 시대적 상황으로부터 구분시

켜야만 할 독특한 속성들을 보여 주고 있다. 그것은 흔히 오늘날 다원화의 현상으로 우선 설명되고 있다.

그렇다면 그러한 다원화의 현상은 한국을 중심으로 하여 본 국제적 환경에서 어떻게 그 의미가 부여될 수 있을 것인가?

그것은 우리 한민족에 대한 무거운 역사 부담으로 연결되어진다. 오늘의 세계 다원화가 종전 후 반세기 이상을 조정하여 온 미·소 대립의 양극화 체제의 결과적 산물이라면, 우리는 우선 양극화에서 다극화에로라는 역사적인 변전에의 계기에 대하여 살펴보아야만 하겠다.

미·소대립의 양극화 체제는 고전적인 세력균형의 논리로 보아서는 소위 調整子(balancer)라는 제3의 객체적 세력이 없이 유지되어 온 다소 변형적인 세력균형의 한 틀이었다. 이때 균형자 없이 지속되어 온 이같은 대치적 세력균형을 윈스턴 처칠 등은 소위 공포의 균형(balance of terror)이란 표현으로 설명하고도 있는 바, 확실히 어느 한쪽에서 버튼을 눌렀을 때 그것은 적만이 아니고 彼我를 함께 共滅시킬 수 있다는 대량학살 무기에 대한 공포(구체적으로 핵)는 미·소 그 어느 한쪽에서도 그것을 사용할 수 없게 만듦으로써 팽팽한 긴장 속에서도 불안한 균형을 이룰 수 있게 하였던 것이 사실이다.

이같은 공포의 균형 상태에 새로운 조정인자가 등장함을 계기로 하여 바로 오늘의 세계 다원화는 시작된 것이다. 그러나 그것은 단순히 상대국 A와 B에 대하여 제3의 조정자 C의 존재에서 규정되던, 고전적인 세력균형 형식에의 간단한 회복을 의미하지는 않는다. 그것은, 즉 미·소 양극대립이라는 종전 이후의 기형적인 역사 실재에서 파생된 산물이기 때문에 앞으로 그것을 설명하기 위하여는 거기에 적용될 수 있는 새롭고 다양성 있는 논리가 따로 모색될 것이 요구된다.

여하튼 우리에게 세계사의 신질서로 전개되고 있는 오늘의 다원화 체제에는 미·소라는 대립 당사국 외에 중국과 같은 새로운 세력인자의 등장을 그 전제로 하는 바, 이때 새로이 등장되는 세력인자에도 고전적인 세력균형 논리를 소박하게 적용하여 '균형자는 반드시 當立當事國과 비슷하거나 그 이상의 국력이 전제되어야 한다'면, 우리에게는 확실히 이 새로이 등장되는 세계사의 제 3세력권이 문제되지 않을 수 없다.

이제 그 제3의 세력인자는 단일한 구조가 아니고 4强, 5强으로 표현되듯이 그것이 복수적 구조라는 점에서 문제는 더욱 복잡해지고 또 그것이 구체적으로는 바로 중국과 일본이라는 역사적 현실에서 문제는 더욱 심각해진다. 이같이 중국과 일본을 똑같은 4강시대의 세력 인자로 받아들여야 할 경우 그것은 한반도의 정치사적 좌표의 상황적 횡축에 다음과 같은 의미를 부여해 준다.

첫째, 그것은 한국이 처해야 할 다원화의 이중구조에서부터 논의되지 않을 수 없다. 위에서도 보았듯이 오늘의 다원화는 중국과 일본이라는 이원적인 세력핵의 등장에서 비롯되는 바, 그 두 개의 세력핵은 모두 그 상황적 위치가 동북아시아에 점하고 있다. 여기서 오늘의 다원화는 세계적인 다원화와 함께 아시아 속의 다원화라는 이중적 성격을 띠게 되고, 지정학적으로 중국과 일본을 남북으로 하여 그 사이에 있는 한국은 바로 그러한 이중적 다원화 현상 속에 들어 있는 것이다. 이중적 다원화는 그것이 이중적이라는 단순한 상황적인 이유 외에도 국제 상황의 변화 적응에서 한국은 그 역사적 임무를 이중으로 지지 않으면 안 된다는 무거운 책임이 뒤따름을 우리는 명심해야 한다.

이같은 다원화 구조 속에서 한국이 짊어져야 할 상황적 제약은 중국과 일본이라는 구체적 세력인자가 가지고 있는 다음과 같은 성격에서 그것은 더욱 심각해지지 않을 수 없다.

즉, 그 첫째는 중국과 일본이라는 두 세력핵이 가지고 있는 구조적인 이질성에서 먼저 제기된다. 그것은 또한 이데올로기와 경제라는 양 측면에서 동시에 제기되고 있다. 즉, 이데올로기적으로 볼 때 중국은 공산주의 이데올로기(東歐型)의 주변에서 형성된 세력핵임에 반하여 일본은 서구형 자유민주 이데올로기의 주변에서 형성된 세력핵임은 이미 다 아는 사실이다. 또한 그러한 이질성은 경제적으로 볼 때 선진국(일본)에 대하여 후진국(중국)이라는 소위 남북현상의 간격으로 나타나고 있다.

여기서 한국은 상황적 변화에 적응해야 할 적응에의 폭을 부득이 쌍방에 밀접하고 있는 이 두 세력핵 간에 놓인 이질성의 차이만큼 더 넓게 짊어져야 한다는 무거운 부담을 안고 있는 것이다. 다원화 구조에서 한국이 져야 할 상황적 제약은 다음으로 중국과 일본이라는 두 세력핵이 지니고 있는 역사적인 속성으로 다시 연관된다. 즉, 한국의 지정학적 입장에서 北大陸과 南海洋이란 양방의 도전요인은 우리에게 일찍이 알려져 온 사실이다.

저 멀리 한사군 이래의 끊임없었던 북침, 그 속에는 隋·唐과 같은 漢(중화)민족의 것도 있었고 淸·蒙古와 같은 북방민족(夷)의 것도 있었다. 어쨌든 중국의 대륙이 어느 민족에 의하여 진압, 안정되었건, 그 안정 위에는 한반도가 외침이라는 주체성의 위기(identity crisis)를 치러야 했었다는 사실에서 오늘의 중국 등장에 대한 역사적 이미지는 결코 긍정적일 수 없다.

한편 삼국시대로부터 계속되어 온 남해로부터의 왜구의 침략은 1800여 회에 달하며 17세기 전국토를 유린당하였던 임란 **戰禍** 및

20세기 초반의 국가적 자주권 상실로서 그 쓰라린 역사적 실감이 너무도 크다. 이같이 한국이 남(倭)으로부터 입어야 했던 민족적인 모순은 그 근본적인 모델이 바로 한국에 대하여 왜가 가졌던 문화적인 열등을 오히려 그들이 한국에 대하여 가지는 物理力의 우월로써 파괴하려는 것이었다는 점에서, 오늘날 경제력과 산업력이라는 월등한 물리적 에너지 위에서 등장되는 일본의 역사적 이미지 역시 우리에게 결코 긍정적일 수는 없다.

우리는 여기서 오늘의 한국이 처한 다원화 구조가 바로 구체적으로는 韓·中·日의 관계로 압축되고 있다는 점에서, 그것을 설명하기 위한 이론적인 접근에는 반드시 그 한·중·일을 규정하여 왔던 역사적 속성이 고려되어야 할 필요가 있다. 우리는 일찍이 지금으로부터 약 1세기 전 한국사 최초로 맺었던 개항(1876년)이란 계기에서 표면적으로 근대 서구질서에의 제도적인 결합이란 그럴 듯한 역사적 긍정이 표현되었었지만, 그 실질적인 표면에서는 서구가 배제된 단순한 한일 관계의 변경으로만 끝나, 그 현실적인 불이익 때문에 韓日이란 부등식이 1905년의 자주권 상실로 종결될 수 있었던 역사적 체험을 결코 잊어버릴 수는 없는 것이다.

그렇다면 오늘의 한국사적 좌표는 그같이 불리한 상황으로만 그 설명이 끝나고 말 것인가? 그렇다면 한국은 그 상황이 주는 무거운 역사 부담만을 짊어져야 하는 불행한 역사의 受動體로만 정립되어야 할 것인가?

여기서 우리는 오늘의 상황에 대하여 한국사가 지니고 있는 역사적 의미가 함께 긍정되어져야 할 필요를 느낀다. 그것은 곧 70년대 오늘의 상황에 대한 시간적인 의미 부여인 바, 그것은 한편으로는 역사 그 자체를 오늘의 추진력으로 발굴하기 위한 우리의 긍정적인 역사 재창조와도 연결된다.

② 역사적 의미―자주를 위한 긍정적인 역사 환경

오늘의 세계 다원화 현상을 미·소라는 양대 핵에서 볼 때는 그 양대 핵을 중심으로 하여 종전 후 20여 년간을 경쟁적으로 확대시켜 왔던 그들 세력권을 각기 그들의 본고장을 중심으로 수렴시켜 가는 현상으로 해석된다. 그런데 만약 이러한 현상을 한국이 담겨 있는 비서구 국가를 중심으로 하여 해석한다면 그것은 비서구 국가에 밀려왔던 서구 세력의 일방적인 철수를 의미하는 것이다. 이러한 의미 때문에 오늘의 다원화 현상이 부분적으로는 '非美國化'나 '아시아인의 아시아 시대'와 같은 '닉슨 독트린'으로 우선 표현되어 나왔던 것이다.

이러한 현상을 한민족이 걸어온 장근 백여 년의 근대사 문맥에서 정리한다면, 그것은 바로 지금으로부터 약 1세기 전 서세동점의 물결을 타고 한민족의 민족적 모순을 병행하며 밀려왔던 서구의 세력이 그 역사적 의미를 잃게 되어 다시 그들의 고장으로 걷히어 가는 현상을 의미한다. 여기서 우선 70년대 다원화 현상으로 하여 한국사에 열린 자주에의 의미가 일단 긍정되어져야 하겠다.

일찍이 서세동점의 현상에서, 그리고 그 서세동점의 물결을 탄 일본 제국주의의 침략에서 그 민족적 모순을 가장 쓰라리게 체험해야 했던 우리 한민족에게는 오늘의 이같은 현실이 우리의 새로운 역사 단계로 연결되지 않을 수 없는 것이다. 아니 그보다도 서구 근대가 주는 역사 모순에서 끝까지 저항하였고 가장 끈질기게 응전하였던 우리 한국은, 이제 그같은 현상이 걷히어 가는 역사 환경에서 다른 어느 역사 단위보다도 더욱 활발하고 더욱 긍정적인 역사적 추진 사명을 담당하여야 할 입장에 서고 있는 것이다.

물론 여기에는 한 민족이 밖에서부터 주어지는 민족적 모순을 벗어나기 위하여 저항하는 저항의 역사보다도 밀려왔던 그 모순이 사라질 때 자기를 자기 책임 위에 짊어져야 할 자주에의 역사가 더욱 어렵다는 데 대한 민족적 자각이 선행되어져야 한다.

다음으로 우리는 70년대 다원화 현상에서 그것과 결부되어 있는 국력 概念의 변천이란 상황을 또한 주목하여야 한다. 서구의 근대 국제사회에 주권 개념이 정립되어 온 이래 국가간의 관계를 규제하는 유일한 역사 추진력은 바로 국력이었음을 우리는 알고 있다. 이때의 국력 개념은 물론 경제력·군사력과 같은 물리적 에너지를 그 기반으로 한다.

사실 이러한 국력 개념에 의하여 서구의 근대사는 A국과 B국간의 2대 1이란 國力比는 A국과 B국 사이의 국가이익을 정확히 2대 1이라는 비율로 직결될 수 있었다. 여기서 국가이익은 국력의 함수라는 정확한 등식이 오래 성립될 수 있었고, 국가간에는 자국의 이익과 타국의 불이익을 제도화시키려는 제국주의 공식이 성행하여 왔던 것이다.

이같은 제국주의 공식은 1·2차 대전 후 상당히 변질, 퇴색되어 왔지만 그 종전 이후의 체제에서도 물리적 국력은 여전히 국가간의 영향력으로 밀접하게 작용하여 온 것이 또한 사실이다. 그러나 이러한 국력의 개념에 근본적인 성격변화를 가져오지 않으면 안되었다는 사실에서 오늘의 세계 다원화 현상은 출발하고 있는 것이다.

그러한 국력 개념의 변천은 곧 국가간에 설정된 물리적 국력의 比가 이제 그대로 세계사를 지배할 수 있는 세계사 지배 능력의 비로 직결될 수 없다는 사실을 의미하는 것으로서, 그것은 곧 이제 세계사는 오직 각국이 보유한 물리적 국력의 함수일 수만은 없다는 내용으로 연결되어지는 것이다.

이러한 국력 개념의 변천은 물론 이제까지 국력의 기본을 이루어온 물리적 제어수단이 무한하게 발달하여 왔다는 사실에 기인하는 것이다. 구체적으로는 과학의 발달과 평행선을 그려온 그러한 현상은 이미 종전 후 냉전체제에서 彼我共滅의 위험을 안은 대량학살 무기를 양극의 쌍방 그 어느 쪽에서도 사용할 수 없게 함으로써 이미 부분적으로 나타나기 시작했다. 그것이 60년대 말 아폴로의 달나라 착륙으로 과학에 의한 물리적 자연 제어능력이 거의 '완전'으로 확인되었을 때 그와 같이 완전한 물리적 제어수단으로 인류를 규제한다는 것은 실질적으로 무의미한 것이 되고 말 수밖에 없었다.

 여기서 물리적 제어능력에 기반을 두어 온 국가간의 국력은 그 개념과 비율을 재조정하지 않을 수 없게 되었는 바, 이러한 현상은 한국의 정치사적 좌표에 다음과 같은 의미를 던져 주고 있는 것이다.

 첫째, 그것은 국제간의 권력 관계가 힘의 實體說(substance)의 입장에서부터 그 관계설(relation)의 입장으로 옮겨 옴으로써, 소위 종전의 국력 개념으로 보아 약소국에게 주어지게 될 일반적인 긍정성인 것이다.

 객관적 상황에서 국력이 10인 A강국과 국력이 1인 B약소국 사이에서 A강국이 B약소국에 대하여 10배의 위력을 발휘할 수 있다는 가정은 어디까지나 양국간의 국력을 그 실체설의 입장에서 평가할 수 있을 때이다. 이것을 만약에 그 관계설의 입장에서 평가하여야 한다면 실질적 국력을 10분의 1밖에 갖지 못한 B國이 그 10배의 국력을 가진 A국의 영향력을 끝까지 거부할 경우 이때 A국과 B국 사이의 국력의 비는 결국 1대 1로 동등할 수밖에 없는 것이다. 1960년대 초기의 쿠바 문제에서 실질적 국력이 수백 배였던 미국이 쿠바에 대하여 쿠바와 거의 비슷한 영향력밖에 발할 수 없었던 예를 우리는 알고 있다.

  물론 우리는 여기서 국제관계에서의 국력은 그 관계설만이 타당하다는 것을 고집하여서는 안 된다. 다만 국제정치에서의 국방 개념은 그 역사적 상황에서 각각 실천설이 보다 합리적일 경우와 관계설이 보다 합리적일 경우가 있는 바, 다만 70년대로 접어드는 오늘의 세계적 상황은 충분히 관계설의 입장에서 설명되어야 할 그 역사적 이유가 있음을 주장할 뿐인 것이다.

  바로 이러한 이유 때문에 미국에 비하여 국력이 훨씬 미급한 중국과 일본이 미국과 함께 세계 4강의 한 단위로 참가할 수도 있는 것이며, '게임'이론으로 보아 일 주일이면 끝나야 할 월남전쟁에서 월맹은 아직도 수백 배나 강한 미국에 대하여 저항을 계속하고 있는 것이다.

  둘째로 그러한 국력 개념의 변천이 우리 한국사에 약속하게 될 새로운 역사적 계기를 우리는 긍정적으로 想定할 수 있다.

  이제 물리적 국력만이 세계사의 유일한 변수는 아니라 할 때, 역사는 물론 그 물리적 국력이 약한 약소국 쪽으로 설정되는 것이 사실이다. 이같은 역사적 방향은 바로 한국사에 특별한 의의를 지니고 있는 것이다. 우리는 일찍이 역사적 방향이 물리적 국력으로 설정되었을 때 언제나 심각한 민족적 불이익을 감수해야만 했다는 역사적 전감을 가지고 있는 것이다.

  대륙으로부터의 국제 관계가 바로 물리적 군사력으로 조정됨으로써 고려 후기는 몽고에 대한 불이익을 당하였고, 조선조 후기는 청에 대한 불이익을 각각 당하였던 것이다. 또 서구로부터의 국제 관계가 제도화되어야 했던 10세기 중반, 일본이 강요한 화려한 근대 서구질서란 이름 뒤에는 바로 국제관계의 유일한 조정인자로서 물리적 국력이 개재하게 됨으로써 한국 근대사는 근대화와 함께 자주권 상실이란 쓰라린 민족적 불이익을 당해야 했던 역사적 체험도 잊을 수 없다.

이러한 역사적 체험에서 볼 때 세계사에서 물리적 국력의 후퇴라는 오늘의 현실은 그것 개체로서 우리 한국사에 던져 주는 긍정적 의미가 결코 작은 것일 수는 없는 것이다. 그러나 70년대에 대한 이같은 역사적 긍정은 그것이 어디까지나 현실에서 抽出될 수 있는 역사의 방향일 뿐 그것 자체가 이미 주어진 역사의 실재는 아닌 것이다. 이같이 우리에게 유리하게 설정될 역사의 방향을 궁극적으로 자기 쪽으로 이끌 수 있는 것은 바로 한민족이란 역사주체의 자기 의식이기 때문에, 70년대 한국의 정치사적 좌표 설정의 궁극적 가치는 결국 민족적 자주에의 규범으로 收斂될 수밖에 또한 없는 것이다.

### (2) 민족적 자주에의 규범—민족주의의 시대사적 재평가

이상에서 살펴본 70년대에 대한 한국사적 상황은 긍정·부정이란 정반대되는 측면으로 평가되어 왔는 바, 이러한 현실은 그 야누스적 양면성에도 불구하고 오늘의 한민족에게 다음과 같이 단일한 역사 임무를 부과하고 있다.

그것은 곧 민족적 자주라는 역사적 규범이다. 여기서 민족적 자주, 상황을 부정적으로 보았을 경우 이중적 다극화 속에서도 불가불 민족 그 자체를 보존해야 한다는 자존을 위한 민족자주요, 다시 상황을 긍정적으로 보았을 경우 그것은 다원화란 자기 책임의 시대에서 민족 자기를 자기 위에 올려놓아야 한다는 창조적 자율을 위한 민족 자주인 것이다.

이같이 민족의 자주를 오늘의 상황에서 요구되는 제일의적 규범으로 승인할 경우 그것에 대한 설명을 위하여 우리는 여기서 민족주의에 대한 새로운 정리를 하지 않을 수 없게 된다. 무릇 모든 이데올로기가 그러하듯이 민족주의도 구체적으로는 역사적 상황의 산물이라면 그것에 대한 이데올로기적 평가도 결코 一義的일 수는 없다.

그래서 우리는 흔히들 민족주의는 '백지 위의 이데올로기(ideology derasa)'라 하지만 우리는 이 말에서, 민족주의는 백지 위의 이데올로기이기 때문에 그 위에 쓰는 개별 민족의 색깔에 따라 그 내용이 달라진다는 민족주의의 다양성을 읽어야 함과 동시에, 그렇기 때문에 민족주의 논의에서는 그것이 논의되어야 할 개별 민족의 역사적 상황(공간적·시간적 개별성)이 정확히 설정되어야 한다는 의미도 함께 파악하여야 한다.

① 민족주의가 논의되어야 할 오늘의 한국적 상황

오늘의 다원화 현상은 그 시대사적 의미로 보아 우선 다음과 같이 그 민족주의와의 연관이 설명될 수 있다. 역사적으로 보아 민족주의는 서구 근대사의 위대한 추진력이었음을 우리는 안다. 그것은 한편으로는 중세 보편 질서(universalism) 탈출의 중요한 에너지였기 때문에 그것은 또한 근대 개별주의(individualism) 생산의 중요한 원동력이었던 것이다.

그러나 우리는 그같이 지나친 개별주의의 모순이 심화됨으로써 서구 근대의 퇴조가 불가피하였다는 역사적 사실을 명심하여야 한다. 즉, 지나친 개별주의는 지나친 자국 우월주의(Nazism)나 지나친 팽창주의(자본주의와도 결합된 제국주의 형식)와 같은 역사의 불평등을 민족주의로 하여금 범하게 하였던 것이다.

1·2차 세계대전을 통하여 그같이 지나친 개별주의가 빚어내는 역사 모순을 통감한 인류는 그것을 벗어나기 위하여 개별주의에 대한 비판과 재검토가 모색되어 왔다. 국제연맹(L.N.)이나 오늘의 유엔

은 바로 그러한 노력의 한 산물이었던 것이다. 그러나 지난날의 국제연맹이나 오늘의 국제연합이 개별주의 극복이란 시대적 사명을 다하고 있지 못하고 있는 이상 범세계적 調整 秩序로서의 개별주의 극복은 거의 어려운 역사체험으로 우리에게 오늘날 승인되지 않을 수 없다.

그것은 근대의 개별주의가 중세의 보편주의 모순 극복의 에너지였다면, 그러한 근대 개별주의가 범한 역사 모순을 극복하기 위하여 다시 그 이전의 보편주의에 그대로 회복할 수 없다는 역사발전의 한 가정으로 보아서도 당연한 것이다. 이러한 개별주의에 대한 모순 극복이 보편주의로서는 불가능함이 확인됨에 따라 다시 종전 후의 질서에서는 소위 지역주의(regionalism) 수준에서의 그에 대한 모색이 나타나기도 하였었다. 종전 후의 질서에서 나타났던 갖가지 지역 협조 체제(NATO, SEATO, EEC 등)가 바로 그것이라 하겠다.

그러나 그러한 지역 협조체제 수준에서의 모색으로서도 근대의 개별주의가 빚어준 모순을 완전히 극복하고 있지 못한 것이 또한 오늘의 현실인 것이다. 이러한 현실에서 70년대를 규정하며 새로이 등장하고 있는 시대의 상이 바로 다원화 현상이다. 그것은 말할 것도 없이 세계사에 등장된 새로운 개별주의를 의미하는 것이다.

이것을 다시 종전 후 체제의 시간적 계열에서 정리하여 보면, ㉠ 국제연맹이나 유엔과 같은 전세계적 수준 ㉡ 미소의 대립으로 규정되던 兩分 세계적 수준 ㉢ NATO, SEATO, EEC와 같은 지역적 수준 등을 거쳐 개별 국가를 다시 그 단위로 하는 오늘의 다원화 체제로 전개되어 왔던 것이다. 따라서 근대가 범한 개별주의의 모순을 극복하기 위한 역사적 시도는, ㉠ 국제적 수준(internationalism)→㉡ 지역적 수준(regionalism)→㉢ 민족적 수준(nationalism)을 그려왔는 바, 오늘의 다원화가 바로 민족적 수준에서의 세계사의 새로운 조정원리라면 우리는 오늘의 상황에서 결코 민족주의란 세계사 추진 에너지를 간과할 수 없는 것이다.

이같이 새롭게 부각되기 시작하는 민족주의가 사실상 지나쳤던 근대 개별주의의 모순을 극복하기 위한 역사 극복의 새로운 에너지라면, 그것은 그러한 의미에서 바로 그 근대 개별주의의 모순을 빚어냈던 지난날의 민족주의 그것일 수는 결코 없다. 여기서 오늘의 민족주의에 대하여는 새로운 역사적 정립이 불가피하여진다.

오늘의 상황에서 역사적으로 새로이 정립되어져야 할 민족주의의 내용에는 적어도 다음과 같은 2개의 방향만은 반드시 포함되어져야 하겠다.

첫째, 민족주의 그것이 입각하는 원리는 개별주의이되 그 개별주의 자체는 세계 조화의 새로운 역사 에너지여야 한다는 세계사적 규범을 지니고 있다. 여기서 민족의 개념은 자기를 대외적으로 주장하기 위한 개별적 주체로서의 의미보다는 세계 조화를 위하여 참가하는 최종적인 단위의 하나로서의 의미가 짙은 것이다.

둘째, 민족주의의 그러한 개념은 불가피하게 민족주의의 등질화, 민족주의의 보편화를 거기에 수반하여야만 하겠다. 이때의 등질화, 보편화에는 물론 개별성을 전제로 하는 그것임은 말할 것도 없다.

근대의 경우 민족주의는 근본적으로 서구의 발상이었기 때문에 그것의 표현 모델은 언제나 서구 우월이라는 자기 중심주의가 그 기반을 이루고 있었다. 따라서 그들 민족주의가 주장하는 세계는 언제나 서구 자기로 동일화되고 있었기 때문에 그들 민족주의의 진행 과정에는 서구 자기에로의 偏頗化 경향이 응결하고 있었다.

따라서 오늘의 민족주의 개념 속에는 서구만의 지도원리였던 지역적인 편파성도 사라져야 되고 또 西族의 팽창 민족주의 대 非西歐의 저항 민족주의라는 갈등적 요인도 사라져야 하는 것이다. 다만 그같이 새로운 민족주의의 개념 속에 포함되어야 할 등질성·보편성을 위해서는 이제까지 역사의 受勢에서 민족주의를 저항적 자세로 지켜왔던 비서구 국가의 민족주의의 보다 적극적인 역사 引導가 불가결하다는 사실을 우리는 역사의 체험으로 주장할 수 있다.

이 비서구 국가가 발휘하여야 할 민족주의의 활력이라는 커다란 세계사적 사명의 한가운데에 바로 오늘의 한국사적 좌표의 중점(origin point)이 설정되어 있는 것이다.

사실 근대 이후의 역사를 세계사의 중심을 이루었던 역사의 場으로 설명해 본다면 일찍이 근대사의 역사의 장은 서구였으며, 여기에 대하여 종전 이후 양극 체제에서의 역사의 장은 미·소라는 서구의 주변 지역이며 이제 새로이 전개되는 다원화 체제에서의 역사의 장은 바로 비서구인 아시아의 등장으로 연결되는 것이다. 여기서 다원화 체제를 결정지으며 동시에 등장한 두 개의 세력핵이 함께 아시아에 위치하고 있다는 우연 아닌 사실이 나타나는 것이다.

그런데 이와 같은 역사의 장의 이동은 그 시간적인 의미에서는 바로 민족주의라는 새로운 역사 추진력에 대한 의식과 연결되고 있다는 사실을 우리는 간과해서는 안 된다.

즉, 종전 이후 미국은 그 대항 세력의 핵이었던 소련 공산주의의 팽창을 저지하기 위하여 주로 비공산국가에 있어서의 부르주아 세력 양성에 힘을 기울여 왔다. 그것은 곧 유럽에 있어서의 방대한 마샬 계획과 기타 지역에 있어서의 물량원조계획으로 실천되어 나왔다. 이때 그들은 공산주의를 물론 국제주의라는 일면으로만 파악하고 있었던 것이다.

그러나 미국은 종전 후 20여 년의 체험을 통하여 공산주의의 국제적 팽창을 저지하는 것은 비공산국가의 부르주아이기보다는 실질적으로 동일한 공산 진영 내의 민족주의 세력(중국, 유고 등)이었음을 간파하게 되었다. 여기서 그들은 민족주의란 새로운 역사 에너지를 조직하게 되었고 거기에 대한 생생한 체험을 근래의 월남전을 통하여 더욱 구체적으로 확인할 수 있었던 것이다.

이같이 오늘의 다원화는 국제주의로만 파악되던 공산주의 그 자체에서도 개별주의의 하나인 민족주의적 요소가 확인되고, 또 공간적으로는 종전 후 미·소 양대 세력을 중심으로 이루어져 온 세력의 세계화 현상이 다시 수축하고 있으며 또 시간적으로는 약 1세기 전부터 비서구 국가에 밀려왔던 서구의 우월이 다시 걷히어 가는 현상이라면, 이러한 다원화 현상이라는 새로운 세계사적 현실에서 오늘의 세계를 조정할 수 있는 가장 실천력 있는 에너지는 바로 민족주의라고 승인되어 나올 수밖에 없다.

② 민족주의의 한국사적 규범

우리는 앞에서 70년대가 지니는 시대사적 의미를 정리하여 민족주의란 에너지로 수렴시켜 보았다. 그 70년대가 지니는 상황적 좌표를 정리하여 그 속에서 한국이라는 개별사의 주체가 지녀야 할 긍정적인 가치를 얼마쯤 확인하여도 보았다.

그러나 그러한 상황적인 긍정이나 유리한 시대사적 의미가 곧 70년대 이후의 한국사를 그대로 약속해 줄 수 있는 선험적인 낙관이 될 수는 없다. 여기서 요구하는 것은 역시 유리한 상황을 자기의 역사 내용으로 실현시킬 수 있는 궁극적인 역사 창조력인 것이다.

따라서 여기서 긍정될 수 있는 민족주의란 가치도 결국은 70년대 이후의 한국사에서 그것이 발휘할 수 있는 한민족의 구체적인 창조력이란 내용으로서 문제되는 것이다.

 민족주의를 앞에 내세워 민족이란 주체에서 역사추진력을 찾으려 할 때 한국사의 내용에서 재창조될 수 있는 역사적인 의의가 우선 우리에게는 새롭다.

 역사의 주체를 파악할 수 있는 측면은 근대사 이후의 경우 대략 국가적인 측면(étatism)과 민족적 측면(nationalism)으로 양분된다. 이러한 입장에서 한국사를 바라볼 때 그 역사의 추진력은 근본적으로 민족적 측면에서 조달되어 있다. 일찍이 한민족의 주체성의 위기 앞에서 발휘되어 온 민족적 에너지는 고대국가였던 고구려의 對隋鬪爭에서부터 비롯된다.(헐버트는 그의 《한국독립운동사》에서 대수투쟁을 의병운동의 시초로 보았다.)

 몽고 침략시의 삼별초를 중심으로 한 민중저항, 임진란시의 의병운동, 20세기 초의 대일 의병운동 등과 같이 주체성의 위기 앞에서 발휘된 민족의 저력이 국사에서 승인될 때 그 국사의 에너지는 영원하게 되는 것이다. 왜냐하면 민족은 역사 에너지의 최종 주체인 바, 주체성의 위기와 같은 민족적인 모순이 아무리 가혹하고 부단하다 하더라도 그것을 극복하려는 민족의 자주에의 에너지가 있을 때 그 역사는 결코 단절되지 않기 때문이다.

 이런 점에서 국사의 에너지가 민족적 측면에서 발견될 수 있는 한 국사의 문맥은 우리에게 무한히 값진 유산인 것이다. 이러한 논리에서 우리에게 일제 침략 36년간은 비록 국가적 측면에서는 자주권이 상실되었지만 민족적 측면에서는 오히려 그 자주권이 더욱 강화될 수 있어서 역사의 단절을 막을 수 있었으며, 그러한 논리는 다시 더 연장되어 몽고에 의한 2백 여 년의 국가적 유전상태나 청에 의한 3백 여 년의 국가적 복속 관계를 뚫고서도 오늘날 한민족은 잔존, 자주할 수 있었다는 결론이 또한 나오는 것이다.

역사적으로 확인될 수 있는 그같은 민족적 저력은 오늘의 민족주의 개념으로 해석할 때 그것은 곧 민족적 자주라는 가치로 연결된다. 민족적 자주라는 가치는 대략 주체성의 위기라는 민족적 모순(상황적 조건)과 자기 역사에 대한 역사의식의 재창조(내면적 조건)와의 두 가지 조건에서 형성된다.

우리는 일찍이 13세기 몽고가 주는 민족적 모순 앞에서 승 일연의 《삼국유사》를 통하여 단군신화의 재창조(역사서술에 편입)에 의한 민족의식의 성숙이 있었다.(일본의 경우 역사의 재창조는 18세기 말 그들의 국학을 통하여 비로소 나타난다) 이러한 역사의식의 재창조는 청이 주는 민족적 모순 앞에서 다시 계속되어 북벌사상의 중심을 이루었고, 그러한 민족적 모순을 해결하기 위한 지성적 노력이 국내 문제와 연결되어 착실히 진행되던 실학에서도 그 역사의식은 활발히 재생되고 있었다.(茶山學派 近畿正統學派의 역사의식)

그리고 그러한 역사의식은 열강과 일제의 침략이 주는 민족적 모순에 항거하던 20세기 초 의병운동에서도 그대로 나타나고 있었다.

'……우리나라는 高麗 이래로 이름은 비록 中國의 藩屬(몽고의 침략)이었지만 그 土地와 人民과 政事는 모두 우리의 자립이었고 우리의 自主였다.……隋의 백만 大軍 침입에는 乙支文德이 褊師로써 그것을 물리쳤고 唐 太宗의 위력으로도 우리에게 패하고 돌아갔다.……壬辰亂 때에는 비록 明의 救援이 있었지만 그 回復全勝의 攻은 모두 我兵(義兵)에게 있었다.……'(1860年 義兵의 布告八道士民)

이같은 민족의 자존에의 에너지와 자주에의 의식은 민족주의 발전의 제1단계인 민족의 통일을 한민족으로 하여금 다른 어느 민족보다도 빠르게 이미 고대국가에서 이루게 하였던 것이다(AD 669). 그리고 그것은 16세기 초 언어공동체적 일체감과 국경 개념의 확정으로 그 제2단계인 민족의 대내적 통합(national integration) 과정으로 발전하였던 것이다.

우리는 여기서 민족주의 제1단계(통일)로부터 그 제2단계(통합)로 발전하는 과정에서 보여 준 한국사의 시간적 지체를 부인할 수는 없다(서구의 경우 불과 1세기 미만). 그러나 그것은 아시아의 역사를 동일한 역사 단계의 반복적인 재생산으로 보아 그 停滯性으로 규정했던 헤겔식의 역사철학으로만 해석할 것이 아니고, 그보다 더 근본적으로는 그 제1단계인 민족의 통일과정에서 이미 그 제2단계 역사내용인 민족적 통합이란 내용을 포함하고 출발하였기 때문이라는 역사의 포괄성으로 해석하여야 한다. 여기서 우리의 민족주의의 역사적 始源은 천여 년 전이라는 유구한 시간 위에서 의식될 수 있는 것이다.

오늘의 상황에서 긍정적이고 역사의 추적으로 확인될 수 있는 그러한 민족주의의 내용이지만, 그것이 오늘의 한국사 추진 에너지가 되기 위해서는 적어도 다음과 같은 규범적 입장이 우리에게는 따르고 있다.

첫째는 단절된 역사의식의 회복인 것이다. 역사적으로 확인된 민족주의의 문맥이 오늘의 활력으로 창조되기 위하여는 역사의식의 재생산을 통하여 이루어질 수밖에 없다. 그러나 우리는 근대사 과정에서 치른 침략(일제 36년)으로 그 역사의식을 단절당하였던 것이 또한 사실이다. 왕조(조선조)의 멸망이 이민족의 침략으로 연결되었던 일제 침략기에서 역사의 서술을 반드시 다음 왕조에서 맡아 왔던 (고려에 의한 삼국사 서술, 조선조에 의한 고려사 서술 등) 한국사는 그 서술의 주체를 일제에게 빼앗기고 말았던 것이다. 여기서 36년의 침략은 4천 년의 역사의 상실로 심화되었고, 한민족은 역사상 최초로 역사의식의 단절이란 비극을 당하였던 것이다. 여기서 오늘 우리의 민족주의 문제에서는 역사의식의 회복의 그 第一義的 규범으로 등장되는 것이다.

둘째는 민족주의의 규범이 저항이라는 방향으로부터 창조라는 방향으로 회복되어야 한다는 점이다. 근대 말기 아시아 민족주의가 서구의 충격에 대한 저항적 산물이었다면, 오늘날 그러한 충격이 다시 사라져 가는 역사 상황에서의 우리의 민족주의는 불가피하게 창조적인 새로운 성격을 확보하지 않을 수 없는 것이다. 물론 이와 같은 민족주의의 창조적인 규범 문제에는 본래 국제주의에서 출발하여 오늘날 개별주의인 민족주의와 기형적으로 결합하고 있는 공산주의 문제를 해결, 극복할 수 있는 방향이 함께 포함되고 있다.

지은이 약력

1937년 충남 청양 출생
서울 대학교 정치학과 졸업
서울 대학교 대학원 정치학과 수료
서울 대학교 박사과정 이수
서울 대학교 교수(정치사상·한국사상 담당)
국회의원 역임

저 서
≪근대 한국정치사상사≫
≪한국인의 정치의식≫
≪한민족과 그 역사(국민윤리)≫
≪Korean Studies today≫(영문·공저)

역 서
≪조선조 유학과 한민족의 주체성≫ (사문 논총) 외 다수

## 한국의 사상 〈서문문고101〉

개정판 인쇄 / 1996년 7월 10일
개정판 발행 / 1996년 7월 15일
지은이 / 최 창 규
펴낸이 / 최 석 로
펴낸곳 / 서 문 당
주소 / 서울시 마포구 성산1동 20—12호
전화 / 322—4916~8 팩스 / 322—9154
등록일자 / 1973. 10. 10
등록번호 / 제13-16

초판 발행 : 1973년 12월 15일 \* 잘못된 책은 바꾸어 드립니다